AUTOR DO BEST-SELLER **O PODER DA AÇÃO**

# PAULO VIEIRA, PhD

# PODER E ALTA PERFORMANCE

## O MANUAL PRÁTICO PARA REPROGRAMAR SEUS HÁBITOS E PROMOVER MUDANÇAS PROFUNDAS EM SUA VIDA

CB034213

*Gente* editora

CARO LEITOR,

Queremos saber sua opinião sobre nossos livros.

Após a leitura, curta-nos no facebook/editoragente,

siga-nos no Twitter @EditoraGente e visite-nos no site

www.editoragente.com.br.

Cadastre-se e contribua com sugestões, críticas ou elogios.

Boa leitura!

# O PODER DA
## AUTORRESPONSABILIDADE

**Aqui você encontrará um BÔNUS EXCLUSIVO, não deixe de acessar!**

Escaneie o QR code e eleve sua jornada de conhecimento.

**Diretora**
Rosely Boschini

**Gerente Editorial**
Rosângela Barbosa

**Assistente Editorial**
Natália Mori Marques

**Controle de Produção**
Karina Groschitz

**Jornalistas Equipe Febracis**
Gabriela Alencar e Iane Parente

**Ilustrações de Miolo**
Jean Livino Holanda e Tiago Rodrigues Leite

**Projeto gráfico e Diagramação**
Vanessa Lima

**Revisão**
Vero Verbo Serviços Editoriais

**Capa**
Miriam Lerner

**Foto de Capa**
Marcio Scavone

**Impressão**
Assahi

Copyright © 2017 by Paulo Vieira
Todos os direitos desta edição
são reservados à Editora Gente.
R. Dep. Lacerda Franco, 300 – Pinheiros
São Paulo, SP – CEP 05418-000
Telefone: (11) 3670-2500
Site: http://www.editoragente.com.br
E-mail: gente@editoragente.com.br

Este livro foi impresso pela gráfica Assahi
em papel lux cream 70g/m² em novembro de 2024.

Dados Internacionais de Catálogo na Publicação (CIP)
Andreia de Almeida CRB-8/7889

Vieira, Paulo
    Poder e alta performance : o manual prático para reprogramar seus hábitos e promover mudanças profundas em sua vida / Paulo Vieira. – São Paulo : Editora Gente, 2017.
    256 p.

ISBN 978-85-452-0144-1

1. Carreiras – Planejamento 2. Inteligência emocional 3. Autorrealização 4. Sucesso I. Título

17-0150                                                     CDD 650.14

Índices para catálogo sistemático:
1. Carreiras – Planejamento 650.14

# PREFÁCIO

A vida é bela como a mais ensolarada manhã, mas dissipa-se sutil e lentamente quando o sol se despede do dia. A inexprimível brevidade da vida nos recomenda a sabedoria. A sabedoria de um ser humano, porém, não está em quanto ele sabe, no quanto tem consciência de que não sabe! Não está em sua eloquência, mas na sua capacidade de ouvir o inaudível! Não está em proclamar seus diplomas, mas em se declarar um eterno aprendiz, um ser humano em construção! Não está em se colocar acima dos seus pares, mas em se curvar diante dos outros e dar o melhor de si para fazê-los felizes e plenos, tal qual o homem mais inteligente da humanidade viveu em prosa e verso há 2 mil anos!

Quando Paulo Vieira me ligou humildemente para que eu prefaciasse seu livro *Poder e alta performance*, livro este que estava pronto para ser publicado e só esperava meu parecer, mais uma vez constatei nele os elementos que irrigam a maturidade: um ser humano em construção, consciente da brevidade da vida, um profissional sedento não em ter a necessidade neurótica de ser o centro das atenções, mas faminto em contribuir para que as pessoas sejam eficientes, resilientes, seguras, empreendedoras.

Sou crítico do sistema educacional e da sociedade racionalista, cartesiana. Por ter desenvolvido uma das poucas teorias mundiais sobre a última fronteira da ciência, o processo de construção de pensamentos, os papéis conscientes e inconscientes da memória e a atuação do Eu como gestor da emoção, entristece-me perceber que estamos formando repetidores de dados e raramente pensadores. Entristece-me ainda observar o cérebro dos alunos da graduação à pós-graduação ser bombardeado com milhões de dados como se isso trouxesse "alta performance" ao intelecto humano, como se pudesse gerar mentes livres, empáticas, líderes de si mesmas, recicladoras de falsas crenças, impugnadoras das mais diversas fobias que nos assombram, inclusive o medo do futuro, do olhar social, de falhar, de correr riscos para materializar nossos sonhos.

Crer nisto é como crer que se pode colocar tintas e pincéis numa máquina e depois de ligá-la sairão obras-primas como a *Monalisa*, de da Vinci, ou a *Guer-*

*nica*, de Picasso. Nada tão ingênuo! E alegra-me ver profissionais como Paulo Vieira ir na contramão desse processo, que proclama frequentemente que as habilidades mais importantes do psiquismo humano dependem de educação da emoção, autonomia, disciplina, determinação, projetos de vida, treinamento contínuo, capacidade de lidar com perdas.

Seu livro, é assim que o interpreto, não fala do poder pelo poder, que é infectante, nem do poder para controlar os outros, que é asfixiante, mas do poder para se autocontrolar, libertar o imaginário, se reinventar, implodir o conformismo, servir e se doar. Engenheiro de formação, o próprio Paulo Vieira passou por essa experiência, atravessou o caos, experimentou vales sórdidos da dor, caminhou pelas veredas das perdas e frustrações, mas se reinventou, se superou e conquistou a alta performance! Ele fala do que ele vive!

A psicoterapia realizada por um psicólogo ou psiquiatra trata dos transtornos psíquicos, enquanto o coaching promove as habilidades de um ser humano. Mas muitos falam de coaching como se troca de roupa, sem entender o funcionamento da mente e as armadilhas psíquicas. Sem entender ainda que no cérebro humano há mais cárceres do que nas cidades mais violentas.

Quem dera houvesse mais textos, cursos e treinamentos de alta performance no teatro social, como o Paulo Vieira propõe, como enfatizamos na Menthes e no programa Escola da Inteligência para crianças e adolescentes. É preocupante saber que estamos na era da ansiedade e diante da geração mais triste que pisou nesta terra. Aumentamos na capital de São Paulo, de 2002 a 2012, em 42% o suicídio entre jovens até 30 anos. Que sociedade estamos construindo? Quem dera houvesse pessoas menos preocupadas com o ter e mais preocupadas em contribuir com a humanidade, em prevenir transtornos psíquicos, em formar líderes, executivos e profissionais notáveis. O dileto Paulo Vieira vem dar uma preciosa contribuição para a sociedade nesse sentido.

Que você possa, mais do que ter uma grande leitura com este instigante livro, encontrar o mais importante de todos os endereços, um endereço que poucos encontram, embora alguns morem em residências confortáveis: um endereço dentro de si mesmo!

Augusto Cury
*Psiquiatra e escritor, publicado em mais de 70 países*

## MENSAGEM AO LEITOR

Não é por acaso que você está segurando este livro. Afinal, nada acontece por acaso. Antes que você nascesse ou que o mundo fosse criado, já havia um plano para sua vida. Talvez você não esteja vivenciando a plenitude do plano inicial e sua vida esteja precisando de correções. Estou certo de que neste livro você poderá se aproximar do plano de Deus para sua vida e descobrir que ele é o verdadeiro **poder** disponível a todos nós.

*Paulo Vieira*

# SUMÁRIO

# APRESENTAÇÃO

Escrevi este livro com o objetivo geral de ajudar as pessoas com técnicas, conceitos e ferramentas capazes de promover mudanças rápidas, profundas e permanentes no ser humano. Procurei resumir o que observo e aprendo desde 1998, como conferencista internacional, pesquisador, empresário de sucesso, coach integral sistêmico e principalmente como pai de uma família feliz e harmônica.

O segundo objetivo é combater o senso comum de que mudanças reais no ser humano não acontecem ou, quando acontecem, se dão ao longo de muito tempo. De fato, as mudanças podem não acontecer, visto que muitas pessoas repetem na velhice os mesmos erros e padrões disfuncionais da juventude. Mas também temos observado pessoas que amadurecem e mudam ao longo da vida, tornando-se um pouco melhores a cada dia. Eu tenho provado, em quase 200 turmas do Método CIS®[1] e em minha experiência de 10 700 horas de sessões de coaching, que as tão desejadas mudanças não apenas podem acontecer, como podem acontecer rápido e inexoravelmente.

Outro senso comum que combato é o de que pânico e depressão são doenças neurais sem cura. Vejo-os como sintomas da trilogia **comunicação, pensamento** e **sentimentos disfuncionais**, que resulta em toda sorte de desordens mentais. Tenho, na minha experiência, vivenciado, catalogado e acompanhado pessoas diagnosticadas como depressivas e fóbicas eliminarem esses sintomas de suas vidas e mentes em pouquíssimo tempo.

O quarto objetivo é retratar neste material o resumo da minha dissertação de mestrado na Florida Christian University sobre o Método CIS®, seminário que desenvolvo há quase duas décadas, em que explicito de forma didática mecanismos, processos e resultados que venho utilizando e obtendo em minhas sessões de Coaching Integral Sistêmico®.

---

1  O Método CIS é um curso criado por mim que utiliza ferramentas do Coaching Integral Sistêmico (CIS®). Tornou-se o maior treinamento de inteligência emocional do mundo, sendo realizado a cada mês numa cidade diferente.

O conhecimento por si não cria valor. O valor é criado quando o conhecimento é acrescido da emoção adequada e focada, com um plano de ação capaz de conduzir o indivíduo a mudanças substanciais em sua vida. A isso chamo poder e alta performance em nossas vidas.

**Poder e alta performance = conhecimento + emoções inteligentes + ação focada**

Eu o convido a iniciar a busca pelo poder e alta performance que há dentro de você.

## Depoimentos

Todo processo intencional de mudança humana pode ser calcado em três fatores: o primeiro é que essa mudança é possível; o segundo é que o método usado, por mais diferente que seja, é eficaz; e o terceiro e mais importante é que outras pessoas, após trafegarem por esse caminho, mudaram a própria vida. Dessa maneira, eu o presenteio com depoimentos de pessoas como você: médicos, juízes, vendedores, dentistas, donas de casa, desempregados, filhos desesperançosos, pais estressados, homens sem sustento financeiro e toda sorte de pessoas, incluindo aquelas que, apesar de estarem bem na vida, queriam ainda mais.

*"Olá, Paulo Vieira, espero que se lembre de mim! Assisti você na televisão esta semana e fiquei muito feliz em saber da continuidade do seu sucesso. Em forma de retribuição a tudo que aprendi com você, quero registrar que minha vida mudou muito depois do curso Método CIS® – Inteligência Emocional. Mudou tanto que esta semana conquistei mais um sonho, que é a minha casa própria aqui em Fortaleza. Aproveito a oportunidade para te fazer o convite para comemorarmos juntos, lógico que lá em casa, debaixo do deque e ao lado da piscina, fazendo um belo churrasco. Tenho certeza de que sua menina vai adorar e a minha também.*

*Um forte abraço e obrigado por tudo que você vem me proporcionando, porque, como você diz, para que ser nós mesmos, se podemos ser bem melhores?!"*

(F. M. J.)

"Querido Paulo Vieira,

Hoje acordei querendo contar para alguém o que de especial anda acontecendo em minha vida. É como se eu tivesse ganhado na loteria, mas a alegria é ainda maior do que um simples prêmio em dinheiro. Baseada em seu ensinamento, descobri dentro de mim que sou uma pessoa muito abençoada, pois hoje posso dizer com orgulho que tenho uma família bem estruturada.

Meu marido, que só acordava às 10 horas da manhã, hoje passou a acordar às 6 horas para ficar mais tempo comigo e com nosso filho até a hora de ir trabalhar. Nosso relacionamento está maravilhoso, até parece que nos casamos hoje e estamos vivendo em lua de mel. Já consegui elogios de todas as maneiras, até da minha personalidade, que era muito fechada. Hoje me dou bem com todo mundo, participei de uma festa na empresa e apresentei uma dança estilo anos 1960, coisa que nunca tinha feito.

Meu relacionamento com minha mãe está maravilhoso. Estamos ainda mais próximas e unidas, e meu relacionamento com Deus está mais intenso, pois sei que preciso muito Dele para completar minha vida. No trabalho nem consigo contar, estou completamente realizada, consegui o cargo de coordenadora que tanto almejava, e com certeza o salário que mereço ganhar virá logo no começo do ano.

Quero agradecer pela oportunidade de ter feito o treinamento Método CIS®, que me ensinou a me conhecer e me encontrar. Sou uma pessoa mais amável, segura, forte, inteligente e muito mais.

Espero poder contar mais de minha vida futuramente, pois ela está cada vez mais emocionante."

(B. P. A.)

"Após o curso de inteligência emocional Método CIS, meus ganhos foram imensos em todas as principais áreas da minha vida. Eliminei 8 quilos e passei a praticar exercícios físicos regularmente. Tornei-me uma pessoa mais forte, confiante e consegui eliminar crenças e traumas que foram criados na infância. No quesito profissional, sou uma nova pessoa. Colaboro com ideias e trago soluções. Fiquei mais econômico e passei a utilizar o princípio da recompensa adiada. Além de tudo isso, estou mais próximo de Deus e ainda consegui me livrar de alguns vícios e pecados capitais. Sou grato por tudo e por ter conhecido o Paulo Vieira. Obrigado."

(P. E. C.)

"*Eu vim forçada fazer o curso Método CIS® de Inteligência Emocional. Eu estava em depressão profunda, não saía do quarto, não falava com ninguém, fugia de tudo. Minha vida tinha parado. Além da depressão, tive uma crise de pânico horrível que me deixou paralisada, com medo de tudo, inclusive de ficar só. Aos 21 anos, nada mais parecia fazer sentido na minha vida.*

*Foi quando, numa última tentativa da minha família de me ajudar, já que remédio, terapia, nada mais tinha surtido efeito, minha irmã, que já havia feito o curso, decidiu me trazer a qualquer custo. Foi então que tudo mudou. Desde o primeiro dia minha vida não foi mais a mesma. Hoje sou uma pessoa TRANSFORMADA E VITORIOSA, cheia de vida, me sinto realizada, graças a DEUS, ao Paulo Vieira e à sua equipe maravilhosa e à minha família, principalmente minha irmã, que me levou à inteligência emocional.*"

(C. P. S.)

"*Eu estava no fundo do poço. Tinha acabado de descobrir um nódulo no ouvido e outro na mama, tinha me entregado, desistido de viver. Além de tudo isso, tinha uma falta de amor-próprio enorme e uma briga com Deus. Este curso mudou minha vida, me sinto curada dos males mencionados.*

*Para quem se considerava morta e havia desistido de viver, tudo mudou e rápido: casei, voltei a ser mãe da minha filha, o zumbido desapareceu e vivo intensamente a minha vida.*"

(M. T. R.)

"*Eu tive vários ganhos!!!*

*O principal foi o perdão de meus filhos. Pedi perdão por minha ausência, logo após o seu nascimento, e reconheci que esse meu erro foi o mesmo erro que minha mãe cometeu comigo quando eu era criança. Aprendi a refletir mais, reconhecendo que 'coisas' ruins que acontecem não são somente culpa dos outros, e sim culpa minha também. Enxerguei que muitos erros que cometi no meu passado (infância/adolescência) foram cometidos pelos meus pais. Refiz a relação com meus pais e hoje, além de mãe, sou também filha.*"

(M.L.S.)

*"Muito obrigada pela oportunidade de transformar a minha vida com mudanças simples e ferramentas fáceis de serem usadas, mas que provocaram um impacto substancial nos resultados de minhas relações e na forma como vivo. Foi uma excelente forma de reaprender a amar e amar de forma grandiosa e em abundância: a vida, a mim, as pessoas próximas e tudo que desejo realizar. Tudo é possível!!!*

*Comecei o processo de transformação da minha vida, da minha relação comigo, da minha relação com a família, com meus amigos. Meus ganhos foram concretos. A transformação positiva e baseada no amor é uma constante na minha vida. Que felicidade!!!"*

(B. R. C.)

Depois de ler todos esses depoimentos de alunos do Método CIS®, você está pronto para mergulhar nos conceitos e técnicas do Coaching Integral Sistêmico® apresentados neste livro. Dedique-se à leitura, faça cada exercício e experimente o poder e alta performance.

# INTRODUÇÃO

## A FORÇA DO DESESPERO

Aos 30 anos, um jovem já desanimado e desesperançoso, ciente de sua responsabilidade pelo estado caótico de sua vida, foi levado a um processo terapêutico tradicional. Quatro meses depois de haver começado o processo e completamente consciente de sua história de vida e consequências nefastas, argumentou com sua terapeuta: "Quando cheguei aqui, eu tinha uma boa noção das minhas mazelas e do que as causou. Agora, estou mais do que íntimo da minha história de vida e consciente das minhas mais profundas dores... Preciso saber: quando minha vida decolará, quando poderei sustentar uma família, quando terei estrutura interna para ser feliz, quando este tratamento trará resultados práticos para minha vida?".

Com um olhar de profunda tranquilidade, ela respondeu: "Calma, as mudanças acontecem ao longo do tempo". Nervoso e com o mais profundo sentimento de urgência, o jovem retrucou: "Por favor, quanto tempo falta para essas mudanças acontecerem na minha vida?". Ao que ela respondeu com a mesma paz de quem contempla o pôr do sol: "Dois... Quatro... Seis... Oito anos!".

Naquele momento, o corpo dele gelou, a vista embaçou e, tomado de pânico, ele desmaiou. Acordou com a terapeuta dando tapinhas e passando água fria em seu rosto. Ainda gelado e suando bastante, ele confirmou: "Você quer dizer que, para eu mudar minha vida e colher resultados, terei de esperar até oito anos?". E ela confirmou sua tese de que mudanças acontecem ao longo do tempo. Esse jovem saiu do consultório com duas certezas: uma era a de que não voltaria mais ali; a outra era de que não tinha todos esses anos para mudar sua vida, constituir uma família, ter uma profissão e então realizar seus sonhos.

Ele passou por aquela experiência desoladora, determinado a encontrar a chave da transformação rápida e profunda da própria vida. Um ano depois, o jovem "mutante" já tinha uma namorada, que mais tarde seria sua esposa, tinha apartamento quitado e carro zero quilômetro e, sobretudo, sentia-se feliz, saudável, capaz e realizando seus sonhos e objetivos. Naquele momento, estava nascendo o que mais tarde seria chamado Método CIS® de transforma-ção e potencialização humana. Hoje, quase vinte anos depois, esse homem continua casado com sua namorada, tem três filhos maravilhosos, conheceu boa parte do mundo ministrando conferências e passeando e possui bens ma-teriais. Certamente não preciso dizer quem é essa pessoa. Assim, passei a estudar e aprofundar as mesmas técnicas que funcionaram comigo, a ser co-baia das minhas teses e dos meus experimentos, busquei subsídios técnicos e científicos, montei uma biblioteca com milhares de títulos e há anos ministro um curso que em si revela o poder verdadeiro de Deus, o Método CIS®.

## COMO TUDO COMEÇOU

Eram 7 horas de uma manhã de setembro do ano de 1997. O despertador tocou, abri os olhos e encarei a dura realidade. Mais um dia estava se inician-do. Mais um entre muitos dias repletos de problemas e pouquíssimos praze-res ou confortos. Era mais uma página da minha vida que estava começando naquela manhã – e, diga-se de passagem, uma vida nada interessante nos últimos anos. Nessa época, nada parecia ter solução. Quanto mais eu olhava as circunstâncias em que vivia, menos esperança eu tinha: sem dinheiro, meu negócio indo de mal a pior, distante da família e dos amigos, com um divórcio em andamento, hipertenso e com problemas renais. Era como eu vivia naquela época.

Acordei diferente, como se estivesse em um devaneio. Decidi levantar mais tarde da cama naquela linda manhã e fingir que minha vida estava perfeita e sem nenhum problema. Tomei meu café como se fosse um príncipe, a cabeça altiva, um sorriso no rosto e nenhuma pressa: o mundo poderia esperar. Vesti uma ótima roupa e fui para o shopping. Era como se eu respirasse uma névoa inebriante: o céu estava mais azul, soprava uma brisa fresca e agradável, tudo tinha mais cor. Eu, de fato, havia decidido me ver e ver o mundo de manei-ra diferente; havia resolvido tirar o foco dos meus problemas e angústias e olhar para um futuro positivo. Para isso, porém, eu precisaria me comportar de modo diferente naquele momento.

Deu certo... Entrei em uma livraria e comecei a folhear livros, até que me deparei com um pequeno volume vermelho de Roberto Shinyashiki. Nesse livro, encontrei um texto em forma de parábola que narra um caso da mitologia grega. Uma história que entrou em meu coração, minha mente e minha alma – e, por incrível que pareça, foi a partir desse curto texto, em um pequeno livro, que minha vida começou a mudar de forma extraordinária. Ali, o farol que iluminaria meu futuro foi aceso e, naquele momento, com as chaves na ignição e os faróis bem acesos, saí à procura de mim mesmo.

Vou reproduzir na íntegra o texto e compartilhar com você o início da minha nova vida. Uma vida repleta de sentido e significado.

## A HISTÓRIA DE SÍSIFO

*Um dos personagens mais interessantes da mitologia grega é Sísifo, o rei de Corinto. Era tido como o mais esperto entre os homens. Apesar de toda a sua astúcia, ou, talvez, justamente por causa dela, sempre se via diante das situações mais complicadas. Cada esperteza criava novas dificuldades, que por sua vez pediam novos estratagemas, numa sucessão de saídas provisórias. Certa vez, Sísifo descobriu por acaso que Zeus havia raptado Egina, filha de Ásopo, o deus dos rios. Como faltava água em suas terras, Sísifo teve a ideia de revelar a Ásopo o paradeiro da filha, desde que este lhe desse em troca uma nascente. O pai desesperado aceitou de bom grado a proposta. Deu a Sísifo a nascente e soube então que sua filha fora raptada por Zeus.*

*Sísifo teve água, mas arrumou outro problema: Zeus ficou furioso com a delação e mandou a Morte buscá-lo.*

*Confiando na própria astúcia, Sísifo recebeu a Morte e começou a conversar. Elogiou sua beleza e pediu-lhe para deixar enfeitar seu pescoço com um colar. O colar, na verdade, não passava de uma coleira, com a qual Sísifo manteve a Morte aprisionada e conseguiu driblar seu destino.*

*Durante um tempo, não morreu mais ninguém. Sísifo soube enganar a Morte, mas arrumou novas encrencas. Desta vez com Plutão, o deus das almas e do inconsciente, e com Marte, o deus da guerra, que precisava dos préstimos da Morte para consumar as batalhas.*

*Tão logo teve conhecimento do acontecido, Plutão libertou a Morte e ordenou que trouxesse Sísifo para os infernos. Quando Sísifo se despediu da sua mulher, teve o cuidado de pedir secretamente que ela não enterrasse o seu corpo.*

*Já nos infernos, Sísifo reclamou a Plutão da falta de respeito de sua mulher em não enterrar seu corpo. Então, suplicou por um dia de prazo para se vingar da mulher ingrata e cumprir os rituais fúnebres. Platão concedeu-lhe o pedido. Sísifo retomou então seu corpo e fugiu com a esposa. Havia enganado a Morte pela segunda vez.*

*Viveu muitos anos escondido, até que finalmente morreu. Quando Plutão o viu, reservou-lhe um castigo especial. Ele foi condenado a empurrar uma enorme pedra até o alto de uma montanha. Antes de chegar ao topo, porém, a pedra rolava montanha abaixo, obrigando Sísifo a retomar sua tarefa até o fim dos tempos.*

Com esse texto eu me percebi, vi que minha vida era um eterno recomeçar, em que eu me esforçava muito e, quando estava prestes a ter a conquista, algo acontecia e ia tudo por terra. Percebi que eu me preocupava mais com o esforço do que com a conquista. Que sistematicamente não terminava o que havia começado. Que minhas atitudes e ações eram intempestivas e sem planejamento, e que isso costumava me prejudicar. Percebi, sobretudo, que eu culpava os *outros* por todos os meus insucessos e desgostos.

Ficou claro para mim, naquele momento, que o que eu tinha vivido nos últimos onze anos não eram fracassos, e sim os resultados das minhas ações e atitudes. Cada resultado negativo era um alerta de Deus para que eu vivesse e pensasse de forma diferente. Afinal de contas, compreendi com clareza que eu era o meu grande sabotador.

Por um lado, fiquei angustiado por reconhecer que, depois de sair da adolescência, eu vinha me fazendo de vítima e tendo pena de mim mesmo, me vitimando e me boicotando para chamar a atenção e me sentir amado. Em contrapartida, fiquei muito fortalecido e esperançoso – afinal, ficou muito claro também que eu era o capitão do meu destino, que eu havia conduzido a minha vida àquela situação e que, como o condutor, eu poderia ir a qualquer lugar.

Li o pequeno livro mais quatro vezes em três dias, senti cada frase, chorei cada palavra. Um novo Paulo era gerado.

Busquei ajuda para mudar a única coisa que precisava ser mudada: eu mesmo. No primeiro momento, eu me via desesperado, pois sabia que precisava mudar urgentemente, mas não sabia como. Contudo, não parei de buscar, não parei de pedir ajuda, não parei de querer.

Como por mágica, as coisas aconteceram: as pessoas, os livros, os treinamentos. Nessa época, aprendi a usar minha mente, estabelecer metas e a criar uma visão extraordinária de futuro, visão essa que começou a acontecer de imediato. Nascia um novo Paulo.

Eu estava renascendo aos 30 anos para uma vida extraordinária: com um trabalho maravilhoso e de grande rentabilidade, patrimônio financeiro, esposa maravilhosa, filhos encantadores, amigos, família presente e unida e muita saúde. Eu me venci! Aos 30 anos, iniciei a minha caminhada para a vitória. Continuo nesse caminho e seguirei nele por toda a minha vida.

Mais uma vez, faço este convite: venha receber ferramentas capazes de mudar a sua vida. Venha fazer parte desta caminhada!

## POR QUE LER ESTE LIVRO SOBRE INTELIGÊNCIA EMOCIONAL?

No contexto profissional, tem-se percebido um ganho extraordinário na capacidade de liderança e empregabilidade nas pessoas com um alto nível de inteligência emocional (IE). Afinal, liderar é possuir as aptidões emocionais necessárias à arte de persuadir e motivar as pessoas e a si mesmo a contribuírem para um objetivo comum, construindo redes de trabalho, de confiança, de realizações e de talentos que, no conjunto, constituem a sabedoria e o poder humano.

Embasado no trabalho do pesquisador da Universidade de Harvard e autor de vários livros sobre inteligência emocional, Daniel Goleman, utilizando muitas ferramentas de coaching, psicologia positiva e neurociência, este livro traz um programa completo que introduz, de forma inovadora, prática e profunda, o Método Coaching Integral Sistêmico® para reestruturar as competências emocionais como forma de potencialização pessoal e profissional. Até porque não é possível separar o profissional do ser humano. Quando o lado pessoal tem ganhos e crescimentos, o profissional certamente também terá.

Como tem sido apresentado no seminário Método CIS®, o livro também deixa claro que as emoções nunca foram bem-vistas na nossa forma de ser e de estar. A maioria de nós foi condicionada a deixar as emoções "em casa", acreditando que, para ser feliz, eficaz e bem-sucedido profissional e pessoalmente, seria necessário fundamentar a nossa estratégia na racionalidade e na "lógica". Era tido como certo tomar decisões de "cabeça fria", usando o raciocínio lógico e a "inteligência racional". Entretanto, as emoções são essenciais e inseparáveis daquilo que somos e do modo como nos relacionamos com os outros e com o mundo, não podendo, portanto, ser ignoradas ou deixadas de lado.

A inteligência racional, fixada em padrões de qualificação cognitiva, provou não preparar para o mundo de mudanças que agitam a vida. De forma nenhuma ela garante prosperidade, felicidade e realizações profissionais e pessoais.

Como afirma Roberto Camanho, professor de análise de decisões e estratégia empresarial da ESPM: "*A racionalidade é limitada porque nosso cérebro é uma máquina de sobrevivência. A ordem é sentir primeiro e pensar depois. Dessa forma, os gestores são incapazes de tomar decisões totalmente racionais. O viés emocional sempre estará presente*".[2]

Dessa forma, o Método CIS® trafega no mais profundo dos comportamentos, pensamentos, sentimentos e crenças do indivíduo para restaurar as competências emocionais pessoais e sociais, bem como para dar novos significados a si e ao meio que o cerca.

## A QUEM SE DESTINAM ESTE LIVRO E O SEMINÁRIO MÉTODO CIS®?

Ambos se destinam a quem busca uma vida mais equilibrada, próspera e feliz em todas as áreas. Se você é essa pessoa e se essa é a sua busca, atreva-se e descubra um mundo de possibilidades e conquistas! Descubra e desperte todo o poder e a alta performance que existem dentro de você.

## POR QUE LER ESTE LIVRO NO CONTEXTO DA TRANSFORMAÇÃO PESSOAL?

A frase "Querer é poder!" é uma mentira sedutora que tem sido dita e repetida ao longo das gerações. Se querer fosse poder, certamente você teria uma casa melhor, um corpo mais bonito e saudável, teria conhecido os lugares dos seus sonhos e seu marido se pareceria com algum galã de novela. Acima

---

de tudo, você não teria problemas e dificuldades. Percebemos, então, que querer não é poder. Querer de fato é importante, mas é só o começo, o pontapé inicial de um grande jogo.

Este livro ajudará você a usar a poderosa dinâmica do querer e transformá-la em resultados práticos e palpáveis, levando-o de forma rápida na direção de sonhos e objetivos ousados. Veja bem, falo de sonhos mais ousados, aqueles que nunca passaram do campo dos desejos, pois você não tinha ideia de como realizá-los, não tinha as ferramentas para fazer acontecer. Nada é mais frustrante do que ter um sonho, querer realizá-lo, tentar e tentar, mas não conseguir. Restam, então, o desânimo e a decepção – e, muitas vezes, a aceitação da mediocridade como condição humana.

Além de ajudá-lo a conquistar objetivos, este livro vai fornecer recursos para solucionar problemas que pareciam sem saída, fazendo com que você destrua seus maiores e mais secretos inimigos internos. Quantas vezes você teve um sério problema, fez tudo que estava supostamente ao alcance, lutou, chorou, esbravejou, brigou até com Deus e, ao final, o problema continuou em suas mãos e você decidiu "ir assim mesmo", decidiu "levar a vida como Deus quer"?

Em situações como essas, os sonhos desaparecem e, no lugar deles, instalam-se as mágoas, os ressentimentos e o pessimismo contagiante que direcionam a vida para o caminho contrário ao da REALIZAÇÃO PESSOAL.

Tenho milhares de alunos e centenas de clientes de Coaching Integral Sistêmico® como testemunhas vivas de que: (1) é possível mudar e desenvolver-se em um tempo mínimo; (2) é possível superar limitações emocionais de forma rápida; e (3) é possível conquistar sonhos que antes pareciam impossíveis. E melhor: o Método CIS® prova que podemos ter os três ganhos acima citados ao mesmo tempo. Isso não é um mero estado motivacional que se esvai como uma nuvem no céu azul, mas uma mudança permanente e profunda.

## AVALIANDO A SUA INTELIGÊNCIA EMOCIONAL

*"Amarás ao teu próximo como a ti mesmo"*
(Segundo mandamento de Deus)

Antes de iniciar a leitura deste livro, é importante que você se autoavalie em cada um dos fundamentos descritos por Goleman em *O poder da inteligência emocional*, as **competências pessoais** e as **competências sociais**, e perceba onde estão suas maiores demandas e falhas, como também quais são suas maiores virtudes. Assim, ao longo do livro, você poderá dar maior ênfase aos pontos fracos e tirar maior proveito dos pontos fortes.

Na avaliação a seguir, existem dois campos em branco: no primeiro, coloque sua pontuação de 0 a 10. O segundo campo em branco deve ser preenchido depois de você ter lido o livro inteiro e ter feito todos os exercícios propostos. Você deve se reavaliar em cada um desses fundamentos. Observe quais e quão grandes foram suas conquistas no campo da inteligência emocional e, consequentemente, o aumento de desempenho, performance e realizações, tanto na área profissional quanto na pessoal.

As técnicas deste livro são poderosos alicerces que escorarão resultados práticos e mensuráveis em sua vida.

**COMPETÊNCIAS PESSOAIS:** capacidades que determinam como lidamos com nós mesmos.
- ( ) ( ) **Autoconsciência emocional:** identificar suas próprias emoções e reconhecer seu impacto nas ações e decisões.
- ( ) ( ) **Autoavaliação precisa:** conhecer seus próprios limites e possibilidades, sem se supervalorizar nem se subestimar.
- ( ) ( ) **Autoconfiança:** ter um sólido senso de nosso próprio valor, capacidades e potencial.
- ( ) ( ) **Autocontrole emocional:** manter emoções e impulsos destrutivos sob controle, mesmo em momentos de estresse.
- ( ) ( ) **Superação:** possuir um ímpeto para melhorar o desempenho a fim de satisfazer padrões interiores de excelência.
- ( ) ( ) **Iniciativa:** estar sempre pronto para agir e aproveitar oportunidades.

- ( ) ( ) **Transparência:** ser honesto e íntegro, digno de confiança.
- ( ) ( ) **Adaptabilidade:** ter flexibilidade na adaptação a pessoas com estilo diferente, a situações voláteis ou na maneira de pensar e se comportar em situações antagônicas.
- ( ) ( ) **Otimismo:** ver o lado bom dos acontecimentos em qualquer situação.

Nota total da 1ª autoavaliação (hoje): _____
Nota total da 2ª autoavaliação (depois de ler o livro): _____

**COMPETÊNCIAS SOCIAIS:** capacidades que determinam como gerenciamos nossos relacionamentos com os outros e com o mundo.

- ( ) ( ) **Empatia:** perceber as emoções alheias, compreender seus pontos de vista e interessar-se ativamente por suas preocupações.
- ( ) ( ) **Consciência organizacional:** identificar e compreender as tendências, redes de decisão e a política em nível organizacional.
- ( ) ( ) **Serviço:** reconhecer e satisfazer as necessidades dos subordinados e clientes, servindo-os e ajudando-os a melhorar seu desempenho e a alcançar seus objetivos.
- ( ) ( ) **Liderança inspiradora:** orientar e motivar, com uma visão instigante, conduzindo pessoas a objetivos de ganhos mútuos.
- ( ) ( ) **Influência:** dispor da capacidade de persuadir e influenciar pessoas.
- ( ) ( ) **Desenvolvimento dos demais:** cultivar as capacidades alheias por meio de *feedback* e orientação.
- ( ) ( ) **Catalisação de mudanças:** iniciar e gerenciar mudanças e liderar pessoas em uma nova direção.
- ( ) ( ) **Gerenciamento de conflitos:** solucionar divergências entre pessoas, levando-as à integração e à aceitação mútua.
- ( ) ( ) **Trabalho em equipe:** conquistar a colaboração e o trabalho em equipes, com alto desempenho.

Nota total da 1ª autoavaliação (hoje): _____
Nota total da 2ª autoavaliação (após ler o livro): _____

# 1

# IDENTIFIQUE SEU ESTADO ATUAL

Todo processo de mudança precisa de três ingredientes. O primeiro é identificar, com total clareza e verdade, o estado atual, ou seja, onde e como a pessoa se encontra. A segunda etapa é descobrir aonde ela realmente quer chegar – afinal, para quem não sabe aonde quer chegar, o caminho não é importante. E a terceira etapa é a elaboração consistente, precisa e flexível de um plano de ação.

Um piloto de avião, para elaborar o plano de voo, precisa, de início, ligar o GPS e plotar no computador de bordo a latitude e a longitude da aeronave, para depois colocar as coordenadas de destino. Em seguida, com parâmetros preestabelecidos, o computador dará a rota de voo precisa, segura e rápida. Peço que você seja o piloto da sua vida, o comandante do seu destino, e comece agora esta trajetória: de onde você se encontra até o mais extraordinário destino.

Vamos localizar e entender onde você está agora. Tenho feito as perguntas a seguir a milhares de pessoas durante palestras, seminários e no curso Método CIS®. Agora faço-as a você: como está a sua vida? Como estão seus sonhos e objetivos? Você tem sido próspero ou limitado? Tem sido realizado ou frustrado? Feliz ou infeliz? Como estão seus relacionamentos? Você se sente amado pela sua família? Sua vida financeira é estável e frutífera? Seus resultados profissionais apontam na direção da prosperidade? Como será seu futuro se continuar a viver como tem vivido?

Responda escrevendo à mão, com toda a sinceridade a cada uma dessas perguntas. Reflita profundamente sobre a sua existência, sobre suas facilidades e dificuldades. Reflita sobre quem você tem sido e como tem vivido.

Um grande engano da maioria das pessoas é achar que são aquilo que estão sendo neste momento e que, como uma estátua de mármore, continuarão a ser da mesma maneira para sempre, sem a possibilidade de mudanças e de transformações. Brinco dizendo que elas foram acometidas da "Síndrome de Gabriela": *"Eu nasci assim, eu cresci assim, vou ser sempre assim, Gabriela..."*, como diz a composição de Dorival Caymmi. Seria uma terrível maldição estarmos condenados a não poder mudar e a ser para sempre os mesmos.

É muito importante entendermos que nossa essência foi criada por Deus e é imutável, até porque é perfeita. Contudo, a criação que tivemos, a educação que recebemos, os ambientes que frequentamos, a quantidade e a qualidade do amor que nos foi dado nos tornaram pessoas distantes dos nossos sonhos e potenciais, a ponto de nos perguntarmos quem somos e qual é o sentido da vida.

Porém, nós podemos ser e viver de maneira diferente do que temos sido e vivido até hoje. Podemos ser mais motivados, mais alegres, mais amorosos, mais competitivos, mais vitoriosos, mais entusiasmados, mais felizes – enfim, podemos ser tudo, ou quase tudo, que quisermos ser. Isso é ser humano, ou seja, exercer de forma digna o livre-arbítrio que Deus nos deu.

Acredite: você pode optar por uma vida muito melhor, mais farta de amor, conquistas e realizações. Assim, peço que responda, em uma folha de papel ou um caderno, com muito empenho, sinceridade e humildade, aos três grupos de perguntas que farei a seguir. Use no mínimo vinte linhas para cada resposta. Não se limite ao espaço reservado: quanto mais você escrever, melhor compreensão terá do contexto atual e, consequentemente, do caminho futuro a ser desenhado e seguido.

1. **SER: quem é você?** Defina-se como ser humano. Retrate suas crenças mais arraigadas, elenque seus sentimentos em relação às coisas que mais o alegram e mais o entristecem. Traga à tona

pensamentos reincidentes positivos e negativos que mais gravi-
tam em sua mente e também quais são seus comportamentos
mais louváveis e mais deploráveis.

_____

_____

_____

_____

_____

_____

_____

_____

_____

_____

_____

2. **FAZER: o que você tem feito?** Onde tem trabalhado? Qual a qualidade do seu trabalho e dos resultados que tem gerado? Quais são
   os seus programas sociais e de lazer? Qual a qualidade dos locais
   que frequenta? Quais os impactos de suas ações em sua família,
   seus parentes e na sociedade? Suas ações são positivamente relevantes? Se você morresse hoje, que falta você faria ao mundo e
   a quem o rodeia?

_____

_____

_____

_____

_____

_____

_____

_____

_____

_____

_____

3. **TER: o que você tem no contexto material?** Onde mora? Que carro possui? Qual a qualidade do que você veste? Conta com reservas financeiras? Quais são os seus bens?

_____

_____

_____

_____

_____

_____

_____

_____

_____

_____

## MAAS – MAPA DE AUTOAVALIAÇÃO SISTÊMICO®

O Mapa de Autoavaliação Sistêmico® (MAAS®) é uma ferramenta que criei no meu primeiro livro e aprimoro ao longo do tempo. Ele mede a qualidade e a plenitude de vida com base nos valores individuais. Quantifica e mensura o sucesso e a felicidade nos principais aspectos da existência humana, sendo muito utilizado no Coaching Integral Sistêmico®.

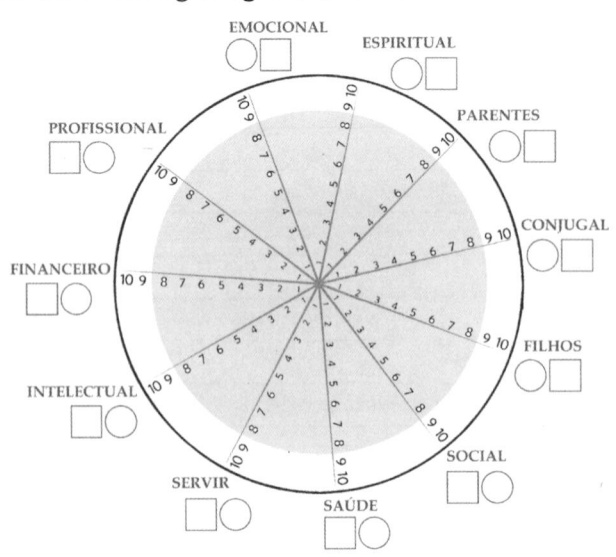

Muitas pessoas têm um trabalho com ótima remuneração e se julgam felizes, mas deixam de contemplar o casamento, a relação com os filhos e familiares ou a saúde. Dessa maneira, o tempo passa e tal pessoa descobre que todo o dinheiro ganho e o sucesso profissional não foram capazes de lhe fazer verdadeiramente feliz, e percebe que existe uma distância muito grande entre ela e seus sonhos.

Com esse método de autoavaliação do Coaching Integral Sistêmico®, enxergamos nossa vida em todas as suas vertentes e podemos dar foco ao que é prioritário, dedicando-nos às áreas da vida que mais necessitam, e isso tudo baseado em nossos valores pessoais, no que de fato é importante. Assim, podemos criar metas e concentrar esforços para obter uma vida equilibrada e ecológica em um espaço de tempo extremamente curto.

O MAAS se subdivide em onze pilares que se destacam como os principais fundamentos da vida humana. Apresento a seguir os critérios e parâmetros para que você possa definir e autoavaliar sua vida em cada um dos pilares.

### PILAR 1: ESPIRITUAL

Este pilar refere-se ao seu relacionamento com Deus, à fé que você possui, ao conhecimento sobre a Palavra, à capacidade de descansar suas inquietações e temores nEle.

Algumas pessoas confundem este pilar com caridade e paz interior; entretanto, ele refere-se objetivamente à sua fé e intimidade com Deus, à quantidade e qualidade de orações, louvores e momentos de intimidade com o Criador, independentemente de sua religião.

Decerto, ter uma religião ajuda e muito a ter uma relação com Deus, mas esse critério não mede a religiosidade com suas regras e rituais religiosos, e sim a relação íntima com o seu Deus.

### PILAR 2: PARENTES

Refere-se à qualidade de vida em família, à harmonia que existe entre os membros, à afetividade, ao toque e à validação. Este pilar analisa sua relação com pais e irmãos. É analisado também pela capacidade de perdoar e conviver amorosamente, apesar das diferenças pessoais. Importante ressaltar que a vida amorosa e matrimonial refere-se ao pilar conjugal, e não ao pilar parentes.

## PILAR 3: CONJUGAL

Este pilar retrata a harmonia e o amor existentes entre um casal: o nível de diálogo, afetividade, respeito, compreensão, flexibilidade, dedicação, além da quantidade e qualidade do sexo e da capacidade de fazer o outro feliz sem que haja cobrança por isso.

Uma forma mais objetiva de analisar este pilar é a capacidade de tocar o cônjuge, olhar nos olhos, abraçar e dialogar sem que haja cobranças e acusações. Se você não tiver um relacionamento amoroso, avalie como se sente nessa situação.

## PILAR 4: FILHOS

Caso você tenha filhos, este pilar refere-se ao relacionamento com eles. Avalia a qualidade e a quantidade de tempo dedicado, de amor comunicado, de toque, de beijo e de atenção em V0.[3] Caso você não tenha filhos, o que deve ser avaliado é como você se sente subjetivamente por não os ter.

## PILAR 5: SOCIAL/LAZER

Este pilar reflete a qualidade e a quantidade das amizades e interações sociais, avalia a profundidade, intimidade, confiança e maturidade dos relacionamentos. Neste quesito também entra a presença de um *hobby*, ou seja, atividade praticada em momentos de lazer, com o objetivo de descontrair e descarregar as tensões do dia a dia.

Muitas vezes, pessoas sem equilíbrio de vida dedicam muito esforço e tempo a essa área como uma estratégia para não olhar para sua vida como um todo ou para fugir de si mesmo e de suas dores. Lembre-se de que todo exagero é sinal de uma

---

3  V0 consiste em olhar bem dentro do olho da outra pessoa, respirar junto com ela e se conectar. É um momento no qual as palavras não são necessárias e você está totalmente entregue ao instante, vivendo o aqui e o agora.

debilidade emocional. Quantas pessoas você conhece que precisam sair praticamente todos os dias para a balada, para a festa, para a diversão e a bebedeira, e mesmo com toda essa "diversão" desenfreada não são felizes?

## PILAR 6: SAÚDE

Refere-se ao estado de saúde, vitalidade e disposição física do indivíduo. Neste quesito, avalia-se também preparo físico, energia, flexibilidade e ausência de dores, nível de obesidade e de limitações físicas. A forma e a aparência física do corpo finalizam a análise deste pilar. A atividade física e a qualidade da dieta são também bons indicadores para mensuração.

## PILAR 7: SERVIR

Este pilar refere-se à sua capacidade de enxergar a necessidade dos outros. Avalia quanto realmente você tem se dedicado à caridade e à ajuda ao próximo em suas necessidades, tanto de sobrevivência quanto espirituais e psicológicas.

## PILAR 8: INTELECTUAL

Este pilar avalia a sua dedicação em adquirir conhecimento através de leituras, cursos, seminários etc. e a sua capacidade de colocar tudo isso em prática.

## PILAR 9: FINANCEIRO

Retrata a sua relação com o dinheiro neste momento – não apenas quanto ganha, mas também como gasta e quanto poupa ou investe. De forma geral, este pilar pode ser orientado pelo balancete pessoal, ou seja, o resultado da subtração entre todo o patrimônio líquido e os ativos menos todas as dívidas e passivos. Se a diferença é positiva, o pilar financeiro está em boas condições e a nota tende a ser positiva.

Este pilar também é analisado pelo fluxo de caixa, ou seja, a diferença de recebimentos e ganhos efetivos mensais menos despesas e contas a pagar do período. Se o dinheiro que sobra dessa equação é suficiente para doar, poupar e investir, a nota tende a ser alta. Mas se os gastos mensais consomem tudo que você ganha, a nota será mais baixa.

### PILAR 10: PROFISSIONAL

Este pilar relaciona-se com a carreira profissional, o crescimento e nível de desempenho do ponto de vista da empresa, dos fornecedores e dos clientes. Deve ser avaliado também pelos resultados gerados por você, desde que possam ser mensurados. Quanto melhor sua avaliação e quanto maior forem os resultados gerados, maior a sua nota.

### PILAR 11: EMOCIONAL

Este pilar é avaliado pelo equilíbrio de todos os outros pilares e também pela alegria de viver a própria vida. O pilar emocional pode ser definido muitas vezes pela maneira como você acorda pela manhã e pelo entusiasmo e alegria que você tem ao se deparar com a vida e os desafios diários. Este pilar é avaliado também pelo nível de ansiedade, angústia e depressão. Sua falta de controle emocional também é refletida por atitudes extremadas, destrutivas e não ecológicas. No Coaching Integral Sistêmico®, entendemos como ecológico aquilo que faz bem a você e a quem você ama. Uma ação não ecológica é, por exemplo, decidir trabalhar mais horas, mesmo sabendo que isso pode prejudicar sua saúde. Explicarei esse tema de forma mais detalhada no capítulo 6.

## COMO PREENCHER O MAPA DE AUTOAVALIAÇÃO SISTÊMICO®

O **primeiro passo** para montar o seu MAAS® é anotar no espaço quadrado quanto, de 0 a 10, cada pilar é importante para você. Em um mundo ideal, onde tudo é possível, qual seria a nota desse pilar em sua vida? Quanto você gostaria que esse pilar tivesse? Essa nota refletirá quanto você acha esse pilar importante para você e para sua vida.

Por exemplo, independentemente de como está sua vida social e seu lazer hoje, você colocará no espaço quadrado a nota de 0 a 10 para quanto você gostaria de ter nesse pilar. Faça isso em todos os onze pilares.

O **segundo passo** é pontuar cada pilar em um processo de autoavaliação da sua vida hoje. Siga os parâmetros de cada um dos pilares descritos anteriormente. Marque a sua nota de autoavaliação na régua referente a cada pilar de sua vida, indo de 0 a 10. A nota será 0 se sua autoavaliação do pilar for completamente precária e 10 se ele estiver perfeito e não houver mais nada a melhorar.

Cada pilar será pontuado de acordo com a avaliação sobre você mesmo neste exato momento, como um retrato instantâneo de cada área da vida. Comece pelo "espiritual" e conclua no "emocional".

O **terceiro passo** é unir os pontos com linhas retas até formar uma figura geométrica de onze lados, que chamaremos de roda da vida. Após montar sua "roda da vida", você deve se perguntar se sua vida "roda" da maneira como está. Assim, você estará pronto para entrar no quarto passo e analisar o seu grau de felicidade e realização. Para isso, subtraia a nota de quão importante é cada pilar (no quadrado) pela nota dada ao seu momento (marcada em cima da régua de cada pilar).

A diferença entre quanto cada pilar é importante e a nota que você deu para cada um deles caracteriza a qualidade de sua vida hoje em cada uma das áreas. Segundo este método, a plenitude pode ser mensurada pela distância em que vivemos do que é importante e valoroso em cada pilar.

Por exemplo: um cliente de coaching refletiu e disse que gostaria de ter no pilar social uma nota 8, e a nota que ele se dá na autoavaliação é 7. Assim, se subtrairmos o valor 8 dentro do quadrado pela nota que o cliente se deu nesse pilar, nota 7, o resultado é 1, que reflete a distância em que ele está de sua felicidade e plenitude nessa área. A nota 1 deve ser escrita dentro do círculo.

Percebemos que, nesse exemplo, a pessoa avaliada está muito perto de sua plenitude de vida e, com um pequeno esforço nessa área, atingirá a vida dos sonhos no aspecto social. Quanto mais próximas as notas de autoavaliação dos pilares estiverem dos valores ideais, mais plena será a sua vida. Certamente, quanto mais importantes e valorosos forem os pilares para você e quanto maiores forem as notas de autoavaliação para cada um deles, mais feliz será a sua vida.

Talvez você se depare com a situação retratada no quadro a seguir, em que a nota de importância do pilar profissional é 9 e a nota de autoavaliação da qualidade de vida nesse mesmo pilar é 10. Isso pode sugerir que você está dedicando mais energia do que de fato necessita no pilar profissional, e talvez esteja negligenciando outras áreas da vida, como a conjugal ou a espiritual.

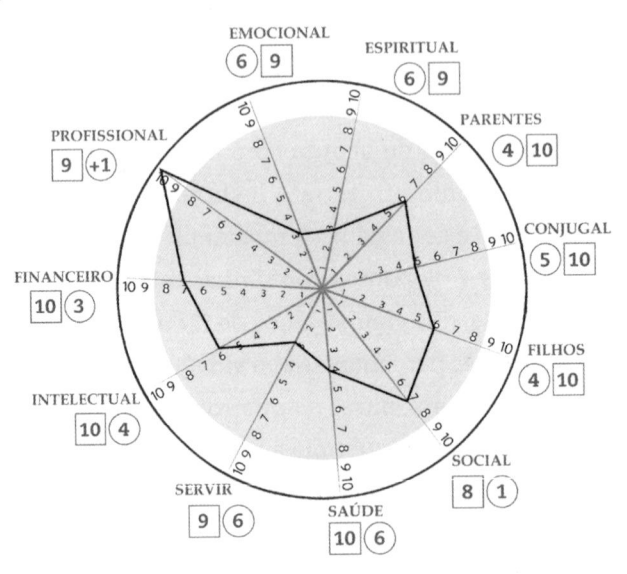

Ao analisar o Mapa de Autoavaliação Sistêmico® (MAAS®) acima, percebemos que essa pessoa provavelmente dedica bastante tempo e esforço à vida profissional e financeira, como também ao lado social e ao lazer. Entretanto, o pilar parentes, conjugal e saúde precisam de mais atenção, esforço e foco.

É importante notar que esses três pilares debilitados influenciam diretamente o pilar emocional. Como nós somos um grande sistema, em questão de tempo esses três pilares puxarão os outros para baixo.

A leitura geral dessa autoavaliação sugere que essa pessoa tem optado por uma vida estética, superficial, visual e de prazeres momentâneos, na qual o lado material é o mais importante. Provavelmente em médio e longo prazo a tendência é a infelicidade, a frustração e a solidão.

## MONTANDO O SEU MAAS

Na figura a seguir preencha o Mapa de Autoavaliação Sistêmico®, de acordo com a sua realidade e autopercepção. Uma vez que a ferramenta esteja pronta, o próximo passo é repensar sua vida e suas prioridades. Lembre-se de ser sincero, pois você não precisa provar nada a ninguém e o seu único objetivo é a mudança pessoal. Afinal de contas, não existem mudanças sem a consciência real da necessidade.

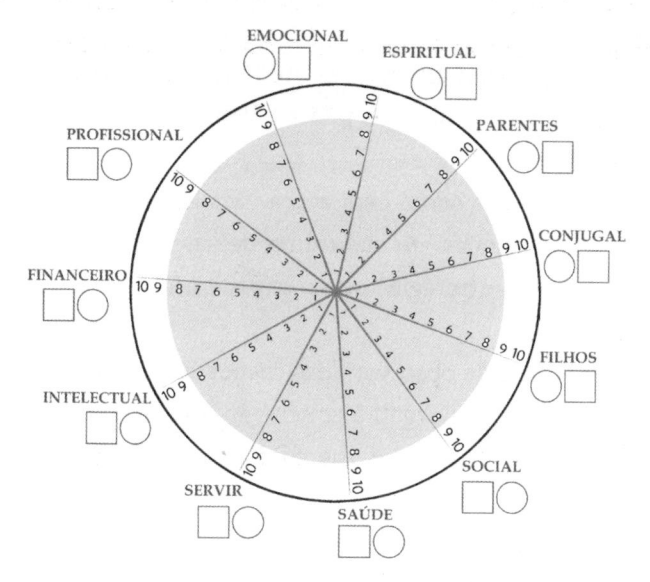

## 1ª ETAPA: COMPREENDENDO E UTILIZANDO O MAAS

Após preencher a ferramenta de autoavaliação, coloque em ordem de prioridade os pilares a serem trabalhados:

1º pilar: _____

2º pilar: _____

3º pilar: _____

4º pilar: _____

5º pilar: _____

É comum vermos pessoas dedicando todo entusiasmo e atenção à vida profissional quando o casamento está ruim. Ou ainda superdedicadas ao corpo, à saúde e às atividades físicas enquanto os filhos clamam por atenção, afeto e tempo de qualidade. Nós somos seres sistêmicos e, como você verá ao usar essa ferramenta, o equilíbrio é indispensável.

A inteligência emocional é diretamente proporcional à qualidade de vida e ao equilíbrio entre todos os pilares. É importante que, durante o primeiro mês desse processo, você preencha o MAAS® a cada quinze dias, depois, a cada mês e, após seis meses, a cada trimestre.[4] Esse hábito fará você ter atenção e foco para mudar o que tem de ser mudado e investir onde precisa de investimento. Você se impressionará com as mudanças que ocorrerão apenas por focar e dar atenção a cada um dos pilares. Voltaremos a usar o MAAS® nos capítulos seguintes.

Agora que você já sabe como está a sua vida em todas as áreas e quanto quer e precisa de mudanças em cada uma delas, vamos começar a acessar recursos, habilidades e estratégias que o capacitarão a fazer essa jornada de conquistas e mudanças.

Entretanto, se depois de observar suas respostas e verificar as pontuações dos pilares do MAAS® você chegou à conclusão de que sua vida está perfeita, que não tem nada a ser mudado e que você **é** exatamente quem gostaria de **ser**, **faz** o que gostaria de **fazer**, **tem** tudo que sempre quis **ter** e não existe nada mais a conquistar ou mudar, então você não precisa deste livro. Aconselho que o dê de presente a alguém que de fato precise de ajuda.

Para quem necessita de mudanças, a minha proposta é que você **seja** diferente, **faça** coisas que antes não fazia, faça-as de modo prazeroso e então **tenha** o que sempre quis ter. É nessa jornada, é neste mundo mágico que você está entrando agora: um mundo de possibilidades chamado livre-arbítrio, um mundo de caminhos e escolhas – uma maneira simples e eficaz de construir uma vida extraordinária.

---

4  Faça o download do aplicativo da Febracis no seu celular. Nele você poderá refazer o MAAS sempre que quiser, além de manter um histórico das avaliações, tudo isso de forma gratuita.

# 2

# AUTORRESPONSABILIDADE

Este é um conceito formulado por mim em 2003 e amplamente discutido no livro *O poder da ação* e em outras das minhas obras. A autorresponsabilidade é a chave para grandes mudanças, um pressuposto do Coaching Integral Sistêmico® e não poderia deixar de abordá-la mais uma vez neste livro, já que, sem ela, é impossível despertar o poder e a alta performance que existem em você. Mesmo que já tenha lido este conteúdo em outra obra, refazer a leitura trará mais ganhos e resultados.

> *"Você é o único responsável pela vida que tem levado. Você está onde se colocou. A sua vida é absolutamente mérito seu, seja pelas suas ações conscientes ou inconscientes, pela qualidade de seus pensamentos, comportamentos e palavras. Por mais doloroso que seja, foi você que levou a sua vida ao ponto em que está hoje. Assim, só você poderá mudar essa circunstância."*
>
> (Paulo Vieira)

A afirmação anterior pode parecer muito dura, entretanto, peço que a entenda não como uma acusação, mas como uma realidade libertadora. É salutar a crença de que você se colocou ou, pelo menos, se permitiu estar onde está. Afinal, por pior que sua vida seja ou esteja, foi você o timoneiro do seu barco, o responsável e o condutor do seu caminho até aqui. Dessa forma, você obteve resultados e não necessariamente fracassos.

Nessa perspectiva, se você está insatisfeito com os resultados obtidos, basta reconhecer o que está errado, reconhecer que suas escolhas e seus caminhos não têm sido satisfatórios e então redirecioná-los de forma autorresponsável, objetiva e consciente. Os acontecimentos de sua vida não são coincidências ou fatalidades do destino. Saiba que você não é vítima de ninguém nem das circunstâncias.

Autorresponsabilidade é a capacidade racional e emocional de trazer para si toda a responsabilidade por tudo o que acontece em sua vida, por mais inexplicável que seja.

Quantas vezes você viu alguém em uma situação negativa e perguntou a essa pessoa: "Como estão as coisas?". E ela respondeu: "Estão como Deus quer". Se você estiver alerta, perceberá que sutilmente ela tira de si a responsabilidade pelos resultados negativos, culpando e responsabilizando Deus. Será que Deus anda trabalhando contra as pessoas? É claro que não!

No entanto, como diz a Bíblia, *"de Deus não se zomba; o que tens semeado, isto será o que colherás"* (Gálatas 6:7). Essas pessoas não percebem que **comportamentos, pensamentos e sentimentos** criam suas vidas, e então buscam motivos externos para explicar desventuras e azares. Por isso, responsabilize-se pelas suas atitudes, porque elas trarão consequências. Responsabilize-se pelas suas escolhas, pois elas determinarão seus caminhos, e estes determinarão seu destino. Responsabilize-se pelos seus pensamentos e sentimentos, pois bons sentimentos e bons pensamentos estruturam nossas crenças e realizações.

> *"Autorresponsabilidade é a crença de que você é o único responsável pela vida que tem levado; assim, é o único que pode mudá-la."*
>
> (Paulo Vieira)

## EXERCÍCIO I

Reescreva as duas definições de autorresponsabilidade apresentadas em destaque desde o início do capítulo com as suas palavras e coloque-as na primeira pessoa.

Exemplo: Eu sou autorresponsável; logo, sou o único...

Nova definição 1:

_____

_____

_____

_____

Nova definição 2:

_____

_____

_____

_____

Ao agir como o autor de sua história, você poderá se colocar em qualquer lugar, poderá escrever e reescrever caminhos e escolhas. A autorresponsabilidade retrata o fato de que você se colocou onde está, de forma consciente ou inconsciente.

A atitude de autorresponsabilidade o empodera e o capacita a mudar o que deve ser mudado para continuar a avançar na direção de seus objetivos conscientes e de um equilíbrio de vida. Depois de assimilar e passar a viver de acordo com o conceito de autorresponsabilidade, todas as nossas mudanças intencionais e nossas conquistas planejadas se iniciam.

Como tudo na vida, acreditar ou não é uma questão de escolha. Acreditar que você é o único responsável pela vida que tem levado e que constrói as circunstâncias e os acontecimentos de sua vida também é uma questão de escolha. Da mesma forma, também é uma escolha acreditar que as coisas acontecem de forma completamente aleatória e imprevisível, que somos vítimas ou prisioneiros do nosso destino e que apenas reagimos ao mundo e aos acontecimentos.

Prefiro acreditar que criamos nossas experiências, por palavras, comportamentos e/ou pensamentos, e que tudo que comunicamos, pensamos e sentimos gera resultados objetivos e palpáveis na nossa vida. Afinal, é comprovado cientificamente que pessoas de sucesso sabem utilizar sua estrutura mental para colher esses resultados. Quando os resultados são ruins, essas pessoas aprendem com eles e, de maneira responsável, optam por uma estrutura mental correta: passam a falar, pensar e se comportar de forma diferente.

Após uma derrota, grandes conquistadores não culpam as circunstâncias, as pessoas ou o destino, mas assumem a responsabilidade pelos resultados e se perguntam: o que eu devo fazer diferente para que da próxima vez os resultados sejam melhores? Nos treinamentos da Febracis, empresa da qual sou presidente, encontramos muitas pessoas buscando recolocação profissional, e é incrível ver que, entre elas, a maioria tira de si toda a responsabilidade pelo desemprego. As desculpas travestidas de explicações são sempre as mesmas:

- "Houve um corte na empresa e eu tive o azar de fazer parte dele, você sabe como é, eu tinha apenas seis meses de empresa."
- "O meu superior se sentiu ameaçado pelo meu desempenho e me perseguiu."
- "A crise está grande e houve redução do quadro, você sabe..."
- "Prometeram-me uma coisa e quando cheguei lá era tudo diferente, aí fiquei desmotivado... Na verdade, fui demitido, mas já queria mesmo pedir demissão."

Poucos são os que reconhecem seus erros e demonstram maturidade e possibilidade de aprendizado. Essas pessoas se comportam assim:

- "Não trabalhei bem, não dei o meu melhor e fui demitido. Porém, hoje reconheço onde errei, afirmo que não vou mais cometer essa falha, e por isso quero muito essa oportunidade para..."
- "Não tive humildade suficiente para receber ordens do meu superior, e o relacionamento entre nós se deteriorou até que fui desligado. Mas o aprendizado foi grande e estou pronto para recomeçar da maneira correta."
- "Houve um corte por causa da crise e, por não estar batendo minhas metas, eu fui demitido. A partir de agora, estou disposto a fazer tudo diferente, alcançar minhas metas e ser motivo de orgulho para as pessoas que me amam."
- "Quando entrei na empresa, eu buscava um emprego com hora para entrar e sair e em que não precisasse de muito empenho. Porém, quando cheguei lá, era uma loucura, um trabalho intenso, para onde eu olhava existiam metas e resultados. Eu não quis entrar nesse barco, minhas prioridades eram outras e meu ritmo

também não era aquele, então fui demitido e busco agora algo mais próximo de meus objetivos."

O fato é que, enquanto as pessoas não reconhecerem que foram demitidas por suas falhas, em algum momento repetirão os mesmos acontecimentos e, com o tempo, vão se perguntar se fizeram alguma bruxaria contra elas, se é um carma ou se Deus não as ama.

*"A incapacidade de viver de forma autorresponsável nos faz reviver as mesmas circunstâncias de dor ao longo da vida."*

(Paulo Vieira)

Se você não acredita que tem livre-arbítrio para criar e escrever sua história de vida presente e futura, se não acredita que está criando o seu mundo a cada pensamento e a cada decisão que toma, se ainda acha que seus sucessos e seus fracassos não dependem de você, isso demonstra que você está à deriva no mar das circunstâncias e vive perigosamente à mercê dos outros e do mundo. Para quem acredita que a vida é uma sucessão de acasos, resta a pergunta: quem direciona a sua vida? Quem é o responsável pelos frutos que você colhe? Certamente alguém está no controle. E, se é Deus que está no controle de sua vida, lembre-se de que, desde o Éden, Ele deu o livre-arbítrio ao ser humano.

Você é do tipo de pessoa para quem as circunstâncias e os fatos apenas ocorrem e você vai vivendo, não como o protagonista, mas como um coadjuvante, uma marionete que depois, sem pedir licença, é convidada a rir ou a chorar?

Há uma música cuja letra diz: *"Vida louca, vida breve/ Se eu não posso te levar, quero que você me leve..."* (Lobão e Bernardo Vilhena). A pergunta é: levar para onde? Para qualquer lugar ou para a felicidade?

*"Ser autorresponsável é ter a certeza absoluta, a crença de que você é o único responsável pela vida que tem levado. Consequentemente, é o único que pode mudá-la e direcioná-la."*

(Paulo Vieira)

Pensar dessa maneira é uma das melhores formas de avaliar e desenvolver seu nível de maturidade emocional e aumentará sua capacidade de realização. É a certeza de possuir uma crença que valida todas as outras crenças fortalecedoras que você tem. É a garantia de ser alguém não apenas com ideias, mas alguém realizador, capaz de construir uma vida feliz e plena.

O psicólogo e pesquisador Daniel Goleman, no livro *O poder da inteligência emocional*, afirma que 2% da população humana é composta pelos que de fato produzem mudanças, 13% veem as mudanças acontecerem e, às vezes, até apoiam e auxiliam. Já 85% não percebem o que está acontecendo e seguem o grande rebanho na direção que lhes é impingida. Esses percentuais não se referem a classe social, cultural ou econômica, pois existem pessoas muito ricas, assim como muito pobres, fazendo parte dos 85%. Também há os que vêm da base da pirâmide social fazendo parte desses 2%, e é formidável vê-los mudar o mundo com suas ideias, seu trabalho e sua visão.

A minha pergunta é: onde você coloca a sua vida? Assinale a seguir onde você se encontra.

Eu faço parte dos    2% (    )        13% (    )        85% (    )

Se faz parte dos 2% que produzem mudanças, você é um grande líder, há pessoas que o seguem, suas palavras e ações fazem diferença para muitas vidas. Você é reconhecido e admirado por aqueles que o rodeiam. Se faz parte dos 13% que percebem e até apoiam as mudanças, você tem um líder ou segue uma ideia de valor e a repassa. De alguma maneira, mesmo sem muito empenho, sem se expor, você contribui para um mundo melhor.

As pessoas que fazem parte dos 85% são manipuladas e conduzidas pelo sistema. Vivem o prazer imediato, possuem uma visão de mundo estreita e curta. Seu horizonte de visão futura não passa da farra da sexta e do sábado. Essas pessoas não enxergam as mudanças que ocorrem ao seu redor porque, na verdade, também não se reconhecem, não sabem ao certo quem são e muito menos quão grande é o valor que sua essência divina possui.

## EXERCÍCIO II

Escreva nas linhas a seguir uma visão extraordinária da sua vida. Escreva sobre a vida com a qual você sempre sonhou. Sem limites para sonhar, escreva o que gostaria de **ser, fazer** e **ter**. Fale sobre seus sonhos mais fantásticos, sem crítica ou julgamento do que é possível ou impossível. Apenas escreva a visão de sua vida extraordinária.

_____

_____

_____

_____

_____

_____

_____

Agora, compare a visão de vida extraordinária que você acabou de escrever com a vida que tem levado e sobre a qual você já escreveu no capítulo anterior.

Esteja certo de que as circunstâncias são criadas por você e, dessa forma, somente você pode mudá-las. Entretanto, antes será necessária uma forte decisão de romper com o passado, como também a persistência e a perseverança para manter a mesma visão e o mesmo comportamento de vitória, independentemente das condições externas.

Foi isso que fez Nelson Mandela, que passou 27 anos na prisão, muitos dos quais na solitária. Enquanto vários colegas de cela se lamentavam, colocavam-se como vítimas do _apartheid_ e dos colonizadores brancos, Mandela se colocava como autor. Ele responsabilizava a minoria branca pelo fato de estar preso; entretanto, considerava-se o único responsável pelos seus sentimentos, pensamentos e atitudes na prisão, e também pelo que faria quando saísse de lá.

Enquanto via os amigos de cela e prisão sucumbirem, ele se preparava para ser o primeiro presidente negro da África do Sul. Estudou Administração Pública, aprofundou-se em Direito Internacional e, Direito Penal e em muitas outras matérias importantes para o seu futuro, e tudo isso aconteceu enquanto estava encarcerado.

Quando seus colegas e até os guardas o viam com tanto bom humor e felicidade, alguns diziam: "Mandela, acorda, você está na prisão, e daqui você só sai para o seu funeral". Outros, para entender tanta determinação e felicidade, questionavam: "Como você faz para estar sempre tão bem?". Ao que ele respondia: "Meu corpo eles podem ter prendido, mas a minha mente (pensamentos e sentimentos) sou eu que controlo". E continuava:

*"Posso responsabilizá-los pelas suas atitudes, porém eu sou o único responsável pelos meus sentimentos."*

(Nelson Mandela)

Que tal você trazer para a sua vida esse poderoso conceito presente na vida das pessoas de grandes realizações?

Quando os acontecimentos não geram os resultados esperados, quando nossa vida não está como gostaríamos, temos duas opções: a primeira é assumir a responsabilidade pelos resultados, aprender com eles e mudar. A outra é achar um culpado e, de uma forma ou de outra, sempre se eximir da autorresponsabilidade, colocar nos outros e/ou nas circunstâncias a responsabilidade pelo que acontece na própria vida.

Tenho treinado, acompanhado e feito coaching com centenas de executivos e gestores. Percebo cada vez mais a diferença entre os prósperos e os limitados; os fazedores de dinheiro e os batedores de ponto. Os limitados em geral pensam muito, refletem, sobretudo no que pode não dar certo e, dessa maneira, tornam-se peritos em justificar suas falhas e explicar por que as coisas não deram certo como eles haviam calculado.

São pessoas de grandes ideias, mas de pouca realização. Esse profissional costuma ajudar os colegas, dar ideias e mostrar onde estão errando e o que precisam fazer para terem êxito. E, por incrível que pareça, costumam estar certos, suas ideias são boas e suas análises são coerentes – no entanto, são apenas ideias. E o mais crítico: essas ideias geralmente só servem para os outros. Para eles, resta a justificativa e a explicação do porquê de suas ações e seus planos, e até de seu imobilismo, não produzirem resultados valorosos.

*"Uma grande ideia oriunda de profunda reflexão sem uma ação para colocá-la em prática é o mesmo que frustração."*

(Paulo Vieira)

Já as pessoas realizadoras geram boas ideias. Talvez não sejam as melhores ideias, talvez nem sejam delas, mas elas são capazes de pô-las em prática, de fazer acontecer. E, se não obtiverem os resultados esperados, não reclamam, muito menos se justificam. Pessoas de sucesso assumem que estão onde se puseram e, com humildade e sabedoria, buscam aprender com os erros, para que, da próxima vez, possam obter resultados melhores.

Lembre-se de que pessoas de sucesso não desistem dos próprios sonhos: elas aprendem com seus erros e perseveram, persistem focadas em seus objetivos, fazem, comportam-se, agem, pensam e sentem de forma diferente.

Estudos da neurociência mostram que o hemisfério esquerdo é o lado do cérebro responsável pela lógica, memória, sistematização e reflexão. É aí que reside toda a nossa capacidade de elaborar ideias, planejar, criar e compreender. É onde está o tão falado Quociente de Inteligência (QI).

Em contrapartida, o lado direito do cérebro é responsável pelas emoções, sentimentos, pensamentos involuntários, inconsciência, intuição e crenças. É o lado responsável pela nossa capacidade de realização. É onde reside o famoso Quociente Emocional ou Inteligência Emocional (QE ou IE), assunto tão abordado hoje em dia pelo famoso psicólogo Ph.D. formado pela Universidade de Harvard, Daniel Goleman, e muitos outros cientistas e pesquisadores pelo mundo.

Próspero e vitorioso é o ser humano que consegue integrar essas duas áreas do cérebro,[5] ter grandes ideias e conseguir agir para colocá-las em prática. Contudo, se eu tivesse de escolher entre ter grandes ideias e reflexões e ser realizador, eu elegeria o hemisfério direito e a capacidade de realização, mesmo que fosse um realizador de ideias medíocres.

É muito melhor realizar ideias medíocres do que ter grandes e espetaculares ideias e não colocá-las em prática. Tenho visto pessoas prosperarem muito colocando ideias velhas e batidas, ou mesmo abanadonadas pelos criadores, em prática.

Certa vez, ministrei uma palestra sobre excelência pedagógica através do Coaching Integral Sistêmico® para 200 professores de uma organização educacional de nível superior. Uma professora, aparentemente muito capa-

---

5   Essa divisão, porém, não é absoluta, pois os dois hemisférios são interconectados, trabalhando em conjunto, e o papel de cada área varia de acordo com a necessidade. Aqui, usei essa divisão no sentido metafórico, com o objetivo de tornar a explicação mais clara e didática.

citada a nível intelectual, discordou de ser responsável por tudo que vivia e discordou do conceito de autorresponsabilidade.

Ela protestou: "A vida do ser humano é determinada pelo conhecimento e a reflexão que se faz sobre tal conhecimento". Em seguida, começou a falar de Karl Marx e de vários teóricos do socialismo e do capitalismo, falou também sobre Einstein, Newton, Rousseau e outros pensadores. Disse que somos o que sabemos e a reflexão que fazemos sobre esses conhecimentos.

De certo modo, ela estava certa, ou melhor, ela estava 50% certa. De fato, a reflexão é muito importante. No entanto, como já disse, sem a capacidade de executar e realizar meus planos e ideias, só me restará a frustração.

Em um contexto macro, são de vital importância esses pensadores e suas teorias; porém, num contexto pessoal e prático, nenhuma teoria vale absolutamente nada se ficarmos atados e imobilizados por reflexões e pensamentos, sobretudo se essas teorias reforçam que somos meros espectadores e não podemos mudar ou reescrever nossa história. Depois de ela ter se pronunciado com tanta fúria, sentindo-se acusada, apresentei a todos o que Albert Einstein pensava sobre o assunto:

> "*Penso 99 vezes e nada descubro; deixo de pensar, mergulho no silêncio, e a verdade me é revelada [...]. Precisamos tomar cuidado para não fazer de nosso intelecto o nosso Deus. Ele tem músculos poderosos, mas não tem nenhuma personalidade [...]. Realidade é meramente uma ilusão, embora bastante persistente [...]. A imaginação é mais importante do que o conhecimento [...]. Uma pessoa só começa a viver quando consegue viver fora de si mesma.*"
>
> (Albert Einstein)

Projetei esse slide com os dizeres de Einstein. Ela leu, pensou e ansiosamente pediu que eu continuasse. Depois ela me confidenciou: "Talvez a solução dos meus problemas existenciais esteja por aí...".

Quando a professora discordou, outra tentou puxar aplausos. Importante dizer que essa outra professora chegou ao auditório com uma atitude reativa, não participou de nenhuma dinâmica, sua postura e sua fisiologia corporal demonstravam total rejeição ao local em que trabalhava e ao momento que vivia.

Com certeza a vida das duas professoras não estava sob controle delas. As coisas não estavam como desejavam e provavelmente continuarão assim até que elas se tornem capazes de se responsabilizar por seus destinos, até pararem de achar culpados por seus insucessos e suas frustrações. Para prosperar, precisarão parar de odiar o mundo, como se ele fosse o algoz de suas vidas; precisarão parar de se tratar como vítimas e deverão eliminar a atitude de autocomiseração.

Como criador do Coaching Integral Sistêmico® e palestrante internacional, tenho passado por todo tipo de empresas e conhecido muitos estilos de profissionais. Os autorresponsáveis são otimistas e motivados, independentemente das circunstâncias. Mesmo que não sejam remunerados a contento, dão o seu melhor e continuam produtivos e alegres.

Quando as circunstâncias se tornam adversas e não interessantes, eles optam por não reclamar, não criticar, muito menos culpar a empresa ou os dirigentes por se sentirem como se sentem. Eles buscam em si a solução e, se não a encontram, eles vão em busca de seus objetivos e eticamente pedem licença para fazer o seu caminho e criar de maneira responsável a sua história – e, com certeza, uma história de sucesso.

## CASOS DA VIDA REAL

Tive um depoimento que ilustra essa atitude de autorresponsabilidade: seu nome é Carlos e ele hoje é um dos gerentes de loja de um dos maiores varejistas de calçados do Brasil. A história que ele relatou foi a seguinte.

"Eu era gerente de uma das lojas de moda masculina de um grupo local. E tudo ia muito bem, até o dia em que o supervisor das lojas pediu demissão e foi substituído por outra pessoa da empresa. Logo ao entrar, o supervisor novato anunciou que os gerentes amigos do antigo supervisor seriam substituídos. E assim foi: aos poucos ele trocou os amigos do ex-supervisor, até que chegou a minha vez." Depois de muita perseguição, Carlos foi demitido.

As pessoas ao redor ficavam espantadas com sua atitude. Não havia nele raiva, muito menos sentimento de revanche. "Se esta empresa não reconhece todo o meu trabalho e meus resultados, é porque aqui não é o meu lugar e existe um lugar melhor para mim", dizia ele. E não seria buscando culpados e criticando o novo supervisor que ele cresceria. O que para muitos significa um problema, para ele, foi uma oportunidade.

Assim, menos de um mês após a demissão de Carlos, o supervisor de um grande grupo calçadista, ao saber de sua história e de sua postura madura e impecável, o contratou para gerenciar uma de suas lojas. "Isso aconteceu há dez anos e, desde então, trabalho neste grupo e sou muito mais feliz pessoal e profissionalmente. Minha primeira loja aqui tinha 12 vendedores, a atual tem 90. Nunca parei de crescer. Hoje sou valorizado de verdade", concluiu Carlos. Certamente foi sua atitude de autorresponsabilidade que lhe possibilitou essa conquista.

Costumo dizer que "tem poder quem age". Os autorresponsáveis agem, não se imobilizam pensando nas injustiças ou nos fracassos. Eles sabem que, consciente ou inconscientemente, criaram essas situações, seja por comportamento ou pensamento, por ação ou omissão. Por isso, eles se reconhecem como capitães da própria vida, entendem quando a rota escolhida não gerou bons resultados. Eles agem de forma ativa, vivem em primeira pessoa. São eternos aprendizes.

Tenho visto muitos vendedores reclamarem de suas empresas, dos preços não competitivos de seus produtos e serviços, da má qualidade do que vendem, criticando superiores e chefes. Entretanto, vejo outros, dentro das mesmas empresas e equipes, venderem os mesmos produtos, gerando grandes resultados com as mesmas condições, circunstâncias e recursos, porém com uma grande diferença: a atitude e a crença de que eles próprios são os únicos responsáveis pela vida que levam – portanto, são os únicos capazes de mudar seus destinos.

Um gerente me relatou: "Para que eu fosse um grande gerente, minha equipe deveria ser mais proativa e comprometida. Eles preencheriam relatórios e resumos de desempenho sem precisar de cobrança. O marketing da empresa seria mais agressivo e, principalmente, meu diretor seria mais compreensivo e menos exigente". Depois do seminário de inteligência emocional e de algumas sessões de coaching, o discurso mudou e, com ele, todo o seu comportamento e sua atitude.

Ele passou a falar e agir assim: "Sei que tenho sido relapso e omisso. A maior parte de minha equipe é muito boa, mas precisa de mais acompanhamento e cobrança. Uma pequena parte da equipe, porém, não tem atitude nem potencial para estar na empresa e eu deveria ter tido a coragem moral para substituí-la".

"De qualquer maneira, todos precisam da minha experiência e do meu treinamento. E, na verdade, meu diretor já me deu várias chances e ainda não fui capaz de aproveitá-las. Desta vez não vou tentar, muito menos fazer o meu melhor, simplesmente vou agir, vou fazer o que deveria ter feito há muito tempo. Vou assumir a responsabilidade pelos resultados da minha equipe e, se não obtivermos os resultados esperados, saberei que fui o responsável. Estou em um momento em que justificar e explicar os insucessos não me ajudará neste emprego ou em outro. Agora é minha vez! Minha carreira e minha vida só dependem de mim."

Em um mês, esse gerente provou que seu discurso era verdadeiro: com mudanças em suas atitudes e seus comportamentos, toda a equipe mudou de uma forma inimaginável. Ele próprio se surpreendeu, pois não acreditava que suas mudanças tivessem tanto poder, que gerassem mudanças tão fortes e profundas na equipe em relação às vendas, aos procedimentos e ao clima organizacional.

Um vendedor de uma concessionária, em um momento de desabafo, relatou a mim: "Tudo nesta empresa é difícil: o salão de vendas é antiquado e muito apertado, a marca que nós vendemos está em declínio, nossa assistência técnica é a pior do mundo, ela só faz piorar a situação. Como é que se pode vender desse jeito? O problema não sou eu, o problema são os outros, que não me deixam fazer meu trabalho direito".

Ele continuou: "Paulo Vieira, quem precisa de treinamento e consultoria não sou eu nem a equipe de vendas, e sim os diretores. Se eu pudesse mudar a empresa, se eu fosse o gerente ou o dono daqui, aí, sim, tudo seria diferente. Mas, como Deus não dá asa a cobra, sabe como é que é... Então, vivo como Ele quer".

Para mim, estava muito claro: era um caso típico de vendedor sem autorresponsabilidade, sentindo-se injustiçado, vitimado pelo mundo, pelas circunstâncias e pela empresa. Todo o seu fracasso era provocado pelos outros, e ele "infelizmente" não tinha meios de mudar sua "pobre existência".

Depois de tanta lamúria e autocomiseração, já não aguentando mais, perguntei: "Há quanto tempo você está na empresa?" "Há oito anos", ele respondeu. "Quer dizer que você já fez muitos treinamentos e conhece tudo sobre esses automóveis e essa marca?" Ao que ele respondeu: "Duvido que alguém aqui entenda mais dessa marca e de vendas do que eu", afirmou ele de forma categórica.

"Então, por favor, me responda: por que os novatos, jovens com pouquíssima experiência em veículos e em vendas de carros, vendem mais do que você?" Com toda a prontidão, como se esperasse pela pergunta, ele respondeu em um tom agressivo e vitimizado: "Se eles estivessem aqui desde o começo, estariam também como eu, desmotivados e cansados de remar contra a maré".

Escondi minha impaciência por tanta autocomiseração, continuei o processo de coaching: "E por que você continua nesta empresa há tanto tempo, visto que não concorda com as políticas internas, as estratégias e a estrutura física? O que o impede de ir buscar algo melhor, mais compatível com o seu potencial e estilo, uma vez que você é tão bom? Por que você não foi em busca de uma empresa que saiba reconhecer seu valor e sua experiência?".

Sem responder a nenhuma dessas perguntas, ele permaneceu calado por algum tempo, olhou para cima em busca de uma resposta convincente, depois ficou com o olhar perdido no horizonte, quando, enfim, olhou pra baixo. Sua fisiologia corporal[6] se tornou mais humilde, e os olhos se encheram de lágrimas.

Então falou: "Na verdade, tudo está diferente. Antigamente havia muito mais clientes, não tinha tantas marcas competindo conosco, era só Ford, Fiat, Chevrolet e Volkswagen. Agora, é uma loucura: Toyota, Renault, Peugeot, Honda, Mitsubishi, Nissan, são mais de 30, muitas delas com fábricas aqui no Brasil, fora todas as outras que são importadas".

Com ar de nostalgia, ele continuou: "Na época em que o fundador era quem tocava a empresa, não existia tanta cobrança, a gente tinha mais liberdade. A verdade mesmo é que era muito mais fácil vender um carro. Eram os clientes que compravam, ao vendedor bastava estar atento e tirar o pedido. A cada dia que passa está mais difícil, os clientes são cada vez mais exigentes, é necessário um esforço muito maior. E, para piorar, vêm vocês da consultoria com essa história de pré-venda, pós-venda, prospecção, resumos de desempenho, quadros de metas, cobram até adicional de vendas. São muitas mudanças. E eu... não sei se sou capaz...".

Ele refletiu um pouco mais e continuou: "Acho que estou meio acomodado, talvez até viciado no passado. Não sou mais nenhuma criança, não sei se sou

---

6  Quando falamos em fisiologia não estamos nos referindo à área da Biologia que estuda o funcionamento dos seres vivos. No contexto do coaching e da programação neurolinguística (PNL), fisiologia corporal refere-se à postura, à disposição de braços e pernas, expressão facial, ao tom de voz e a tudo que compõe nossa linguagem corporal.

capaz de me adequar a tantas mudanças". Visivelmente emocionado, pela primeira vez ele se permitiu refletir de modo sincero sobre sua vida profissional e seu futuro. Permitiu-se pensar sobre defeitos e falhas, sobre o que fazia e sobre o que deveria fazer.

Diante de suas colocações, falei: "O início de sua virada já começou a acontecer, pois você foi capaz de olhar para dentro de si e usar a autoconsciência, enxergar o que está bom e o que está ruim, o que deve ser mantido e o que pode ser mudado. Parabéns! Sua vida começou a mudar neste instante". E, para dar mais ênfase à sua possibilidade de mudança, apresentei-lhe dois pressupostos utilizados no Coaching Integral Sistêmico®:

*Pressuposto 1: Todos temos os recursos de que necessitamos para prosperar e ser felizes.*

*Pressuposto 2: Se alguém pôde, você também pode.*

Seu semblante começou a melhorar, a cabeça se ergueu, os ombros se projetaram para trás e um sorriso surgiu. Então ele perguntou: "Você acha mesmo que posso vir a ser um dos melhores vendedores da empresa?".

"Certamente! Se pessoas sem experiência podem, imagine você, com toda a sua bagagem e vivência. Mas, para que o sucesso ocorra, você deve persistir na postura de autorresponsabilidade, reconhecendo que o que está vivendo é o resultado de como tem pensado, falado, se comportado, trabalhado e encarado a vida. Mude a si mesmo, e todo o mundo mudará. Mude a si mesmo e experimentará uma nova vida. E isso é uma decisão que só cabe a você. Porém, é importante você saber que os frutos das suas mudanças virão no momento apropriado. É fundamental você persistir na autorresponsabilidade e não desistir no meio do caminho."

Dei de presente a esse vendedor o meu livro *Eu, líder eficaz* e, em pouquíssimo tempo, pude apreciar e me deleitar com uma nova pessoa, um novo profissional, um cabedal de mudanças capazes de redirecionar toda a vida dele: familiar, conjugal, social, até sua saúde e aparência física.

Em conversas posteriores, ele me relatou que a ferramenta que ele mais usou foi o conjunto das sete leis para a conquista da autorresponsabilidade.

Responsabilize-se por sua vida, aceite o desafio de usar sabiamente o livre-arbítrio que Deus lhe deu e vá em frente. Sua vida e suas realizações esperam por você. O mundo inteiro muda quando você muda primeiro e persiste nas suas mudanças.

## AS SETE LEIS PARA A CONQUISTA DA AUTORRESPONSABILIDADE

1. *Se for criticar (as pessoas)... cale-se.*
2. *Se for reclamar (das circunstâncias)... dê sugestão.*
3. *Se for buscar culpados... busque a solução.*
4. *Se for se fazer de vítima... faça-se de vencedor.*
5. *Se for justificar seus erros... aprenda com eles.*
6. *Se for julgar alguém... julgue a atitude da pessoa.*
7. *Se for para se irritar... seja paciente e compreenda o todo.*

Essas sete práticas, transformadas em hábitos diários, trarão tantas mudanças que as pessoas ao seu lado e você próprio perceberão uma nova pessoa surgindo, e que novas oportunidades e possibilidades batem à sua porta. Elas perceberão que coisas muito boas acontecem sem explicação, e você perceberá que a mágica da autorresponsabilidade chegou. Quando incorporada à forma de viver de alguém, a autorresponsabilidade produz verdadeiras maravilhas.

Vamos entender melhor cada uma das leis da autorresponsabilidade.

## LEI I: NÃO CRITICAR AS PESSOAS

No dicionário da língua portuguesa, criticar significa: examinar com critério, notar a perfeição ou os defeitos. Significa também: dizer mal ou censurar algo ou alguém.

Por favor, não me diga que suas críticas são construtivas e que o objetivo real é ajudar o outro. Nunca vi em toda a minha vida alguém criticar o outro pensando realmente em ajudar. Como você se sente quando alguém olha para você e, com um tom de quem sabe mais sobre o assunto, diz: "Olha, vou fazer uma crítica construtiva, mas é para o seu bem!". Bastam estas duas palavras – crítica construtiva – serem pronunciadas que, em geral, o semblante cai, o olhar baixa e a pessoa se prepara para a "bordoada" que está por vir.

Se a intenção fosse de fato positiva, você se calaria ou daria uma ideia, diria algo cujo foco fosse o acerto, e não o erro; algo que colocasse o ouvinte para cima, e não para baixo. Se você é daqueles que adoram criticar e analisar tudo e continua achando a crítica um mal necessário, que tal, em vez de fazer a crítica, dar uma sugestão ou ideia? Você verá que os resultados obtidos serão muito maiores, e as pessoas farão questão de sua companhia e orientação, algo que não acontece com os que gostam de criticar.

Lembre-se: é muito fácil criticar, é muito cômodo falar do cisco nos olhos dos outros, porém isso nos impede de ver a trave nos nossos olhos. Quando paramos de criticar, nosso foco passa a ser a solução, e não o problema. Nosso subconsciente passa a se responsabilizar pelos acontecimentos e, de forma mágica e inconsciente, as decisões e as atitudes se tornam mais acertadas, mais proativas, mais maduras, e então mais produtivas.

**LEI II:** NÃO RECLAMAR DE SITUAÇÕES

A origem da palavra "reclamar" é muito clara e não dá margem para outra interpretação. Reclamar é exigir para si, reivindicar e, mais comumente significa queixar-se, protestar e lamuriar. Infelizmente, existem pessoas pautando a própria vida à base de reclamações e cobranças desenfreadas, criando para si uma existência pobre e carente.

Na Bíblia, existem muitos relatos do poder das palavras proferidas pelas pessoas, mas mesmo assim muitos cristãos continuam com uma total imprudência verbal, usam palavras de reclamação e lamúria como uma faca que quanto mais se tenta usar, mais fere. Em I Coríntios 10:10, é dito o seguinte: *"Que não se lamentem e lamuriem como fazem alguns, pois estes foram destruídos pelas mãos do anjo destruidor".*

A única coisa real que se consegue com reclamação e lamentação é provar que o outro é incapaz e imperfeito, deixando claro que quem reclama é supostamente superior e mais capaz. Outra dentre centenas de passagens bíblicas que falam sobre o perigo de se proferir palavras contaminadoras está em Efésios 4:29. Diz assim: *"Não saia de vossa boca nenhuma palavra torpe [suja, contaminadora], e sim unicamente a que for boa para edificação, conforme a necessidade, e assim transmita graça aos que ouvem".* Veja bem, essa passagem diz para falarmos apenas palavras que edifiquem, conforme a necessidade de quem ouve, e não para satisfazer o ego de quem fala.

A característica mais forte e perigosa da reclamação é a fuga da autorresponsabilidade, é se eximir dos acontecimentos. É olhar o que acontece consigo e ao seu redor como se não tivesse nenhum poder ou influência. É tirar o foco das coisas erradas e indesejadas de si e colocar nos outros ou nas circunstâncias. É eximir-se da ação. É sentar e observar o "circo pegar fogo", em vez de concentrar esforços em apagar o incêndio, independentemente de quem o causou. Ou agimos com nossa atenção e interesse na solução ou reclamamos e colocamos nossa força e nosso poder no problema.

Pessoas vitoriosas não perdem tempo reclamando. Seu precioso tempo é concentrado na solução, focando as possibilidades, e não as impossibilidades e consequências destas. Isso não significa que pessoas equilibradas e autorresponsáveis não confrontem os outros com a verdade. Não impede que olhem nos olhos de seu filho e, sem reclamar, digam o que esperam dele e que esse caminho não será de felicidade.

Não reclamar não significa se calar diante de um erro ou mau desempenho de um funcionário, fingir que não viu. É fundamental para o sucesso das sete leis que você possa confrontar as pessoas com a verdade, dizer-lhes suas expectativas e o que de fato elas realizaram, falando muito mais de fatos e dados do que de sentimentos e percepções.

Muitas pessoas reclamam para chamar atenção. Já as plenas, realizadas e realizadoras se detêm prioritariamente nos pontos fortes, pois sabem que palavras são sementes adubadas.

Quando nos detemos mais em problemas e erros, são essas sementes que vão florescer; quando nos detemos nas soluções e nas possibilidades, são essas que florescerão – e muitas vezes as possibilidades florescem tanto que os problemas se tornam irrelevantes. Porém, como tudo na vida, a qualidade das palavras que serão proferidas por você é uma opção: se serão palavras de críticas e cobranças ou se serão elogios e validação. Exerça o livre-arbítrio e fale bem, fale com prudência.

## LEI III: NÃO BUSCAR CULPADOS

Assim como criticar, buscar culpados é uma maneira fácil e rápida de se desresponsabilizar pelo mundo em que você vive, pelos acontecimentos, pelos fatos e resultados obtidos em sua vida e ao seu redor. É muito fácil olhar para os erros dos outros, entretanto é bem mais difícil perceber os nossos.

Neurologicamente é um grande perigo, pois o hemisfério direito, que é o lado realizador do nosso cérebro, ao receber a mensagem de que o resultado obtido (insatisfatório) foi culpa dos outros, cria o seguinte diálogo interno: "Por que mudar e fazer diferente, se o resultado negativo obtido foi culpa do outro?".

Dessa maneira, a pessoa continua a repetir os mesmos erros, sem, no entanto, aprender com eles – afinal, se são os outros os responsáveis por tudo isso estar assim, por que eu deveria mudar? Os outros que mudem!

- Por que mudar, se os políticos é que são corruptos?
- Por que mudar, se o problema é meu professor, que é ruim?
- Por que mudar, se o problema é minha esposa, que é crítica e reclama de tudo?
- Por que mudar, se o problema é a minha equipe, que é desmotivada e não corre atrás das vendas?
- Por que mudar, se o juiz é que é corrupto e meu time sempre perde?

Enquanto você não abolir as justificativas e as desculpas intelectuais de sua vida, nada vai mudar. Vi muitos vendedores chegarem de uma venda, ou melhor, de uma tentativa de venda, reclamando, criticando e culpando clientes por não conseguirem vender e pelo fato de as vendas estarem baixas – afinal, "eles só querem descontos impossíveis, prazos enormes etc.".

Se são os clientes os culpados, por que esse vendedor deveria mudar? Por que esse vendedor deveria usar novas técnicas, como *rapport*, *link*, fisiologia corporal, inflexão vocal, ativação do estado de recursos? Por que se capacitar mais, fazer novos treinamentos, dedicar-se com afinco se o problema e a culpa por seus fracassos são dos outros?

Não busque culpados. Busque solução e aliados, parceiros de uma aprendizagem eterna.

## LEI IV: NÃO SE FAZER DE VÍTIMA

Muitas pessoas têm o terrível hábito de se fazerem de vítima. Criticam, reclamam e se colocam em uma situação de inferioridade e sofrimento.

Por que tantas pessoas se fazem de vítima e praticam a autocomiseração? Existem várias explicações e motivos; um deles é o seguinte: as pessoas, quando crianças, precisam se sentir amadas e importantes. Porém, por incapacidade afetiva ou por falta de tempo dos pais, essas crianças não obtiveram esse alimento emocional.

Um dia, uma dessas crianças adoeceu e, quando os pais perceberam que era uma doença um pouco mais grave, voltaram-se totalmente para ela, com carinho, atenção e cuidado que, na compreensão infantil, era o amor que ela tanto almejava. Passaram-se dias, ela ficou sã e, mais uma vez, as coisas voltaram ao normal: os pais já não tinham mais aquele cuidado com ela, aquela atenção, aquele carinho, e ela já não percebia mais o amor deles.

E, como é normal na primeira infância, mais uma doença surgiu, e novamente todas as atenções se voltaram para a criança. Mais uma vez, ela sentiu a plenitude de ser amada e importante. A repetição desse ciclo deixou um aprendizado inconsciente nessa criança: "Quando sofro, fico doente, debilitada, passo a ser amada, amparada e querida; mas se estou boa e sã, ninguém liga para mim".

Então, muitos de nós crescemos, ficamos adultos e "racionais", porém aquela criança continua lá dentro de nós, em busca de atenção e carinho, querendo se sentir importante e ser amada. E, para conquistar amor e carinho, aprendemos na infância: basta sofrer ou mostrar que está sofrendo, e supostamente as pessoas vão nos dar a atenção de que precisamos.

Isso costuma até ser verdade, mas por um curto espaço de tempo. E então o adulto carente e infantilizado sairá em busca de se sabotar e de levar a sua existência ao declínio. Mostrará a quem lhe der ouvidos que sofre, que está em crise, que sua vida é muito difícil, relatará com uma incrível riqueza de detalhes como as coisas estão difíceis em casa, as contas atrasadas, carestia, abandono, casamento fracassado e assim por diante.

Se você, de fato, quer chamar a atenção, ser querido, amado e admirado, viva, aja e fale como um vencedor. Que da sua boca só saiam palavras de vida e construção, palavras que edifiquem. Ninguém consegue a atenção e o carinho de outras pessoas por um longo período falando de sofrimentos e angústias, a não ser que a outra pessoa também seja acometida do mesmo mal: a vitimização. Aí serão duas pessoas debilitadas emocionalmente que servirão de muleta uma à outra. Um ciclo vicioso, maléfico e autodestrutivo.

## LEI V: NÃO JUSTIFICAR SEUS ERROS

O erro é uma etapa fundamental no processo de aprendizagem, parte integrante do processo de desenvolvimento humano. Se o erro não é reconhecido, não há aprendizado e, dessa forma, não ocorre mudança.

Quando leio o livro de Gênesis, da Bíblia, entendo onde todos os problemas da raça humana começaram: Deus, ao ver Adão solitário no jardim do Éden, providenciou uma companheira e, da costela de Adão, veio Eva. E lá os dois viviam muito bem e felizes com toda a autonomia e liberdade. Deus havia alertado que bem no centro do Jardim do Éden existia uma árvore que produzia o fruto do conhecimento do Bem e do Mal, e que eles dois poderiam comer de todas as frutas menos daquela, pois, se fizessem isso, eles teriam esse conhecimento e não mais poderiam viver dentro do Jardim.

Passou o tempo, a astuta serpente abordou Eva e a convidou a experimentar do fruto do conhecimento do Bem e do Mal. A princípio, Eva disse não, mas depois caiu em tentação e comeu do fruto. Eva levou o fruto da árvore proibida para Adão, e ele desobedeceu a Deus e comeu.

Tendo visto tudo, Deus questionou Adão e Eva, pois estavam escondidos e cobertos por folhas. Deus perguntou a Adão se ele havia comido do fruto da árvore proibida, e ele disse que havia comido, mas a culpada havia sido a mulher que o próprio Deus havia posto no Paraíso. Então Deus foi ter com Eva, que também justificou seu erro dizendo que a responsável pela desobediência era serpente que Deus havia posto no Paraíso.

Em resumo, Adão e Eva não só justificaram seus erros como culparam Deus pelas próprias falhas. E o desenrolar dessa história, o não se responsabilizar pelos próprios erros e resultados, estamos vendo até hoje.

Muitas pessoas, já debilitadas emocionalmente e acostumadas a serem criticadas e até humilhadas ao errar, foram programadas de modo inconsciente para negar e fugir de seus erros. Elas evitam olhar para si e, por consequência, evitam se sentir mais uma vez diminuídas e invalidadas.

Para nos livrar desse terrível hábito, é muito importante compreendermos mais este pressuposto da comunicação: *"Não existem erros, apenas resultados"*.

Pessoas de sucesso trazem esse pressuposto arraigado em suas vidas, em suas atitudes. Pessoas realizadas e autorresponsáveis acreditam, de fato, que tudo de ruim que acontece a elas não são erros, muito menos fracassos: são efeitos, são apenas resultados. Dessa maneira, podem aprender com eles e sabem que, para não colher os mesmos resultados, basta fazer diferente na próxima vez.

Há uma frase que diz: "Loucura é continuar fazendo a mesma coisa e esperar resultados diferentes". Todas as pessoas alcançam algum tipo de resultado. Se estou gordo, não preciso entender como frustração ou fracasso; posso entender como o resultado da minha maneira de viver e me alimentar. E, se quero outro resultado, basta mudar, encontrar outra maneira de me ver, viver, me alimentar e me exercitar.

Se as vendas neste mês não foram satisfatórias, isso não precisa ser encarado como uma derrota, pois, se você fizer isso, ficará debilitado, desmotivado, e provavelmente no mês seguinte será ainda pior. Você pode encarar os resultados fracos como um aprendizado sobre a maneira de não agir em relação às suas vendas no mês seguinte.

Se você não prospectou, mude e prospecte novos clientes; se você não usou técnicas de vendas, use-as; se sua fisiologia corporal não foi tão atraente, eleve os ombros, crive um belo sorriso no rosto. Enfim, aprenda com tudo e com todos e, a partir do resultado obtido, na busca de novos e melhores resultados, mude a si mesmo.

## LEI VI: NÃO JULGAR AS PESSOAS

Quando alguém nos ofende, a reação normal, da maioria das pessoas, é se magoar e entender a ofensa como algo pessoal e direto. Quando alguém nos fecha no trânsito, o mais comum é xingar, reclamar e até fazer sinais agressivos e obscenos, entendendo a "fechada" como algo proposital e pessoal, algo que o suposto barbeiro fez de propósito contra você.

Essa maneira de levar a vida é muito pesada e nada produtiva. É como dar força e poder a alguém que não deveria ter força nem poder sobre sua vida. É deixar um desconhecido mandar em seus sentimentos e emoções. Quem é autorresponsável não julga os outros, e sim o comportamento deles. Seu diálogo interno é mais ou menos assim: "Que barbeiragem aquela pessoa fez, podia até causar um acidente".

Já uma pessoa com nível baixo de autorresponsabilidade diria, ou melhor, gritaria assim: "Ei, seu irresponsável, quer me matar? Cretino, imbecil! Onde você comprou a carteira?". E dali sairia irritado e zangado, tendo suas próximas horas influenciadas negativamente por quem cometeu a barbeiragem. Se agredir verbalmente funcionasse, não teríamos mais "barbeiros" no trânsito. Em vez de julgar e condenar as pessoas, tente julgar e compreender as atitudes.

Assim, você pode compreender que pessoas que cometem barbeiragem podem ser maravilhosas; pessoas que nos magoam podem se tornar nossos melhores aliados; pessoas que não são tão verdadeiras conosco podem virar nossos protetores. Se cada um de nós, em vez de procurar erros e falhas nos outros, procurássemos em nós mesmos, o mundo seria muito melhor, com menos ofensa e mais verdade.

É como está na Bíblia: *"Com a mesma moeda que julgas, serás julgado"*, ou ainda outra passagem, que diz que só Deus pode julgar os vivos e os mortos. A nós só compete julgar comportamentos e ações – e, de preferência, começando por julgar os nossos próprios.

## LEI VII: NÃO SE IRRITAR

Inevitavelmente, enfrentamos situações desafiadoras que podem colocar à prova nossa paciência. Quantas vezes você já se sentiu irritado por uma coisa simples? Por exemplo: aquela dívida de cartão de crédito que parece impagável, ou aquela discussão em casa por causa de decisões mal tomadas ou falhas na comunicação. Pensando em como lidar com situações assim, desenvolvi a sétima lei da autorresponsabilidade: "Se é para se irritar, seja paciente e compreenda o todo".

> *"Sejam completamente humildes e dóceis, e sejam pacientes, suportando uns aos outros com amor."*
>
> (Efésios 4:2)

Amigo, amiga, paciência não é apenas esperar, mas manter uma atitude positiva enquanto espera. Imagine-se na seguinte situação: você está preso em um engarrafamento, a caminho de uma reunião importante, e a frustração começa a surgir, pois sabe que o trânsito vai atrasá-lo. Sua reação imediata pode ser irritação, talvez bater no volante ou reclamar alto. Porém, você pode se perguntar: "Por que estou atrasado? Na próxima vez, poderia sair mais cedo de casa? Existe alguma rota diferente em que eu possa economizar tempo?" Isso é compreender o todo! Entender a raiz da sua irritação é o primeiro passo para lidar com ela de forma sustentável e equilibrada. Pergunte-se: o que realmente está causando esse sentimento? É a situação em si ou sua percepção dela? Quais fatores externos podem ter influenciado o que aconteceu? Por isso, lembre que compreender o todo significa olhar além do imediato e superficial, fazer mais perguntas em vez de acreditar que possui todas as respostas.

"Historinhas" mais comuns para justificar a irritação

- "Eu não consigo me controlar quando algo me irrita. É mais forte do que eu!"
- "As pessoas ao meu redor são incompetentes! Como não ficar irritado?"
- "Eu reajo assim porque me importo demais. Não dá para ser paciente com tanta coisa errada!"
- "Ninguém entende a pressão que estou sofrendo, por isso eu me irrito tanto!"

Comprovo, diariamente, que pessoas pacientes e compreensivas tendem a ser mais felizes, resilientes e capazes de enfrentar adversidades. Por isso, chegou a hora de viver essa realidade na sua vida, afinal, as situações desafiadoras são oportunidades disfarçadas para você se tornar uma versão melhor de si mesmo; por isso, abrace a paciência e compreenda o todo.

## COMO USAR AS SETE LEIS DA AUTORRESPONSABILIDADE

Como em tudo em nossa vida, o que se fala e como se fala são hábitos, algumas vezes produtivos e engrandecedores, e outras vezes destrutivos e limitantes. Ao usar a autorresponsabilidade, podemos optar pelo que nos faz bem.

Com um pouco de esforço racional e disciplina, você pode começar a mudar hábitos. Para isso, aconselho que imprima as sete leis em um papel e as cole nos lugares que você mais frequenta e onde ficar mais fácil de visualizar, por exemplo: no espelho do banheiro, no retrovisor do carro, na tela do computador, na parede do escritório e em todos os lugares que sejam de fácil acesso e que o mantenham atento às sete leis.

Tenho visto não apenas uma ou duas pessoas, mas centenas mudarem de forma incrível em apenas uma semana, pondo em prática unicamente as sete leis da autorresponsabilidade. Imprima, cole, faça bom uso e comece agora a sua transformação de vida. Lembre-se de que tudo muda depois de você mudar.

Uma pessoa a quem muito admiro, dona de uma madeireira, colocou as sete leis em cartazes espalhados pela empresa, inclusive nos banheiros. O cartaz começa com o título: URGENTE! E logo abaixo estão as sete leis da autorresponsabilidade. Outros clientes transformaram-nas em adesivos. E você, o que fará para disseminá-las?

Caso você ainda não tenha compreendido ou concordado, repito aqui um texto publicado em outro livro meu, que traz uma característica comum de quem não traz em si o conceito e a crença da autorresponsabilidade. Pessoas que optam por criticar, reclamar e se esconder atrás dos outros e estão à margem da própria vida.

## OS OUTROS
### (Luciano Lira Macedo)

*...Veríssimo que me desculpe, mas atribuir tudo de ruim só ao povo é incorreto e incompleto: o povo é aquilo mesmo, talvez até mais, porém não é o único responsável por tudo estar errado. Tem os outros que não prestam. Vamos às eleições de 1989: todos queriam Lula, mas, na hora da verdade, vêm os outros e votam em Collor. A anarquia que reina no Congresso nada tem com o povo, que não vota leis. São os outros que votam. Os outros fumam nos ônibus e elevadores e nem se preocupam com as boas maneiras ou proibições. (Os outros que obedeçam, dizem cinicamente.)*

*Quem é que não sabe votar? Quem votou nesse político que, além de corrupto, ficou impune? Quem fura as filas? Quem dirige sem cuidado, achando-se dono das ruas só porque tem carro? Quem entra na contramão? Quem buzina logo que abre o sinal verde? [...] Quem acreditou no choro da santa? Os outros, e ninguém mais. Alguém já teve notícias de acidentes que não sejam provocados pelos outros? Nunca! Eu, quando viajo, nem me preocupo comigo, mas com os outros, que são irresponsáveis, ultrapassam nas curvas, guiam com excesso de velocidade. Os outros, sempre os outros. Os outros são a nossa desgraça! Mas quem, afinal, são os outros? Devem ser entes sobrenaturais, pois nunca os outros se identificam. Todos criticamos ou nos escondemos por trás dos outros, todos projetamos nos outros os traços ruins de nossa personalidade, todos esperamos que os outros mudem e cumpram com o dever, mas ninguém diz quem são os outros...*

Agora, escreva o nome de quem tem sabotado sua vida, seus sonhos e suas escolhas.

---

## AH, SE EU TIVESSE TIDO OPORTUNIDADE...

Pessoas com baixa autorresponsabilidade culpam a falta de oportunidade como fator imobilizador e responsável pelo que há de medíocre em suas vidas, dizendo: "Se eu tivesse o dinheiro...". "Se eu tivesse a chance..." "Se meu pai tivesse sido..." "Se eu tivesse mais estudo..."

Como o "se" tem sido mal aplicado... Se eu tivesse isso, se eu ganhasse aquilo, se fosse promovido, se os clientes fossem mais fáceis, se meu preço fosse mais competitivo, se eu tivesse mais tempo, se o dia tivesse 30 horas... O fato é: se não justificasse tanto, se não reclamasse tanto, se não esperasse tanto dos outros, tudo seria diferente na vida dessa pessoa.

Durante um seminário para professores universitários, uma professora de educação física, triste e desesperançosa, contestou o conceito de autorresponsabilidade e afirmou que fracassos e insucessos só ocorreram pela falta de oportunidades. "Infelizmente a sorte não me sorriu", disse, cheia de pena de si mesma.

O pior nisso tudo é que não era apenas uma justificativa pelos insucessos: ela acreditava profundamente que oportunidade acontece ao acaso, uns têm e outros não. No caso dela, porém, as oportunidades aparecem apenas para os outros. No entanto, ela nunca se perguntou por que as chances surgem para os outros e não para ela. Nunca parou para pensar o que os outros fazem diferente dela para terem oportunidades.

Ela foi incapaz de perceber que quem tinha oportunidade **agia, pensava** e **sentia** de maneira diferente dela, e justamente essa combinação de **comportamentos, pensamentos, sentimentos** é que gerava oportunidades.

As pessoas de sucesso não esperam as chances aparecerem, muito menos reclamam quando não aparecem, pois sabem que estão no controle, sabem que tudo que acontece é criado por elas próprias, de maneira consciente ou inconsciente. Elas estão certas de que nada acontece por acaso, e que tudo, absolutamente tudo, é resultado de comportamentos, pensamentos e sentimentos.

O que colhemos hoje é consequência do que plantamos no passado. Acredite: estamos plantando neste exato momento o que colheremos no futuro. Se estou ereto e alegre, estou plantando essas sementes. Se mantenho pensamentos, sentimentos e palavras positivas, colherei alegrias e conquistas. Se falo, colherei algo; se me calo, também colherei. Se me faço presente, terei resultados, e se me ausento também.

Este livro lhe permitirá gerenciar de forma consistente todos os seus comportamentos, seus pensamentos, seus sentimentos e suas atitudes. Dessa forma, os resultados positivos vão acontecer, e as oportunidades vão surgir.

Quando isso ocorrer, muitos dirão que se trata de sorte, mas você saberá que temos meios de influenciar toda a nossa existência, inclusive a sorte e o azar. Veremos no capítulo que fala sobre linguagem avançada que, quando gerenciamos nosso estado presente (comportamentos, pensamentos, palavras e sentimentos), nós nos tornamos capazes de direcionar, com grande margem de acerto, nossa vida ao alvo desejado. Isso é poder pessoal ao seu alcance.

Tenho visto que a maioria das pessoas que se julgam desafortunadas e sem oportunidades estão na verdade "cegas" pelas suas crenças limitantes. Essas pessoas não percebem as possibilidades que esbarram nelas, muitas vezes de forma explícita e escancarada.

Pessoas que esperam pelas oportunidades não sabem absolutamente nada sobre dirigir ou conduzir a própria vida, muito menos sobre autorresponsabilidade. Para elas, viver é na verdade sobreviver, e elas levam a vida como dá, como "Deus quer", sempre culpam ou esperam que os outros as ajudem ou no mínimo não as atrapalhem. E esteja certo: isso dá um azar...

## OPORTUNIDADES SE CONSTROEM, NÃO SE ESPERA POR ELAS

Conheci há algum tempo um vendedor veterano que esperava pelo "pulo do gato", o grande lance de sorte que mudaria sua vida, a ideia que transformaria sua existência. Ele nunca pensou, ou melhor, se responsabilizou por construir uma carreira vitoriosa – afinal, ele esperava pelo golpe de mestre, algo fora do seu controle, algo que aconteceria e transformaria sua vida, e aí, sim, ele poderia dar um salto quântico e realizar todos os seus objetivos.

Ao ver suas dificuldades financeiras e pessoais, eu o convidei para fazer um dos meus treinamentos de vendas. Ele me olhou com um incrível ar de autossuficiência e disse: "Paulinho, esses negócios de treinamento não ajudam em nada, ou você é vendedor ou não é. Olha, eu tenho mais de vinte anos de experiência e nunca precisei fazer nenhum treinamento".

De forma direta, argumentei: "Então me diga: por que as coisas estão sempre tão difíceis para você? Por que você é vendedor de uma empresa tão pequenina e sem expressão e que paga comissões tão baixas?". Foi aí que ele deixou clara sua falta de autorresponsabilidade. "Sabe como é...", disse ele, "se eu tivesse tido mais oportunidade não estaria hoje aqui, minha vida sempre foi muito difícil... Muitos irmãos, pouco dinheiro... Você sabe...".

Tentei mais uma vez: "Você não acha que este curso com que estou lhe presenteando é uma oportunidade? Afinal, lá estarão gerentes e proprietários de outras empresas, vendedores e consultores de vendas. Quem sabe durante esse curso você conhecerá alguém que poderá lhe dar essa tal oportunidade".

Ele finalmente concordou e ainda completou: "E, além de conhecer pessoas da área, poderei aprender alguma coisa que eu ainda não saiba!". Fiquei muito feliz pela sua atitude. Dei-lhe as datas e o horário do treinamento, ele agradeceu com aquele costumeiro ar de autossuficiência, despediu-se e combinou de nos vermos no treinamento.

No dia do treinamento, apenas a cadeira número 17 ficou vaga. Olhei na chamada e era justamente ele, aquele vendedor que não tinha oportunidades na vida. E, como eu havia previsto, a sala estava repleta de proprietários, gerentes e vendedores de grandes empresas. Um mundo de possibilidades, oportunidades e aprendizado que lhe batiam à face, mas ele não era capaz de percebê-lo e muito menos aproveitá-lo. Afinal, o sucesso daquele vendedor não dependia dele nem de suas atitudes, e sim de o destino mandar o tão esperado pulo do gato.

Tempos depois, voltei a encontrar esse vendedor e, como não poderia deixar de ser, ele me falou das dificuldades que enfrentava, de como as vendas estavam fracas e de como os clientes eram difíceis e intransigentes. Entretanto, ele tinha uma ideia que mudaria sua vida, uma ideia revolucionária – e, se dessem a oportunidade de colocá-la em prática, ele seria um novo homem. Obviamente, "eles" não deram oportunidade para esse vendedor colocar sua ideia em prática, e, por consequência, nada mudou (para melhor) em sua vida.

Como é frustrante a vida das pessoas que não são capazes de construir suas oportunidades; como são frágeis profissionalmente aqueles que se colocam à mercê do mundo, na fila, à espera de uma oportunidade!

Essas pessoas mal sabem ou preferem não saber que as oportunidades se manifestam constante e sistematicamente na vida de todos. Contudo, pessoas com a autorresponsabilidade desenvolvida não apenas as percebem, como também as criam e sobretudo as aproveitam.

Estudos cada vez mais frequentes atestam que, quanto mais a pessoa se sente responsável pela vida que tem levado, mais realizada e plena ela é. Traga a autorresponsabilidade não apenas como uma filosofia de vida, mas como uma crença forte e arraigada em sua mente, em suas palavras e suas atitudes. Uma boa maneira de finalizar este capítulo é fazer uma analogia com um barco a vela.

Nessa história, o barco é nossa vida, nós somos o timoneiro, e o mar e o vento são as circunstâncias que nos rodeiam e sobre as quais não temos controle. Seja o capitão de sua vida e aproveite o vento que aparentemente sopra contra para impulsioná-lo, aproveite a maré e as correntes que antes o atrapalhavam para ajudá-lo e direcione-as para os seus objetivos antes que o mundo e as circunstâncias o façam.

Você não pode mudar o mar, o vento e as correntes, mas pode mudar a direção do barco, a posição das velas e do leme para atingir seus objetivos.

### NÃO PARA REFLETIR, E SIM PARA SENTIR
(Autor anônimo com adaptação de Paulo Vieira)

... Possuis os recursos financeiros coerentes com as tuas atitudes, nem mais, nem menos, mas o justo para as tuas lutas internas. Teu ambiente de trabalho é o que elegeste espontaneamente para a tua realização. Teus colegas e amigos são as pessoas que atraíste com tua própria afinidade, habilidades e debilidades. Portanto, teu destino está constantemente sob teu controle. Deus te deu livre-arbítrio e tu escolhes, recolhes, eleges, atrais, buscas, expulsas, modificas tudo aquilo que te rodeia a existência. Cuida das palavras que saem da tua boca, elas têm poder de vida e de morte. As tuas palavras têm poder de bênção e maldição. Teu corpo clama. Teus ombros pedem. Tua coluna ereta ou não é eloquente!

Teus olhos gritam de felicidade ou tristeza; sucesso ou fracasso. Teus pensamentos e vontades são a chave de teus atos e atitudes... São as fontes de atração e repulsão na tua jornada e vivência. Não reclames nem te faças de vítima. Antes de tudo, analisa e observa. A mudança está em tuas mãos. Estabelece a tua meta, reprograma tua mente. Decide o que ver, decide como ver. Busca o bem e viverás melhor. Embora ninguém possa voltar atrás e fazer um novo começo, qualquer um pode recomeçar agora e fazer um novo fim.

## MUDANDO MINHA EXISTÊNCIA SEM MUDAR AS PESSOAS

Algumas pessoas falsamente autorresponsáveis acham que devem ou precisam mudar os outros para que a vida delas seja produtiva e próspera como esperam. Entretanto, o verdadeiro autorresponsável se basta em si mesmo em relação à atitude e ao bom uso do livre-arbítrio dado por Deus.

Pessoas realmente prósperas sabem, por experiência própria, que é improdutivo tentar mudar os outros à sua volta. Sabem que seria um ato de arrogância e prepotência sair por aí, como o sábio do mundo, querendo que as pessoas sejam diferentes, impelindo, coagindo, persuadindo ou até impondo que sejam aquilo que eles, sábios do mundo, entendem como certo.

Os autorresponsáveis sabem que, em médio e longo prazo, os resultados de tentar mudar os outros e fazê-los atender às suas expectativas e agir como querem que eles ajam costumam gerar resultados desastrosos.

Antes de tentar mudar alguém, devo mudar a mim mesmo. Se não consigo mudar a mim, como conseguirei mudar outras pessoas? Já vi muitos pais aplicando penas severas a seus filhos por tirarem notas ruins, quando, na verdade, as notas são reflexo direto de pais ruins. Se houvesse uma avaliação para os pais, certamente seriam reprovados com notas muito piores que as dos filhos.

Um pai autorresponsável, antes de querer mudar o filho, muda a si mesmo. Talvez dialogue mais, seja mais presente, mais amoroso, e até mais firme em vez de permissivo. Esse pai poderia ainda deixar de ser tão crítico, tão ditador, tão agressivo e sempre o dono da verdade, invalidando tanto o filho, fazendo-o crer que é incapaz e inadequado para a vida – inadequado, inclusive, para tirar boas notas.

Você, gerente de vendas, executivo ou empresário, já pensou em não tentar mudar a sua equipe? Já pensou em antes mudar a si mesmo? Em vez de cobrar que sua equipe se capacite, você poderia e deveria se capacitar primeiro. Em vez de querer que eles sejam os melhores vendedores, você deveria ser o melhor gerente ou líder.

Antes de querer que eles sejam objetivos e focados em resultados, você deveria implantar ferramentas gerenciais de vendas que deem foco e direcionamento não para eles, mas para você, que é o maior responsável pelos resultados.

Quantos gostariam de mudar a cabeça e o caráter dos políticos que, além de corruptos, muitas vezes são administrativamente incompetentes... Entretanto, por incompetência emocional, não olham para si e, por isso, não percebem que esses políticos não são em nada diferentes da maior parte da população, que, em casa, está com as finanças pessoais desorganizadas e mal administradas, até desonestas. Dentro do seu alcance, costumam se beneficiar e se apropriar do que não lhes pertence, seja por aceitar um troco dado a mais, seja por achar uma carteira com dinheiro, ficar com este e se sentir o bom samaritano porque devolveu os documentos.

Em um caso que presenciei, uma vendedora viu quando uma cliente deixou cair sua caneta Mont Blanc, toda em ouro, e esperou que a cliente fosse embora para se apropriar da bela e cara caneta. Depois, contou tudo aos colegas (também corruptos como a vendedora) como se fosse uma grande vantagem ter ficado com o que não lhe pertencia, dizendo: "A grã-fina deu bobeira, e o que é achado não é roubado".

No meu entendimento, pessoas assim são tão ladras quanto qualquer político corrupto. A diferença é seu poder de alcance: se tivessem maior alcance, estariam roubando a merenda escolar ou desviando verbas públicas. A única coisa que as diferencia é o patamar em que estão e onde suas mãos conseguem alcançar.

Seja diferente: antes de querer ou exigir que os outros mudem, mude a si mesmo, mude sua forma de pensar, de sentir, e tudo ao seu redor vai mudar como em um passe de mágica. Tudo vai se adequar a essa nova pessoa que surge: você!

## CONFRONTANDO A SI E AOS OUTROS COM A VERDADE

Jesus Cristo é minha grande inspiração, o maior de todos os líderes, o maior de todos os empreendedores, o mestre dos mestres: ele possui o poder verdadeiro e quer nos ensinar. Ele de fato era completamente autorresponsável. Não criticava, não reclamava, não buscava culpados, não se fazia de vítima, de modo nenhum julgava as pessoas; entretanto, ele confrontava as pessoas com a verdade.

Ele não se privou de expulsar os vendilhões do templo, não se calou diante dos hipócritas fugindo da ira vindoura, não se omitiu diante de seus discípulos quando, em vez de orar e vigiar, foram dormir.

O mesmo serve para nós, que, ao buscar a autorresponsabilidade, devemos nos alegrar com a verdade, mesmo que ela doa em alguém, mesmo que doa em nós mesmos. O autorresponsável sabe a importância da verdade ao elogiar um bom comportamento ou resultado, como também ao confrontar alguém que teve uma atitude inadequada.

Entretanto, devemos estar atentos – afinal, não somos nem de perto como Jesus Cristo em sabedoria e santidade. Por isso, muito cuidado e discernimento ao confrontar alguém. Antes de fazer isso seja perito em confrontar a si mesmo com a verdade.

Para que possa avançar em direção a seus objetivos, peço que, nas linhas a seguir, escreva um termo, no qual você se compromete a ser autorresponsável e usar no dia a dia as sete leis da autorresponsabilidade. Depois de escrever, você deve decorar sua declaração e verbalizá-la em voz alta por trinta dias seguidos ao acordar.

Termo de Compromisso

Eu, _____, declaro para todos e devidos fins ligados ao meu sucesso e à minha felicidade que me comprometo a ser autorresponsável em todas as áreas de minha vida. Para isso, usarei fielmente as sete leis da autorresponsabilidade, que são:

1. _____
2. _____
3. _____
4. _____
5. _____
6. _____
7. _____

Dessa maneira, colherei os seguintes resultados e mudanças na minha vida:

_____
_____
_____
_____
_____
_____
_____
_____
_____

_____

_____

_____


_____               _____
         Data                        Assinatura

Parabéns, você venceu mais uma etapa em direção às suas mudanças e conquistas. Pratique esta declaração durante trinta dias, certamente você aprofundará o conceito da autorresponsabilidade e o transformará em crença.

# 3

# FISIOLOGIA:
# A POSTURA DOS REIS

Ao assistir a jogos esportivos como os das Olimpíadas, observo que, em vários jogos de equipe, como vôlei, basquete ou futebol, o time vencedor, em muitos casos, não é o melhor tecnicamente, muito menos o de maior prestígio: costuma ser o que comemora cada ponto com entusiasmo; é aquele que, a cada *set* conquistado, pula com entusiasmo comemorando. É o time que, a cada defesa, grita com a fúria incontida de um guerreiro que venceu a batalha.

Comemoram de forma irracional, porém cheia de entusiasmo e paixão, como verdadeiros soldados conquistadores, prontos para vencer qualquer desafio. Em uma das semifinais de um Pan-Americano, quando o time feminino brasileiro de futebol enfrentou o time norte-americano, o jogo foi ganho ainda no túnel de acesso ao campo.

Enquanto os dois times esperavam para entrar em campo lado a lado, o time feminino brasileiro começou a cantar, pular e bradar. As brasileiras ganharam de goleada, com as mais lindas e inexplicáveis jogadas. E não poderia ser diferente, tamanho entusiasmo e o estado de vitória.

Em 2006, assisti a um jogo de *rugby* em que o campeão europeu, a França, jogou contra o pequenino campeão do hemisfério sul, a Nova Zelândia, com o time All Blacks. Era dia de festa e otimismo para os franceses, que usavam uma réplica de seu primeiro uniforme, da década de 1920.

Como o jogo foi no Stade de France, ouvi milhares cantando o hino francês, a Marseillaise, em uníssono. Uma imagem linda e empolgante, milhares de pessoas juntas cantando à sua nação! Veio então a resposta: os jogadores do All Blacks, da Nova Zelândia, reuniram-se no centro do campo e, fitando os adversários, fizeram o *haka*, uma dança de guerra do povo aborígene maori, um canto de preparação para a batalha.

O estádio francês inteiro se calou frente ao *haka* cantado e dançado por apenas trinta atletas da Nova Zelândia. Os torcedores franceses tentaram de novo fazer frente aos gritos de guerra dos atletas da Nova Zelândia, entoando vaias e assobios, e novamente o estádio inteiro foi acuado e calado pelo hino hipnótico de guerra daqueles jogadores.

Aquele canto levou os jogadores a um estado de transe, em que o corpo e a mente entendiam apenas uma coisa: vitória. Foi inacreditável ver o que uma dança aborígene, com uma canção na língua maori, fez com aqueles jogadores, transformando atletas comuns em guerreiros preparados para vencer a "batalha".

Não preciso dizer que o time da Nova Zelândia ganhou o jogo por 23 a 11 e os franceses amargaram uma tremenda humilhação de perder pelo dobro do placar jogando em casa. O time da Nova Zelândia ganhou jogo a jogo, campeonato a campeonato, e conquistou o torneio mundial várias vezes. Tornou-se um furacão, feito de homens normais que, quando ativavam recursos, dançando e entoando o *haka*, eram capazes de vencer os limites da razão e fazerem o que, até então, era impossível. Eles descobriram como podiam se tornar super-heróis. Para que esse time fosse vencido, seus adversários passaram a fazer a mesma dança e entoar os mesmos hinos de guerra dos maoris.

Viu-se com muita clareza que os estados de recurso gerados por esse ritual de guerra produziam efeitos tão importantes quanto a técnica e a preparação física.

## EXERCÍCIO

Entre no site www.febra.me/poderealtaperformance e, assista ao vídeo dos All Blacks com as danças dos maoris e depois volte a ler e entender como usar esse recurso neurofisiológico para mudar seu estado e sua capacidade de acessar seus melhores recursos internos, conquistando resultados bem maiores.

Que entusiasmo desenfreado e incontido é esse que você viu nos vídeos? É a comprovação do pressuposto de que mente e corpo fazem parte do mesmo sistema cibernético, ou seja, esse entusiasmo manifestado pelas palavras e pelo corpo é o estado comportamental que influencia um estado mental, e faz com que pessoas superem limites e façam o que não fariam normalmente, conquistem a ousadia e a coragem que jamais imaginaram ter.

O desempenho ocorre por conseguirem acessar recursos internos de vitória e superação. Ao longo deste capítulo, você aprenderá como acessar os melhores recursos que o habilitarão a conquistar seus objetivos mais ousados e importantes.

## MATRIZ ATIVA DE FORMAÇÃO DE CRENÇAS

Nos meus cursos, em especial na Formação Internacional em Coaching Integral Sistêmico®, costumo explicar que nossa vida é determinada pelas nossas crenças sobre nós mesmos e sobre o mundo, pois toda crença é autorrealizável. Você entenderá isso ao longo deste livro, em especial no capítulo 8. Mas preciso adiantar um pouco essa explicação para que você compreenda as matrizes de geração de crenças.

Crenças são programações mentais aprendidas ao longo da vida com base no que vimos, ouvimos e sentimos sob forte impacto emocional ou por repetição. São as nossas verdades e convicções, através das quais enxergamos a nós mesmos, os outros e o mundo. Nossas crenças influenciam diretamente nossas decisões, nossos comportamentos, nossas atitudes e, consequentemente, determinam nossos resultados e nossa qualidade de vida. Essas crenças podem ser formadas e modificadas de maneira passiva ou ativa.

A matriz ativa de formação de crenças é uma ferramenta incrível de transformação humana. Com ela, você compreenderá como promover mudanças rápidas e consistentes em sua vida, alterando desde simples comportamentos até crenças mais relevantes responsáveis por suas conquistas e seus resultados.

Quando usamos nossa fisiologia corporal, ou seja, toda a comunicação não verbal – postura, gestos, expressão facial, tom e altura da voz, olhar –, bem como as palavras ditas, para comunicar mais poder, mais felicidade, mais capacidade, mais energia e moral mais elevada, nos tornamos capazes de acessar esses recursos dentro de nós mesmos. Consequentemente, nos tornamos capazes de alcançar os resultados relativos a essa atitude.

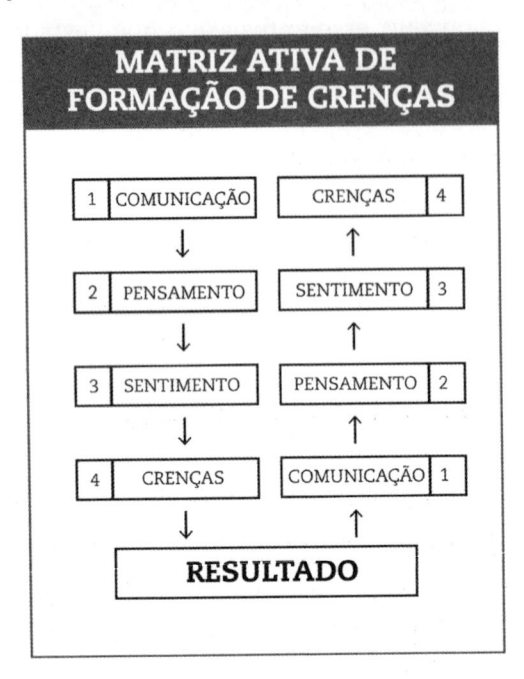

Vamos ver de forma mais clara como funciona a matriz ativa de formação de crenças: uma **comunicação (1)** vitoriosa e vencedora produz imediata automaticamente um estado interno que gera **pensamentos (2)** também vitoriosos, que, por sua vez, dão sequência ao ciclo neurofisiológico, produzindo **sentimentos (3)** de vitória. Ao ver a matriz, percebemos que todo **sentimento** de vitória perpetuado produz **CRENÇAS** de vitória e realização. E toda **crença (4)** é autorrealizável, ou seja, se ela ainda não é uma realidade na sua vida, logo se tornará. Sendo toda crença autorrealizável, resultados e circunstâncias muitas vezes inexplicáveis acontecerão para confirmar e evidenciar a crença que acabou de fazer parte da sua mente.

A matriz ativa de formação de crenças explica como a mente humana se comporta e como podemos alterar seu ritmo e padrão de funcionamento, interferindo no sistema de crenças e obtendo imediatamente resultados novos e diferentes.

Quando uso a palavra **resultados**, me refiro a acontecimentos que vão muito além do que é lógico e racional. Refiro-me a acontecimentos que vão dos mais simples, como a mudança de um comportamento, até o que existe de mais inexplicável, como a cura de um câncer tido como terminal.

Se, independentemente das circunstâncias, você adota uma postura erguida e altiva, levanta a cabeça e os ombros, abre os olhos e alarga o sorriso, você começa a melhorar. Realizar conscientemente essas mudanças na sua comunicação não verbal e verbal é uma maneira de acessar de imediato um estado de recursos de sucesso e vitória que apoiará suas realizações e conquistas. É agir como se já tivesse chegado lá.

Pessoas de sucesso agem e comunicam-se como se já tivessem conquistado seus objetivos. Agir **"como se"** é mais efetivo quando você põe sua fisiologia corporal e suas palavras no estado em que estaria se os já tivesse conquistado.

> *"Mudar de uma fisiologia corporal (comunicação não verbal) sem expressão e sem energia para uma fisiologia corporal vitoriosa e plena é, provavelmente, a mais poderosa ferramenta para acessarmos nossos melhores recursos e estados."*

(Paulo Vieira)

## CASO DA VIDA REAL

O nome fictício dele é Rafael, casado e pai de dois filhos; profissional acomodado e preso na zona de conforto em todas as áreas da vida. Até que um dia descobre que a esposa, que estava se formando em Arquitetura, estava apaixonada por um colega de trabalho. Nesse momento, o mundo dele ruiu, e ele saiu de casa, como ela pediu.

Ter de dividir a cama com Rafael causava calafrios a Carla (vamos chamá-la assim), e não restou alternativa para ele a não ser sair de casa e deixar o convívio diário com seus dois filhos. O que estava ruim piorou com a solidão. A partir daí, mediante as circunstâncias, Rafael deixou-se abater.

Ele passou a **comunicar (1)** profunda tristeza, derrota e infelicidade intensa, usou desde palavras destruidoras até a postura de um homem derrotado.

Como sabemos, toda **comunicação (1)** produz **pensamentos (2)** que condizem com ela. E Rafael foi possuído pelos piores **pensamentos (2)**, com imagens que insistiam em invadir sua mente e diálogos internos que o torturavam. A matriz de mudança de geração de crenças estava se fechando. Esses pensamentos perturbadores passaram a produzir um **sentimento (3)** profundo de fracasso e tristeza que doía na própria carne, como ele fazia questão de dizer a todos.

A matriz se fechou. O que era um forte **sentimento (3)** de fracasso se transformou em **crença (4)** de fracasso, perda e derrota. Como sabemos, toda crença produz frutos e resultados.

Como se não bastasse, o resultado da crença foi a demissão dele da empresa de informática em que trabalhava como gerente. Novamente, o ciclo se inicia. Com mais esse resultado terrível, ele passa a **comunicar (1)** mais tristeza e mais fracasso, que produzem **pensamentos (2)** da mesma ordem, que por sua vez produzem **sentimentos (3)** destruidores, que na sequência produzem mais **crenças (4)** destruidoras.

Agora, com o ciclo fechado, mais coisas ruins acontecem, e ele perde o emprego de professor universitário. A situação é: sem casamento, longe dos filhos, sem o emprego de gerente, sem o emprego de professor, sem dinheiro para se manter e sustentar os filhos e com uma ex-esposa desesperada e brigando com ele, exigindo manutenção do mesmo padrão de vida anterior.

O que mais poderia acontecer a Rafael? Ele chegou ao fundo do poço. Um local difícil de estar, porém muito bom sob outro aspecto, pois é o lugar onde não existem máscaras nem subterfúgios. O fundo do poço é o local das pessoas que, de fato, estão dispostas e prontas para mudar.

Quando alguém está sofrendo e ainda não retirou as máscaras, não reconheceu que está em uma situação crítica e ainda não levantou a mão e gritou *socorro!*, é porque ainda não está no fundo do poço. Esse, porém, não era o caso de Rafael. Dessa vez ele pediu ajuda, diferentemente de todas as outras vezes que o vi e tentei alertá-lo do seu comodismo e dos resultados precários. Agora, ele também não justificou suas falhas nem disfarçou a dor. Ele queria ajuda.

O primeiro passo que ele trilhou foi fazer o seminário Método CIS® de transformação e potencialização humana, do qual antes ele afirmava não precisar. Já no primeiro dia do seminário, Rafael percebeu que precisava quebrar o ciclo da matriz. Ele aprendeu que a mente que criou toda aquela vida de tristeza e fracassos não seria a mesma que criaria uma nova vida de realizações e conquistas.

Assim, começou a comunicar no seu corpo, de forma não verbal, não a vida que levava, mas a vida que planejava ter. Ele passou a comunicar a felicidade e a vitória que teria quando chegasse lá.

Passou a fazer o ritual do acordar todas as manhãs. Passou a ativar seu estado de recurso várias vezes ao dia e a fazer vários outros exercícios que ensino sobre comunicação e fisiologia. O fato é que não foi nada fácil para Rafael comunicar-se na contramão dos acontecimentos. Comunicar vitória quando o cenário era de derrota. Comunicar esperança quando não tinha nem mesmo onde morar. Mas ele perseverou em comunicar essa nova vida criada em sua mente. Ele vigiou seu semblante e sua postura, seus gestos e suas expressões faciais.

Na tarde do primeiro dia de exercícios, ele já percebia mudanças em seu astral e seu estado de espírito. Ele não negava seus problemas: apenas encarava-os de forma mais otimista e esperançosa. Ele não focava mais no que não podia mudar, mas naquilo em que ele poderia exercer influência e mudança.

Assim, ele continuou, e já na segunda semana foi convidado para gerenciar a área de TI de uma nova empresa. O salário não era o que ele queria, mas de longe era muitíssimo melhor do que não ter salário. Foi para uma igreja e lá descobriu o significado mais amplo da palavra fé. Passou a fazer atividade física e perdeu peso, deixou seu corpo coerente com seus 35 anos.

Voltou a ler e a estudar. Alargou sua rede de contatos e amizades, que antes era restrita aos mesmos amigos de sempre, e conheceu muitas pessoas novas. Passou a fazer parte de um grupo de corrida, o que melhorou sua saúde ainda mais e ampliou de forma tremenda sua rede de relacionamentos. Ele definitivamente saiu daquela zona de conforto onde esteve preso por anos.

A cada acontecimento e resultado positivo, ficava mais fácil para Rafael **comunicar (1)** a vitória que ele começou a proclamar ainda no fundo do poço. Como você pode imaginar, não foram poucas as pessoas chamando Rafael de louco e alienado. Não entendiam como alguém passando por todos aqueles problemas podia comunicar tanta esperança e certeza e, por não entenderem o processo de transformação humana, ridicularizaram no.

Ele, porém, insistiu, persistiu em manter sua **comunicação (1)** de vitória, e assim conseguiu interferir na própria sorte. A Bíblia, no livro de Salmos 126:4, retrata que aquele que, com dores, continua plantando ceifará grandes coisas, e Deus mudará a sua sorte.

Em outra passagem bíblica, no livro de Tiago 1:2-4, é dito: "*Meus irmãos, tendes por motivo de toda a alegria passardes por várias provações, sabendo que a provação da vossa fé, uma vez confirmada, produz perseverança. Ora, a perseverança deve ter ação completa, para que sejais perfeitos e íntegros, e em nada deficientes*".

Pode parecer loucura essa passagem bíblica. O apóstolo Tiago nos pede que tenhamos toda a alegria ao passarmos por provações. Isso talvez não seja muito lógico, mas funciona e impede que um ciclo de desgraça e perdas se instale em nossa vida. E é justamente esse **sentimento (3)** de alegria que quebrará o ciclo de infortúnios dos acontecimentos ruins que insistem em vir acompanhados de outros de igual espécie.

Você aceita o desafio de **comunicar** vitória a respeito do que você pensa de negativo? Porque, quando você comunica, produz pensamentos, que por sua vez vão produzir sentimentos e, como sabemos, estes produzem crenças autorrealizáveis. Tenha a certeza de que, por pior que seja a situação, ela lhe trará oportunidades, a possibilidade de aprender muito mais e ainda aperfeiçoar o que está errado em seu caráter e comportamento.

A propósito: seus momentos de maior aprendizado e mudança ocorreram quando tudo estava bem em sua vida ou quando você passou por problemas, perdas e dores?

## UM MOMENTO DE REFLEXÃO

Como você reage diante de pequenos aborrecimentos, como uma fechada no trânsito, até um momento efetivamente difícil, como o término de um relacionamento, a perda de um emprego ou a falência de um negócio? Qual foi a última perda ou aborrecimento pela qual você passou? Como você reagiu a isso? O que você comunicou a si, aos outros e ao mundo durante e depois de passar por essa provação? Se você não controlar sua fisiologia e o que comunica, não conseguirá controlar seus pensamentos e muito menos seus sentimentos e resultados de vida.

Não quero dizer, entretanto, que você tem de passar por grandes perdas gritando e pulando de alegria, como se nada tivesse acontecido. Em alguns momentos da vida temos perdas, e essas perdas pedem luto e lágrimas, pois é no momento da lágrima e da perda que caminhamos sem máscaras para o fundo do poço.

Contudo, fique atento para quanto durará seu luto, saiba diferenciar luto de autocomiseração. E, no momento de terminar o luto, assuma o controle de sua fisiologia e comece a comunicar sua redenção, a sua volta à luz do sol, a volta à brisa do vento, ao verde das árvores e ao canto dos pássaros. Tudo isso é uma decisão ao seu alcance.

Nada é mais poderoso do que sua decisão consciente de como enfrentará as situações mais críticas de sua vida, de como agirá e reagirá aos estímulos externos.

## EXERCÍCIO: o poder da fisiologia negativa

Coloque uma nota de 0 a 10 para seu estado de espírito e seus recursos neste exato momento.

Agora você vai se colocar na famosa posição de *O pensador*, do escultor Auguste Rodin. É importante que você cumpra as instruções a seguir, sem brincadeiras ou distrações, apenas reproduza os passos (ajudará se você tiver alguém para narrar o passo a passo):

- Sente com as pernas descruzadas e projete o tronco para frente.
- Apoie a testa no punho, ao mesmo tempo em que você apoia o cotovelo do mesmo braço na coxa.
- Na posição de *O pensador*, de Rodin, franza a testa e aperte os olhos como quem expressa dor física.
- Trinque e aperte os dentes.
- Franza e aperte todo o rosto.
- Olhe fixa e concentradamente para o chão por 60 segundos.
- Respire profundamente e vá acelerando a respiração.

Dê a nota para o seu estado de espírito agora, depois do exercício: _____

Agora escreva nas linhas a seguir como você se sentiu após esse exercício.

_____

_____

_____

_____

Praticamente todas as pessoas às quais pedi que fizessem esse exercício, com essa comunicação fisiológica, tiveram a mesma reação. Elas se sentiram limitadas, tristes, sem esperança e deprimidas. A pergunta é: como uma fisiologia corporal por si só pode alterar tanto o estado de recursos de uma pessoa em tão pouco tempo? Como uma postura pode interferir de forma radical na maneira como alguém se sente?

A resposta está em um pressuposto ao qual me referi há pouco: **mente e corpo fazem parte do mesmo sistema cibernético.** Se o corpo está numa posição (comunicação) de alegria e triunfo, com certeza a pessoa logo se sentirá alegre e triunfante, independentemente das circunstâncias. O oposto também é verdadeiro: se a pessoa está em posição de tristeza, olha para baixo, ombros arqueados, testa franzida e semblante de pesar, mesmo que as circunstâncias estejam ótimas, tal pessoa se sentirá infeliz, depressiva, sem esperança.

Qual a diferença entre um vendedor medíocre e um vitorioso? Qual a diferença entre um líder fraco e inexpressivo e um líder carismático e de grandes resultados? Qual a diferença entre uma pessoa depressiva e melancólica e outra feliz e triunfante?

A maioria das pessoas diria que foi a sua formação escolar, a cidade onde mora, a família que teve, a sorte ou qualquer outra explicação. O fato é que ambos possuem recursos e potenciais para dar um verdadeiro show na vida deles, em liderança ou em qualquer outra atividade. O que difere um do outro é que um sabe acessar seus melhores recursos, e o outro não. Lembremo-nos do pressuposto que diz: **se alguém pôde, eu também posso.** O que precisamos descobrir é como essa pessoa acessou esses recursos para realizar esse feito. Se repetirmos seus passos, sua fisiologia e adquirirmos o mesmo estado de recurso (palavras, comportamento, pensamento e sentimento), poderemos então obter os mesmos resultados.

Para obtermos grandes resultados, temos primeiro de estar com nossa fisiologia o mais rica possível de recursos, ou seja, uma comunicação não verbal que expresse os melhores sentimentos, tais como alegria, esperança, vitória, amor, paz, certeza etc.

Não há ação poderosa nem grandes feitos sem uma fisiologia de sucesso. Você pode imaginar um soldado indo para o *front* de batalha cabisbaixo, ombros arqueados e o olhar desesperançoso? Ele não passaria nem do primeiro oponente.

Agora, pense em um soldado com os olhos bem abertos, ombros erguidos, olhar fixo no oponente, braços levantados, gritando hinos de vitória com paixão, fúria e agressividade. Certamente metade da batalha já estaria ganha na sua atitude.

Para entender melhor como acontecem as vitórias na vida humana, continuemos na reflexão: como está a fisiologia do jogador no momento de cobrar o pênalti? Ereto, esguio e olhar confiante ou cabisbaixo, inseguro e titubeante? Sua fisiologia corporal vai influenciar de modo decisivo o resultado que ele vai obter na cobrança.

Talvez você já tenha passado por essa situação de cobrador de pênalti e diga: é um momento muito difícil. Qualquer jogador fica inseguro e temeroso nessa situação. É normal ficarmos temerosos – afinal, somos humanos. Contudo, nós podemos "enganar" nossa mente, fonte de nossos maiores recursos, ao colocar o corpo ereto, a cabeça levantada, os ombros erguidos e aquele olhar de tigre.

Isso porque, como já vimos, mente e corpo fazem parte do mesmo sistema cibernético e, se seu corpo parecer vitorioso, sua mente vai acreditar na vitória e acessará todos os recursos para realizar essa comunicação de vitória. O ser humano tem uma grande tendência de ser congruente, ou seja, mente e corpo buscam caminhar na mesma direção. Então, se adotarmos uma fisiologia alegre, realizadora e otimista, automaticamente nossa mente adotará a mesma espécie de estado, acessará esses recursos e terá resultados condizentes com esse estado emocional ou estado de espírito.

> "A fisiologia é um ótimo instrumento porque ela trabalha rápido e não erra. A fisiologia está totalmente ligada à sua capacidade de realização e conquista. Se você muda sua fisiologia, automaticamente muda sua capacidade de realização."
>
> (Anthony Robbins)

Quando as circunstâncias estão difíceis, pessoas medianas se mostram abatidas, cansadas e inseguras. Já as realizadoras e cheias de vitória, ao passar por momentos difíceis e desafiadores, mostram-se verdadeiras guerreiras, soldados prontos para vencer.

Qual é o padrão de comportamento que você segue na sua vida? Qual é a sua postura nos momentos de desafio? Você se coloca como um vencedor ou se permite abater como uma vítima das circunstâncias?

## EXERCÍCIO

1. Reflita e escreva com detalhes um momento muito difícil na sua vida; seja pelo problema, seja pelo tamanho do desafio – momento que tenha alterado seu estado de espírito e produzido insegurança, medo ou dor.

_____

_____

_____

_____

_____

_____

_____

_____

2. De que forma você enfrentou esse momento? Ou não enfrentou? Qual era a sua postura, seu tom de voz, sua forma de olhar e respirar? Sua atitude foi coerente com o momento?
Você colocou em sua fisiologia a energia de que você precisava para enfrentar e solucionar esse momento com sucesso?

_____

_____

_____

_____

3. O que as pessoas falaram e como elas o trataram nesse momento? Como consoladores de uma pessoa vitimizada ou parceiros de
alguém que busca a vitória de forma determinada e assertiva? Ou
foram indiferentes a esse momento de sua vida?

_____

_____

4. Quais deveriam ter sido sua fisiologia, sua atitude e seu comportamento para que você tivesse melhores resultados nesse momento desafiante? Como deveriam ter sido sua postura, sua respiração,
seu tom de voz, seu olhar, seus gestos e suas palavras?

_____

_____

_____

_____

_____

Depois desse exercício, com certeza, você compreendeu como usar sua fisiologia para atingir metas e objetivos.

Um número cada vez maior de médicos, psicólogos e estudiosos do comportamento humano está mais certo de que saúde ou doença, felicidade ou depressão, sucesso ou fracasso são decisões de cada indivíduo, sejam elas conscientes ou inconscientes. São os resultados que obtemos ao decidirmos por uma ou outra fisiologia.

Quando tenho em meus seminários ou nas sessões de coaching pessoas com depressão, a primeira coisa que lhes pergunto é o que elas têm feito e repetido com tanto afinco na sua comunicação externa (fisiologia) e na sua comunicação interna (pensamentos, imagens, diálogo interno) que as deixa em um estado de depressão e tristeza.

Em um seminário que ministrei, uma jovem gerente de uma grande empresa relatou: "Tenho sofrido muito com depressão, tomo remédio controlado há anos e tenho perdido muitas oportunidades pessoais e profissionais por isso". E ela perguntou: "Paulo Vieira, você acha que um dia ficarei curada?".

Eu disse: "Só você pode responder a essa pergunta, pois, como quase tudo na vida, você é livre para escolher que tipo de vida quer levar". "Como assim?", ela perguntou. "Veja bem a sua postura neste exato momento: você está arqueada na cadeira, escondida sob bolsas e pastas, sua voz está baixa e fraca, seu olhar, triste e reticente. Seu aperto de mão é frágil e sem personalidade", continuei. "Roberta, me responda: essa é a fisiologia de uma pessoa próspera e realizada ou de uma pessoa triste e depressiva?" Ela confirmou: "Triste e depressiva". Então, mostrei a ela a seguinte tirinha:

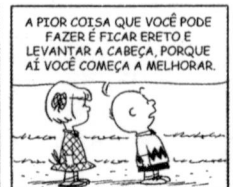

PEANUTS, CHARLES SCHULZ © 1960 PEANUTS WORLDWIDE LLC. / DIST. BY ANDREWS MCMEEL SYNDICATION

Com um tom enérgico e motivador, eu voltei a perguntar: "Você já sabe o poder que sua fisiologia tem sobre sua vida?". "Sim", ela respondeu. "Então concorda que a fisiologia que você adota é uma escolha livre que você faz? E que, se optar por uma postura como esta, vai viver uma vida triste e limitada?" Respondeu ela novamente, um pouco envergonhada: "Sim".

"Então, o que falta para você mudar sua postura agora mesmo?" Ela respondeu com um tom de vitória: "Minha decisão de não ser mais vítima nem coitadinha". Emocionada, ela levantou, encarou toda a turma e bradou: "Eu decido agora ser feliz e escolho a fisiologia de sucesso e felicidade. Eu decido como sentar, como falar e como me comportar. A partir de agora, eu conduzo a minha vida".

Toda a turma, emocionada, aplaudiu, assobiou euforicamente, como se aprovasse e encorajassem sua fala e decisão. Estive com Roberta por mais três semanas durante o curso e pude comprovar que a cada semana mais mudanças aconteciam na vida dela. Novas e relevantes vitórias se somavam.

A cada aula, novos e espetaculares depoimentos de ganhos e conquistas eram narrados por ela e confirmados por sua diretora, que também estava no Método CIS®. Acompanhei Roberta por vários meses após o término do curso e pude contemplar uma nova mulher surgindo. Uma mulher plena e realizada, condutora responsável da própria vida.

Muitas pessoas acometidas de depressão e de outros problemas psicoemocionais costumam explicar seu problema emocional dizendo que seu cérebro não produz serotonina ou a endorfina necessária para terem saúde. De certo modo é verdade, talvez seu cérebro não produza esses neuro-hormônios. Entretanto, a pergunta que deve ser feita a essas pessoas é: por que seu cérebro não produz esses neuropeptídios tão necessários à saúde física e emocional? Na maioria dos casos, a resposta é muito simples: fisiologia corporal.

A explicação tradicional para depressão[7] é que ela se refere a uma reação aos problemas vividos pelas pessoas. Contudo, isso não é verdade. As pessoas não se entristecem ou se alegram pelo que vivem, mas, primeiramente pelo significado que dão ao fato ocorrido e, segundo, pelo que comunicam em relação ao que viveram.

O que acontece se estamos em um estado de luta, um estado emocional de briga? Quando estamos com uma fisiologia de conflito e agressão, é certo que as suprarrenais vão produzir adrenalina, hormônio responsável pela aceleração cardíaca e pelo enrijecimento e explosão muscular, funcionando ainda como um anestésico. Ou seja, nossa atitude fisiológica diz ao cérebro: "vou brigar", e imediatamente o cérebro produz o hormônio adrenalina. Com isso, ficamos mais fortes e preparados para o conflito.

Em um momento de luta, poderemos levar um murro e não sentir (naquele momento) dor, nem mesmo medo, e nosso coração bombeará sangue em abundância para irrigar, oxigenar e energizar todos os nossos músculos. Estaremos prontos para a briga. Percebemos que não são nossos hormônios e neuro-hormônios que ditam nossa fisiologia e estrutura emocional, e sim nossa fisiologia que determina quais neuro-hormônios serão liberados.

## COMPORTAMENTO QUE PRODUZ DEPRESSÃO

Quando alguém se tranca no quarto, apaga a luz, fecha as cortinas, coloca uma música de fossa e deita na cama em posição fetal, seu corpo produz neuro-hormônios coerentes com essa atitude.

Veja bem: se alguém **decide** passar um dia inteiro deitado, na mais completa escuridão, com uma postura de fragilidade e um semblante de derrota, seu cére-

---

7  Aqui trazemos uma explicação simplificada. A depressão é causada por uma combinação de fatores genéticos, ambientais e psicológicos. Mas geralmente são acontecimentos, como uma grade perda, desilusão ou derrota, que desencadeiam a doença.

bro busca congruência e atenderá a sua atitude e fisiologia produzindo substâncias congruentes com a postura adotada. Se essa atitude for repetida por muito tempo, seu cérebro e seu corpo serão completamente intoxicados com essas substâncias depressivas, e o tempo de recuperação será maior.

Quero com isso afirmar que a depressão se constrói dia a dia com o uso frequente de uma comunicação de derrota, acrescida de pensamentos de tristeza e vitimização e de palavras negativas e contaminadoras.

Lembre-se do que escrevi até agora e da figura do Charlie Brown toda vez que se sentir enveredando para uma comunicação depressiva e melancólica. Escolha ser feliz, opte pelos pensamentos de felicidade e vitória, profira palavras engrandecedoras e, principalmente, adote uma fisiologia corporal de bem-estar e felicidade.

*"Finalmente, irmãos, tudo o que é verdadeiro, tudo o que é respeitável, tudo o que é justo, tudo o que é puro, tudo o que é amável, tudo o que é de boa fama, se alguma virtude há, se algum louvor existe, seja isso que ocupe o vosso pensamento."*

(Filipenses 4:8)

*"Quem controla sua fisiologia corporal controla seus pensamentos e sentimentos e, consequentemente, controla a sua vida e seus resultados."*

(Paulo Vieira)

## EXERCÍCIO: testando o poder da fisiologia II

Experimente assumir todas as características de uma pessoa infeliz e insatisfeita com a vida, carrancuda e mal-humorada. Demonstre isso com sua postura, expressão facial, tom de voz, forma de olhar e tudo o mais que representa uma pessoa triste, insatisfeita e mal-humorada.

Exagere na postura e siga nessa comunicação, mantenha essa fisiologia de tristeza profunda por cerca de três minutos, até estar bem contaminado com esse estado negativo de recursos. Em seguida, caminhe por entre as pessoas, no seu trabalho, em casa ou pelo prédio. Ande de um lado para outro, interaja com quem estiver perto por pelo menos mais quatro minutos.

Volte para seu local de leitura e avalie qual sentimento lhe invadiu, qual estado de espírito passou a rondar e sitiar sua mente. Com as suas palavras, escreva nas linhas a seguir o que aconteceu. Anote também como foi tratado por essas pessoas. Qual foi a qualidade do retorno, da atenção e da simpatia dada por essas pessoas a você?

_____

_____

_____

_____

_____

_____

Agora adote, durante apenas dois minutos, toda a fisiologia de alguém muito feliz: postura, expressão facial, tom de voz, forma de gesticular, maneira de ficar em pé etc. Depois de se contagiar com essa fisiologia, dê uma caminhada, fale com algumas pessoas e mantenha esse comportamento por quatro minutos.

O que aconteceu agora? Qual a qualidade dos pensamentos e dos sentimentos neste último exercício? Como as pessoas se relacionaram e conectaram com você? Escreva com suas palavras os resultados que você obteve ao mudar sua fisiologia.

_____

_____

_____

_____

_____

_____

Após fazer esse exercício, você experimentou o poder da sua fisiologia. Você sentiu os efeitos causados por uma fisiologia de derrota em seus pensamentos e seu estado de recurso e, consequentemente, em sua vida real. Também experimentou os resultados produzidos por uma comunicação e fisiologia de alegria e felicidade.

Agora, então, você sabe na prática que quem controla sua fisiologia corporal controla também a própria vida e os resultados.

**Em resumo:** se *você* muda sua postura, expressão facial, modo de respirar, forma de olhar, falar, sentar, apertar a mão e andar, no mesmo instante você muda também suas possibilidades de conquista e realização.

Se você for capaz de decidir sua fisiologia, independentemente do contexto atual, se você conseguir escolher o que seu corpo vai comunicar, independentemente das circunstâncias, poderá então controlar sua vida.

Lembre-se da matriz ativa de formação de crenças, que diz que a qualidade da comunicação produz a qualidade de seus pensamentos, que, somados à comunicação, produzem sentimentos. E sentimentos recheados de emoções ou repetidos produzem as crenças, que são programações mentais autorrealizáveis que regem sua vida e seus resultados.

Leia e releia a matriz de geração de crenças, ate-a a seu coração e sua mente, pois essa ferramenta é a base do aprendizado humano, a chave da transformação rápida.

## POR QUE PESSOAS BEBEM E SE DROGAM?

Pessoas bebem, fumam e se drogam para entrar em um estado alterado de consciência, ou seja, para acessar recursos que, quando estão sóbrias, não conseguem. Elas se drogam para mudar de estado de recurso, mudar a forma como se sentem, bebem para ter algum ganho, fumam para se sentir mais autoconfiantes.

Algumas bebem para sair de um estado de timidez para um de segurança. Outras bebem para ser mais comunicativas e falar em público. Outras bebem para serem mais alegres e afetuosas. Outras cheiram cocaína para se sentirem mais corajosas e capazes.

Seja qual for o motivo, não é necessário beber nem usar nenhuma outra droga para mudar o estado de espírito ou de recurso: basta adequar a sua fisiologia para o estado que se deseja.

Como uma pessoa feliz e alegre se porta? Qual a sua postura e expressão facial? Qual o seu tom e timbre de voz? Se você não souber, basta achar alguém feliz e modelá-lo, ou seja, elegê-lo como um modelo e reproduzir sua forma de se comunicar, pois sabemos que a **comunicação** produz pensamentos, que produzem **sentimentos** e assim por diante.

Em um dos meus seminários de inteligência emocional, uma moça disse que seu noivado estava por um fio, pois ela era muito ciumenta e isso estava destruindo o relacionamento. Então perguntei como ficava sua postura e expressão facial quando tinha ciúmes. Ela descreveu com toda a autoridade e conhecimento de causa: "Primeiro franzo a testa, depois seguro a mão dele com força, faço cara de raiva, e fico atenta para onde ele está olhando, deixo ele ir na frente para poder vigiá-lo e, se suspeito de algo, minha respiração se torna ofegante".

Eu lembrei a ela que seus pensamentos derivam diretamente de sua fisiologia e que, se ela puder mudar sua fisiologia nessas horas, também mudará seus pensamentos e sentimentos. "Como faço isso?", ela perguntou.

Pedi então que ela descrevesse como se comporta uma mulher segura junto ao seu companheiro. Ela começou: "Em primeiro lugar, ela sempre sorri, seu semblante é cordial e alegre, seus passos são livres e firmes, segura a mão do parceiro com carinho e afeto e anda ao lado dele sem ficar atenta para onde ele está olhando".

"Pois é justamente isso o que você precisa fazer para se sentir segura. Basta reproduzir essa fisiologia e esse comportamento que seu estado de recurso acessará de imediato sentimentos de segurança, amor-próprio e independência", afirmei de forma categórica a ela, que perguntou de volta, assustada: "É só isso? Não acredito!".

Ela usou a técnica, e posteriormente eu ouvi seus relatos de como estava completamente segura e sem ciúmes. Quando o ciúme vinha, ela o combatia com a comunicação da Mulher Maravilha, como ela costumava dizer brincando.

## SEJA CONGRUENTE

Em um dos meus seminários de liderança, uma gerente que se encontrava refestelada sobre a cadeira perguntou-me com uma voz fraca e inconstante se ela seria uma grande líder e se teria sucesso na vida. Então lhe expliquei: "Fernanda, para que você tenha sucesso, é importante que suas palavras (comunicação verbal) confirmem sua fisiologia (comunicação não verbal) e vice-versa. Se suas palavras não confirmam sua fisiologia, você se torna incongruente".

Ela retrucou: "Sim, o que você quer dizer com isso?". "Bem, você pode entender todo esse conteúdo de liderança, conhecer e repetir cada palavra deste seminário, mas se você continuar com a mesma fisiologia que está agora, refestelada na cadeira, com essa voz baixa de tom monótono e enfadonho e com esse olhar caído, nada que você disser à sua equipe surtirá o efeito esperado, nem para eles, nem para você. Se você quer influenciar e conduzir pessoas a grandes desafios, seja capaz primeiro de influenciar sua própria fisiologia, de mudar a você mesma, tornando-se parecida com suas palavras e objetivos. Aí, sim, todos, e principalmente você, crerão em suas palavras e seus propósitos, todos seguirão suas ideias."

## EXERCÍCIO: como sentir-se bem em um minuto

Já sabemos que nossa fisiologia é capaz de produzir efeito imediato em nosso sentimento e estado de espírito. Então façamos um teste.

Levante os braços como quem comemora um gol. Ponha um sorriso de alegria e realização no seu rosto. Erga a cabeça e levante bem os ombros. Dê um grito ou um brado de vitória. Mantendo toda essa comunicação e fisiologia, tente pensar em algo ruim.

Decerto não vai conseguir. Afinal, mente e corpo fazem parte do mesmo sistema cibernético. A mente acompanha o corpo, e o corpo acompanha a mente. Reafirmo que: quando você levantar a cabeça e os ombros, fizer um olhar de alegria e estampar um sorriso, seu foco não será mais no problema, e sim na solução. O medo se transforma automaticamente em fé. O pessimismo vira esperança, e a tristeza vira alegria.[8]

---

8  No livro *O poder da ação* você pode aprender seis padrões linguísticos que alteram positiva e drasticamente a sua fisiologia.

# 4

# REPRODUZA A EXCELÊNCIA

No capítulo anterior, falamos da comunicação e dos resultados que podemos produzir quando decidimos como e o que comunicar em cada área da vida. O tema abordado neste capítulo está diretamente ligado à matriz ativa de formação de crenças. Aprenderemos a compreender a matriz de pessoas de sucesso, para podermos reproduzir as partes que funcionam da matriz delas. Dessa maneira, geraremos resultados e conquistas muito parecidos com os delas. A essa técnica damos o nome de **modelagem**.

A modelagem envolve a observação e o mapeamento dos processos bem-sucedidos que formam a base para um desempenho extraordinário. Talvez seja difícil entender como uma pessoa pode reproduzir o sucesso de outra olhando apenas para os resultados ou pontos isolados do comportamento dela. Ao mapear seus **comportamentos, pensamentos, sentimentos e crenças** ligados a determinados resultados que desejamos, podemos desmistificar o sucesso, reproduzi-lo e conquistar resultados semelhantes.

Para isso, basta repetir as mesmas estratégias do indivíduo a ser modelado. Infelizmente, muitos optam por espelhar e modelar personagens sem valor e sem bons resultados, ou ainda personagens inescrupulosos de que nossas televisões estão repletas. Quando optamos por espelhar alguém, devemos primeiro ter conhecimento do que queremos para nossa vida e se os resultados dessas pessoas são os resultados que esperamos para nós.

É importante buscarmos as pessoas certas para modelar suas fisiologias, crenças e ideias etc. É importante você saber que não precisa modelar alguém por inteiro: você pode escolher a área de sucesso daquela pessoa para modelar, basta verificar se os valores morais e os princípios que ela usa naquela área da vida são coerentes com os seus.

Lembre-se de que, ao andar e conviver com qualquer pessoa, aprendemos com ela e ela conosco. Em outras palavras, estamos natural e inconscientemente modelando-a. Por isso, muito cuidado com as pessoas com as quais você se permite conviver, pois sempre existirá troca e modelagem.

Como empresário, sou grande admirador do Abílio Diniz. E, como dizem as leis da Programação Neurolinguística (PNL), se você conseguir modelar perfeitamente alguém, poderá acessar os mesmos recursos que essa pessoa e, em consequência, gerará resultados idênticos ou muito parecidos. Entretanto, como eu poderia espelhar e modelar alguém tão distante de mim?

Neste caso específico, comprei o seu livro *Caminhos e escolhas* e pude modelar seus pensamentos, suas crenças e ideias. Assisti a uma palestra dele ao vivo, onde pude modelar sua fisiologia nos mínimos detalhes: gestos, postura, trejeitos, entonação e timbre da voz. Passei a ler reportagens sobre ele, assistir a matérias e entrevistas. Saí desse processo repleto de recursos e me sentindo totalmente capaz de realizar grandes feitos.

Por que não atender ao pedido do apóstolo Paulo, que disse: *"Sejais meus imitadores, tal qual tenho sido de Cristo Jesus"*? Todas as pessoas estão, consciente ou inconscientemente, espelhando e modelando alguém, seja em filmes, no dia a dia, em casa ou no trabalho. Visto que a modelagem acontece de forma natural, vamos então escolher o que vale a pena ser modelado.

Pessoas serenas perguntam-se por que agiram de maneira intempestiva, bruta ou incontida logo depois de verem filmes de violência. Que tal espelhar Martin Luther King em seus famosos sermões e pregações, ou Ayrton Senna, que deixou seu legado em inúmeras entrevistas, depoimentos e corridas ousadas e destemidas?

Se você quer ser um apresentador de sucesso, identifique o apresentador que tem o sucesso que você deseja, compre vídeos com os melhores trabalhos dele e assista várias e várias vezes. Exercite falar como ele, analise a relação dele com a mídia e com o público, a maneira de se vestir. Modele toda a sua fisiologia e, se ele tiver publicações, leia-as.

Assim, você pode conseguir uma experiência muito parecida à do seu modelo e, consequentemente, você se colocará em um estado muito parecido com o dele e se tornará capaz de obter resultados muito semelhantes.

Se seu ideal é empreender um negócio, então quem é o empresário de referência para você? Busque sua autobiografia e faça uma leitura voraz. Consiga vídeos, entrevistas em que ele fale e discurse. Modele-o em tudo que for capaz. Você acessará dentro de si recursos que nunca julgou possuir e será capaz de atingir resultados incrivelmente similares aos dele.

Se você é atleta de vôlei, faça da mesma maneira. Identifique seu jogador-modelo, assista a todos os vídeos disponíveis muitas e muitas vezes e você perceberá que seus resultados serão absurdamente maiores e mais efetivos do que os que você tinha antes desse exercício de modelagem.

Essa ferramenta está ao alcance de qualquer um que se aventure a desvendar e desfrutar de todo o seu potencial. Está disponível para pessoas flexíveis e humildes o suficiente para assimilarem as experiências de outras pessoas e aprender com elas.

Quaisquer que sejam seus objetivos ou desafios, sempre existirá alguém que você pode modelar para alcançar grandes resultados e conquistas.

## CASO DA VIDA REAL

No início de minha carreira como treinador e instrutor empresarial, sem saber, usei a técnica de modelagem. Fui a um grande grupo varejista de óculos e joias para vender um serviço de cliente oculto. No entanto, minha cliente disse que, em vez desse serviço, precisava de um curso de atendimento e vendas, e perguntou se eu ministrava algo assim. Sem pensar muito, eu disse: "Sim, com certeza eu ministro".

Acertamos o valor e marcamos o treinamento para quinze dias depois. Por um lado, eu estava feliz, tinha conseguido um ótimo contrato e outra possibilidade de maiores negócios no futuro; por outro lado, estava apavorado, pois, apesar de ter sido vendedor a vida inteira, eu nunca havia ministrado treinamento algum, nem mesmo de vendas. E agora, o que faço?

Intuitivamente fiz uma completa modelagem do que existia de melhor no Brasil e no mundo. Busquei os vídeos das mais renomadas empresas de treinamento em vendas, seus livros e manuais. Lembro que, naqueles quinze dias, assisti mais de oito vezes àqueles vídeos com oito horas de duração cada, e ainda li os livros e decorei os manuais.

Ampliei minha modelagem e fui buscar também a retórica e a didática de um pastor que eu admirava muito. Combinei tudo isso com meus dez anos de experiência em vendas e gerência de vendas. Trabalhei arduamente nesses quinze dias, medi o tempo de cada módulo do curso, avaliei minha performance, reconheci e eliminei todos os meus erros, fortifiquei e inovei os meus acertos. Até que chegou a manhã do 16º dia.

Comecei o treinamento e, ao falar, percebi que os gestos, a entonação e a postura não eram apenas meus, e sim daqueles gênios das vendas que pude modelar. Percebi a retórica e o carisma do meu pastor nas minhas palavras e gestos. Que loucura! Quantos resultados maravilhosos para quem nunca havia ministrado um treinamento sequer em toda a vida!

Eu pus em prática, com maestria e de forma intuitiva, toda a técnica de modelagem – técnica essa acessível a qualquer um que queira fazer tão bem quanto os melhores. Hoje minha equipe de treinadores usa as mesmas técnicas, assistindo aos meus vídeos e DVDs, lendo meus livros, ouvindo meus áudios e CDs e me vendo palestrar e treinar ao vivo. Eles reproduzem, cada vez melhor, os resultados, mesmo sem terem vivido os quase vinte anos de experiência que tenho na área de desenvolvimento humano e profissional.

## EXERCÍCIO

Enumere nas linhas a seguir cinco pessoas que valem a pena ser modeladas e, nas linhas ao lado, os resultados ou conquistas que elas tiveram e que você também deseja ter.

PESSOA      CONQUISTA

1. _____   _____

2. _____   _____

3. _____   _____

4. _____     _____
5. _____     _____

Para você modelar aspectos de outras pessoas com maestria e excelência, são necessários dois requisitos fundamentais: o primeiro é a humildade de aprender, ser capaz de reconhecer que existem pessoas à sua frente em algum aspecto e que você tem muito a evoluir com elas. O segundo é a flexibilidade de deixar suas experiências de lado para assimilar as de outra pessoa e, consequentemente, **sentir** o que ela sente, **pensar** como ela pensa e ainda **comunicar** o que e como ela comunica.

Se você preenche esses dois requisitos, parabéns! Um novo mundo de vitórias e resultados extraordinários o espera.

## TUDO O QUE COMUNICAMOS PRODUZ RESULTADOS

Antes de entrar no palco, com mais de 3 mil alunos, ou em qualquer situação que precise do meu melhor potencial, a primeira coisa que faço é verificar a minha fisiologia. Se estou com minha fisiologia neutra, terei resultados medianos. Se minha postura está arqueada, cabisbaixa, olhos mornos, certamente terei uma performance ruim.

Assim, eu me certifico de que meu ombro e minha cabeça estejam erguidos, de que meu tórax esteja cheio de ar, meus olhos, altivos, de que nos meus lábios haja um entusiasmado sorriso, de que meus passos estejam firmes e minha voz forte, mas serena. Somente assim, eu me coloco diante das pessoas ou de algum desafio.

Subo ao palco triunfante, certo da minha missão, acesso os meus melhores recursos e comunico o meu melhor de forma brilhante. Contudo, mantenho-me sempre alerta para que a minha fisiologia de vitória e otimismo não passe um ar de arrogância e prepotência.

Ao filmar uma reunião, palestra, aula, apresentação de vendas, conversa com amigos, filhos ou cônjuge, você poderá adequar o estado atual (matriz ativa de formação de crenças) ao estado desejado ou aos objetivos desejados. Se for impossível filmar, grave as falas e trabalhe entonação, timbre e altura da voz, ou seja, modele sua performance tal qual a dos campeões.

A relação a seguir servirá para você fazer uma autoanálise de quais aspectos de sua fisiologia valem a pena ser mudados. Uma boa maneira de fazer isso é você filmar a si mesmo e depois verificar onde sua comunicação e fisiologia são neutras ou mesmo negativas.

Aspectos básicos da comunicação a serem gerenciados:

| EXPRESSÃO FACIAL | EXPRESSÃO CORPORAL | VOZ |
|---|---|---|
| Olhar | Postura | Palavras/Frases |
| Sorriso | Gestos | Velocidade das palavras |
| | Respiração | Volume da voz |
| | | Timbre da voz |

## EXERCÍCIO

Escolha uma pessoa de muito mais sucesso que você em uma área de interesse que valha a pena modelar. Imite postura, tom de voz, gestos, cordialidade, afeto, olhar e, se possível, respiração, indo até a forma de pensar e de se vestir. Adote fielmente essa nova fisiologia, saia de seu lugar e transite por entre outras pessoas. Mantenha essas características por vinte minutos. Agora, escreva nas linhas a seguir como as pessoas o trataram, como você se sentiu e que resultados obteve.

Se você não percebeu nada de diferente, é porque não modelou com a intensidade nem a qualidade necessárias para produzir os resultados esperados. Assim, volte e repita o exercício com mais afinco.

## ALTERANDO A QUÍMICA DAS EMOÇÕES

### VÍCIOS QUÍMICOS E EMOCIONAIS

Muitas pessoas se perguntam por que vivem repetindo situações de tristeza e dor ao longo da vida, por que repetidamente se envolvem em discussões e conflitos. Perguntam-se ainda por que seus relacionamentos acabam sempre da mesma maneira e ao final lhes sobra o mesmo sentimento de dor, abandono ou traição.

Outras se perguntam: por que é sempre o mesmo tipo de pessoa que se aproxima de mim e sempre quer as mesmas coisas: tirar proveito de mim? Por que, após um período mais ou menos igual, eu perco meu trabalho e fico desempregado, passando pelas mesmas situações e dificuldades?

São inúmeros os padrões que repetimos durante a nossa existência, como se fossem maldições ou pragas que somos incapazes de quebrar ou desfazer. Algumas pessoas afirmam que estamos aqui para pagar os pecados e os erros de vidas passadas.

Com todo o respeito e amor, entendo de maneira diferente essa repetição de resultados. O que tenho mapeado e confirmado em milhares de clientes treinados no Método CIS® e assistidos com Coaching Integral Sistêmico® é que essas mesmas situações e esses mesmos sentimentos foram corriqueiros na infância delas.

E esses momentos foram tão fortes e repetidos que essas crianças se viciaram nas situações e/ou nos sentimentos provocados por eles e entraram na vida adulta atraindo e repetindo circunstâncias e sentimentos similares.[9]

Já ouvi depoimentos do tipo: "É terrível! Quando está tudo calmo, se alguém não criar confusão, sou eu que acabo sem querer criando momentos de tensão e discórdia". Ou: "Basta eu me apaixonar que deixo de dar atenção e valor à pessoa, e o relacionamento acaba sempre da mesma maneira. E, ao perder essa pessoa, sofro e me humilho, querendo-a de volta".

Nos dois exemplos, os sentimentos que estão sendo vivenciados são apenas a reprodução do que foi vivido na infância, seja o sentimento de raiva, no primeiro caso, seja o de abandono, no segundo.

---

9 Peço que interrompa agora a leitura e procure na internet o curta-metragem *Vida Maria*. Com ele você compreenderá melhor o que é repetição de padrão.

## EXERCÍCIO

Vasculhe sua vida e assinale as situações e os sentimentos negativos que sistematicamente voltam para lhe atormentar.

SITUAÇÕES

| | |
|---|---|
| Abandonar | Problemas de saúde |
| Acidente | Separação amorosa |
| Dificuldade financeira | Ser abandonado |
| Discórdia no lar | Ser enganado |
| Discórdia no trabalho | Ser humilhado |
| Humilhar | Ser roubado |
| Distúrbios alimentares | Ser traído |
| Perda de amigos | Trair |

SENTIMENTOS

| | |
|---|---|
| Angústia | Mágoa |
| Ansiedade | Medo |
| Culpa | Não merecimento |
| Frustração | Raiva |
| Inadequação | Remorso |
| Incapacidade | Ressentimento |
| Inferioridade | Solidão |
| Insegurança | Tristeza |

Agora, nas linhas em branco, escreva como essas situações e sentimentos negativos atormentam sua vida.

_____

_____

_____

_____

_____

_____

_____

_____

_____

_____

_____

Lembre-se de que nada é por acaso, muito menos coincidência. O padrão repetitivo de homens ou mulheres que você atrai produz na sua vida situações e sentimentos recorrentes. As amizades que você atrai também o levam a situações e sentimentos que sistematicamente se repetem.

Enquanto o que se repete for bom, deixemos como está. Se, porém, as situações e os sentimentos que se repetem ao longo da vida são verdadeiras "maldições" e fazem você sofrer, é chegada a hora de romper com esse padrão e se curar desse vício.

Alguém que não conhece ou não vive o conceito da autorresponsabilidade certamente culpará os "outros" por essas situações e esses sentimentos negativos que se repetem. No entanto, você já passou pelo capítulo da autorresponsabilidade e sabe que nada vai mudar em sua vida até que você mude.

Então, vamos entender mais desses vícios emocionais que se materializam de forma química no nosso organismo e, em seguida, aprender ferramentas para curar tanto o vício emocional como o químico.

## NEUROCIÊNCIA E OS VÍCIOS EMOCIONAIS

Vamos então mergulhar um pouco na neurociência para compreendermos como a mente funciona e assim eliminar esses vícios químicos por ela gerenciados.

O primeiro ponto a saber é que nosso sistema límbico é o responsável por nossas emoções e nossos sentimentos. Sem o bom funcionamento dele, não há inteligência emocional e muito menos uma vida equilibrada e de realizações.

Esse sistema é composto por amígdala, hipocampo, tálamo, hipotálamo, entre outros. Mas vamos dar neste momento uma atenção especial ao hipotálamo, que, apesar de ter o tamanho de uma amêndoa, tem importantes funções, como regular determinados processos metabólicos e outras atividades autônomas.

O hipotálamo e a hipófise controlam praticamente todo o funcionamento do corpo, desde a sensação da dor até pensamentos e sentimentos de tristeza e depressão, unindo o sistema nervoso ao sistema endócrino (hormonal).

Dessa maneira, a importância do hipotálamo cresce exponencialmente por regular as secreções neuro-hormonais da hipófise, que, no tocante ao que nos importa em relação às emoções, são responsáveis por agressividade, humor, sensação de prazer sexual, ansiedade, raiva, medo e qualquer outro sentimento.

Um fato de total importância para o Método CIS® e para os resultados humanos, até pouco tempo desconhecido do grande público, é que podemos interferir na secreção hormonal e neuro-hormonal usando apenas a nossa **comunicação**, e assim alterar nossas emoções e sentimentos – consequentemente modificando completamente a nossa matriz de formação de crenças e os resultados por ela produzidos.[10]

A cientista social Amy Cuddy, da Universidade de Harvard, demonstra em seus experimentos que ficar por apenas dois minutos na posição de poder comumente usada pela Mulher Maravilha – ombros abertos, cabeça apontando para o horizonte, mãos fechadas na cintura e pernas entreabertas – eleva o nível de testosterona em 20%. E, com a testosterona aumentada, a sensação de controle e domínio aumenta imediatamente. Como consequência do poder percebido, o nível de cortisol ou hormônio do estresse cai em aproximadamente 15%.

Para podermos interferir diretamente em nossos sentimentos e nossas emoções, vamos conhecer os neuropeptídios ou neurotransmissores secretados pela dobradinha hipotálamo/hipófise. De forma geral, neuro-hormônios são substâncias que levam informações das emoções humanas do cérebro para todo o corpo, fazendo um meio de comunicação do sistema nervoso até os neurorreceptores espalhados em cada parte específica do nosso organismo.

E o mais importante disso tudo é que para cada emoção existe uma combinação específica de neuropeptídios e hormônios. Quando estamos com raiva e prontos para brigar, as suprarrenais produzem a adrenalina, hormônio que nos

---

10 No meu livro *O poder da ação* dediquei um capítulo inteiro a como utilizar a comunicação para alterar nossos pensamentos, sentimentos e, consequentemente, a química do nosso organismo.

deixa preparados para a luta, com contração e explosão muscular aumentadas, ausência de dores no momento da descarga hormonal, aumento dos batimentos cardíacos e do nível de açúcar no sangue, sentidos aguçados e reflexo redobrado. **E tudo isso porque o corpo comunicou uma fisiologia de enfrentamento ou medo.** Assim, em frações de segundo, o corpo é inundado por uma química emocional que deixa todas as células do corpo prontas para o conflito.

As mesmas coisas acontecem no momento da sedução masculina ou feminina, quando hormônios e neuro-hormônios são secretados, alterando a química do corpo e deixando-o pronto química e emocionalmente para a consumação do ato sexual.

Mas o que dá início à produção desses hormônios e neuro-hormônios? O que faz a mente produzir os neuropeptídios e os muitos outros hormônios e seus neurorreceptores é justamente a **fisiologia corporal** (1º passo da matriz) e os **pensamentos** (2º passo da matriz). Isso mesmo: sua expressão facial, sua postura, sua voz, seus gestos, assim como as imagens internas acrescidas do diálogo interno, comandam o hipotálamo no direcionamento hormonal e neuro-hormonal.

Para cada comunicação e pensamento humano existe um correspondente químico. Se você faz cara de tensão, franze a testa, contrai a musculatura, respira de forma rápida e curta, mesmo que nada esteja acontecendo de fato, o corpo produzirá uma nova química.

Da mesma maneira, se em sua mente começam a trafegar imagens de ameaça, medo e angústia, mesmo que elas não estejam de fato acontecendo, toda a sua química corporal será alterada, preparando você para essa pseudorrealidade.

Provavelmente, nos dois exemplos citados, o organismo produzirá o hormônio adrenalina e o neurotransmissor cortisol. Entre outros, cortisol e adrenalina são produzidos em situações de tensão e estresse, deixando o indivíduo pronto para enfrentar ou fugir.

O problema acontece quando substâncias como essas – que em quantidade normal fazem bem e são indispensáveis ao funcionamento do corpo – passam a ser produzidas por muito tempo e em quantidades muito acima do necessário. Elas passam a intoxicar nosso corpo, começam a causar problemas emocionais/comportamentais e depois problemas físicos.

Ao ver um animal (inclusive o homem) se espreguiçando, fato que ocorre em especial pela manhã, entendemos que ele está colocando instintivamente na corrente sanguínea a química hormonal necessária para iniciar o dia. O ato de espreguiçar e contrair a musculatura coloca essas substâncias sob pressão na corrente sanguínea, amplificando e acelerando os resultados.

Esse processo traz a solução para vícios e repetições de padrões do passado: inundar sistematicamente o organismo com outro tipo de química hormonal, levando o corpo à abstinência dos vícios químicos do passado pela introdução consciente e profunda de uma nova química, baseada no coquetel da vitória: **endorfina, dopamina, serotonina** e suas variantes.

Esses três neuropeptídios ou neuro-hormônios fazem parte de um complexo sistema químico que controla boa parte da *psique* humana, como também atividades fundamentais do corpo. Vamos, então, entender cada um desses neuro-hormônios e o que podemos fazer para, deliberada e intencionalmente, abastecer nosso organismo com eles e usufruir os benefícios que podem nos dar.

### 1. ENDORFINA

O termo endorfina é a união de duas palavras: **morfina**, que é um analgésico, e **endo**, que quer dizer de dentro, ou seja, analgesia que vem de dentro do próprio corpo. A endorfina é um neurotransmissor que ativa os processos neurais, leva essas informações a todo o corpo e as conecta aos neurorreceptores.

A endorfina é produzida principalmente em resposta à atividade física e sexual. Os benefícios primários ao ter o corpo abastecido por essa substância é a sensação de relaxamento e de prazer, além de outros ganhos que relaciono a seguir:

- Melhora a memória;
- Melhora o bom humor;
- Aumenta a resistência física e mental;
- Melhora o sistema imunológico;
- Bloqueia as lesões nos vasos sanguíneos;
- Age no antienvelhecimento, pois remove radicais livres;
- Elimina ou reduz depressão e ansiedade.

Agora, vamos aprender como produzir endorfina em nosso cérebro de maneira rápida e consistente. A primeira forma é a exógena, como atividade física, sexo sem culpa e principalmente o orgasmo. O consumo moderado de alguns alimentos, como café, chocolate e pimenta, também estimula a produção e a liberação da endorfina.

Porém, não é difundido que mente e corpo fazem parte do mesmo sistema cibernético e que uma **comunicação** corporal de alegria e prazer (independentemente da circunstância vivida) ativa a produção desse neurotransmissor. Através da corrente sanguínea, conseguimos conectá-lo a todas as células do corpo que possuem os neurorreceptores específicos.

Simplificando, podemos ativar a produção desse neurotransmissor apenas com os exercícios comunicativos neuroemocionais citados neste capítulo. Com a prática regular e rotineira desses exercícios, mudaremos nossa química corriqueira que correspondia a comportamentos, pensamentos e sentimentos do passado. Assim, curaremos nossos vícios e não seremos mais impelidos a criar situações que nos farão reviver sentimentos negativos.

Reafirmo e ratifico: toda essa explicação científica foi para mostrar que você pode exercer o livre-arbítrio e executar uma rotina de exercícios neurais que o libertarão das limitações do passado e o conduzirão aos seus objetivos. Faça-os e sinta imediatamente os resultados.

## 2. DOPAMINA

É outro neurotransmissor muito importante e tem como função a atividade estimulante do sistema nervoso central. Cientistas descobriram que o sentimento de amor está diretamente relacionado a partes do cérebro que são "encharcadas" de receptores de dopamina, e altas quantidades de dopamina estão também ligadas a um aumento de energia e sensação de felicidade.

Já a falta dessa substância está diretamente ligada ao Mal de Parkinson, à esquizofrenia e à depressão, como também à dependência de jogos, compulsão por sexo e vício em álcool e outras drogas. Então, se pudermos ativar a produção desse neuro-hormônio, muitos de nossos problemas diminuirão ou mesmo desaparecerão, como os citados.

Diferentemente da endorfina, a dopamina tem sua produção estimulada pela manifestação de amor, seja com gestos, palavras ou ações. Como já conhecemos a matriz de mudança de crença, sabemos que tudo se inicia na **comunicação**, que nos faz **pensar** para em seguida nos fazer **sentir**. E é justamente o **sentimento** de amor o grande estimulante da produção de dopamina.

Você já deve ter visto pessoas depressivas voltarem a viver depois de se apaixonarem ou idosos rejuvenescerem com o nascimento de netos e, com eles, um amor sem precedente. Ainda neste capítulo você terá um programa de exercícios diários que estimularão a produção de dopamina.

## 3. SEROTONINA

Esse neurotransmissor, quando usado nos seus níveis normais, dá autopercepção e capacidade de entender as circunstâncias ambientais, para que nos coloquemos diante delas de forma adequada.

Mas não é por causa dessas atividades que a serotonina é conhecida. Sua fama se dá porque, quando em quantidades insuficientes, ela é responsável por patologias como ansiedade, síndromes do pânico, deficit de atenção, hiperatividade, depressão, obesidade, enxaqueca, esquizofrenia, entre outras.

Diferentemente dos neurotransmissores já estudados, a baixa produtividade da serotonina no sistema nervoso central (SNC) é acentuada em pessoas carentes, solitárias e que não se sentem amadas. A forma de combater baixos níveis de serotonina é a ingestão de alimentos ricos em triptofano, como banana, tomate e chocolate. Fazer sexo e tomar sol também são atividades que estimulam a produção de serotonina.

Assim, se você possui alguém em seu meio com alguma dessas patologias, a melhor coisa que pode fazer é criar meios, comportamentos e circunstâncias para que ela se sinta amada e amparada. Podemos combater depressão, síndrome do pânico e alterações no humor através de antidepressivos. Porém, o que a maioria desses remédios faz é estimular artificialmente a disponibilidade dessa substância nas sinapses neurais, eliminando essa tarefa do hipotálamo, deixando-o dependente dessas drogas para produzir as substâncias até então de sua responsabilidade.

Com o tempo, o usuário de remédio estará possivelmente viciado e incapaz de se autossustentar. Para a produção equilibrada desse neurotransmissor, além do consumo dos alimentos ricos em triptofano, é fundamental dar a outras pessoas o afeto que se espera receber.

Muitas vezes, essa é uma tarefa quase impossível para quem não recebeu amor na infância. Esteja aberto para receber de volta o carinho e o afeto. Sinta que você merece esse amor. Assim, você manterá esse estado, possibilitando que a cura e a produção cerebral de serotonina sejam restabelecidas em níveis adequados.

Como já vimos, para cada fisiologia ou comunicação do nosso corpo, de alegria, tristeza, depressão, vitória, conquista, dor, perda ou qualquer outra, existe uma combinação específica de neurotransmissores que são produzidos e liberados na corrente sanguínea, que nos capacitarão a enfrentar essas circunstâncias. Seja como for, podemos deliberadamente estimular nosso hipotálamo e áreas adjacentes a produzir o coquetel da vitória física e emocional, que são **endorfina, dopamina e serotonina**. Os exercícios que seguem fazem parte desse plano deliberado que você porá em prática para refazer a química do seu corpo e com ela multiplicar seus resultados em todas as áreas de sua vida.

## PROGRAMA DE EXERCÍCIOS DIÁRIOS PARA ELIMINAÇÃO DOS VÍCIOS DO PASSADO

### 1º. Ritual do acordar (assim que despertar)

1. Espreguiçar-se com força e sorrir com intensidade três vezes (ainda na cama).

2. Brado de vitória também na cama três vezes.

3. Depois de levantar da cama, de frente ao espelho, profetizar em voz firme e vibrante as vitórias que terá nesse dia.

4. Ao se arrumar para sair de casa, na janela ou no trajeto para o trabalho, proferir em voz alta quarenta motivos de gratidão.[11] Repita para cada gratidão a fala: "Sou grato por...".

Este exercício em muitos casos é o mais poderoso de todos, primeiro pela disposição orgânica do início da manhã, depois pela introdução das substâncias peptídicas sob pressão na corrente sanguínea.

## 2º. Ativação do estado de recurso

Comunicar vitória com entusiasmo, como se estivesse comemorando o gol do seu time ou como se tivesse acabado de receber uma notícia muito, muito boa. Esse exercício deve ser feito de três a cinco vezes ao dia com muito entusiasmo.[12]

Observação: é de vital importância que exista a manifestação verbal e física neste exercício. Quanto mais entusiasmo você usar para fazê-lo, mais perto da produção da betaendorfina você estará. Lembrando que a betaendorfina é a mais poderosa variação da endorfina.

## 3º. Abraço de 40 segundos

Este exercício consiste em dar um abraço respeitoso, assexuado e de entrega total. Importante que esse abraço seja dado pelo menos uma vez ao dia, inicialmente em pessoas com laços consanguíneos ou familiares.

No início, você, como doador do abraço, talvez não esteja acostumado a comunicar amor dessa maneira tão explícita, ou talvez a pessoa que recebe não esteja acostumada a ser amada dessa maneira. Se esse for o seu caso, comece abraçando por dez segundos e depois amplie para vinte segundos, chegando

---

11 Shawn Achor, Robert Emmons e vários outros pesquisadores mostram que pessoas gratas são mais energizadas, emocionalmente inteligentes, tolerantes e menos propensas à depressão, ansiedade ou solidão. Pessoas que, por apenas algumas semanas, treinaram para serem mais gratas se tornaram mais felizes, mais otimistas, passaram a ter um sono de mais qualidade e menos dores de cabeça.

12 Aqui nos detivemos ao estado de recurso de vitória, mas no livro *O poder da ação* você verá de forma detalhada como ativar o estado de recurso necessário para cada momento.

a trinta segundos, até que você conquiste os quarenta segundos de um abraço sem risos, sem brincadeiras e sem subterfúgios, onde doador e receptor possam em silêncio comunicar e sentir o que estão fazendo.

Este exercício é fundamental para combater os males provocados pela baixa produção de serotonina.

### 4º. Validação 5/5

Este exercício consiste em elogiar pessoas que façam parte do seu ambiente pessoal/familiar e do ambiente profissional. Para que seja válido e produtivo, deve ser feito com respeito e sem brincadeiras. Olhe nos olhos dessa pessoa e teça um elogio puro e simples. Qualquer pessoa tem algo a ser elogiado, mesmo que sua relação com ela esteja abalada.

O termo 5/5 significa que diariamente você elogiará cinco pessoas no ambiente familiar e cinco no ambiente profissional. Esteja atento: quanto mais difícil for elogiar, maior será o seu ganho neural ao fazê-lo e também maior é a sua necessidade. Este exercício tem ação direta na produção de serotonina e endorfina.

A minha experiência com milhares de pessoas mostra que rapidamente você estará apto a diminuir, sob a orientação do seu médico, as drogas para regular humor, combater depressão, síndromes e outros males causados pela falta desses neurotransmissores. Porém, você não deve reduzir ou alterar nenhum medicamento ou droga sem a orientação do seu médico.

Se o seu caso não é dessa ordem, mas, sim, de superação de limites pessoais, eu garanto que, compreendendo este livro, sobretudo este capítulo, e colocando estes exercícios em prática, você terá conquistas imediatas em seu comportamento, sua atitude e seus resultados.

## CONCEITOS UNIVERSAIS

A vontade de se preparar deve ser sempre maior que a vontade de vencer. E, para vencer, devemos pagar o preço.

Ao longo dos meus quase vinte anos de vivência como instrutor e coach, conheci muitas pessoas que buscam sucesso fácil, esperam vitória sem esforço ou dedicação. São pessoas que desejam um comprimido milagroso, que, ao engoli-lo, terão todos os seus sonhos realizados. Esperam fazer meus cursos ou processos de coaching e ter a vida transformada sem terem de se esforçar para isso, como aqueles que tomam esteroides e hormônios para ficarem mais fortes porque não querem levantar tanto peso ou treinar mais arduamente.

Lembro que, quando eu tinha 25 anos, estava na academia fazendo musculação havia mais de dois anos, já estava bem forte e até satisfeito. Em um mês de outubro conheci o Albano (vamos chamá-lo assim), um contador recém-separado, louco para ficar forte e curtir o seu primeiro Carnaval solteiro.

Quando ele iniciou a musculação, era magro, realmente magro. Para minha surpresa, em menos de quatro meses ele já estava bem mais forte do que eu e com pelo menos oito quilos de músculos a mais do que quando começou em outubro. E ele realmente teve o Carnaval dos seus sonhos, em uma praia paradisíaca no Nordeste.

Meu encontro seguinte com o Albano foi no hospital. Ele estava com um problema grave no fígado e nos pâncreas, levou meses para se recuperar.

Vejo muitas pessoas ávidas por sucesso, mas nada dispostas a se preparar para atingir os seus sonhos e seus objetivos, seja lendo, estudando, pesquisando sobre o que desejam, seja se dedicando e trafegando o árduo caminho do sucesso. O fato é que essas pessoas não estão dispostas a pagar o preço do tempo, da dedicação e do esforço para realizar suas metas e seus objetivos. Buscam eternamente um atalho para o sucesso; entretanto, se atalho fosse bom, seria o próprio caminho.

Em inúmeras palestras e seminários que ministro a professores e alunos nas universidades, percebo com clareza que o que impera são alunos que buscam o diploma e nem um pouco interessados em adquirir conhecimento. Nas empresas, vejo funcionários interessados nos seus salários e muito pouco em produzir resultados. Nos casamentos, maridos querendo sexo e nada preocupados em serem românticos e conquistadores com suas esposas. Vemos pessoas falando em ter saúde, mas se entupindo de carne vermelha, frituras, gorduras e açúcar.

Pais querem filhos saudáveis física, emocional e espiritualmente mas não fazem nada de efetivo para moldar esses filhos. Lembre-se: a vontade de se preparar deve ser sempre maior que a vontade de vencer. Quando eu de fato decidi ter uma saúde acima da média, a primeira coisa que fiz foi me preparar.

Busquei uma nutricionista, livros, revistas especializadas e cursos. Sabia o que estava fazendo, sentia-me de fato preparado e tecnicamente pronto.

O segundo passo foi pagar o preço. Isso mesmo: o sucesso tem um preço. Ter uma saúde acima da média tem um preço. Para ser promovido na empresa, existe um preço de sacrifício e preparação. Para ser um pai capaz e efetivo, existe um preço de dedicação e abdicação. Ser um marido ou esposa de valor tem um preço, e assim por diante.

No meu caso, eu estou disposto a pagar o preço para ter uma saúde acima da média, uma saúde que me capacite a chegar aos 90 anos, ativo e feliz, correndo e nadando com meus netos e bisnetos, passeando, curtindo a vida com bastante intensidade junto à minha esposa. Então mudei radicalmente minha forma de me alimentar. Passei a comer mais frutas, verduras, legumes, raízes, ovos de galinha, nozes e cereais.

Que maravilha, emagreci 14 quilos em 90 dias! Passei a fazer o que pensei não ser mais capaz. Não tive mais resfriados, dores nas articulações. Minha disposição e vigor físico e emocional dobraram. Foi como se eu estivesse me abastecendo com uma gasolina com altíssima octanagem.

Quando estou na mesa com amigos e eles comem picanhas e lasanhas, eles olham para mim e dizem: "Paulo, isso não é vida. Para que esse exagero? Para que esse radicalismo?." Calmo, eu respondo: "Isto não é um sacrifício para mim. É apenas uma troca: troco o prazer imediato e passageiro de uma picanha gordurosa por uma qualidade de vida melhor e infinitamente superior à sua qualidade de vida daqui a alguns poucos anos", continuo. "Daqui a cinco ou oito anos você me dirá se valeu a pena eu pagar esse preço ou não."

**Em resumo:** se quer algo de valor na vida, busque conhecimento, preparação e dedicação. Não seja infantil e tolo para mergulhar em um mar revolto sem estar preparado para isso. Estude, leia, converse com quem entende do assunto e quem já experimentou. Depois que estiver preparado e certo do que quer, vá em frente e pague o preço. Pague com determinação e ousadia.

Seja radical na sua investida: muitos vão desmotivá-lo e até tentar sabotar seus planos. Vá nessa nova jornada, sistemática e responsavelmente acompanhando os resultados. Se o que você faz não produz o esperado, faça as mudanças e as correções de rumo necessárias. Entretanto, não esmoreça, não vá para o rol dos desistentes, não seja mais um a começar e não terminar. Cada vez mais são poucas as pessoas que fracassam, e incontáveis as que desistem antes da chegada.

No capítulo sobre autorresponsabilidade me esforcei para incutir-lhe uma nova crença a respeito de que tudo está no seu comando; que você tem o livre-arbítrio e deve usá-lo de forma responsável.

Se você tiver compreendido e internalizado esse conceito/crença através da leitura do livro e da prática das sete leis para a conquista da autorresponsabilidade, terá interferido na sua comunicação verbal e na sua fisiologia. Com certeza também interferiu nas suas crenças de capacidade, fazendo com que sua vida seja redirecionada imediatamente para felicidade, conquistas e realizações.

Vimos no capítulo sobre o poder da fisiologia que, com apenas um sorriso ou uma postura erguida, interferimos em nossos resultados. Vimos que um simples exercício matinal influencia na sua química orgânica e no seu estado de espírito.

Use a autorresponsabilidade como quem usa dignamente o livre-arbítrio que Deus nos tem dado e pratique a fisiologia de sucesso com persistência para que ela vire um hábito. Afinal:

> *"Por que continuar sendo a mesma pessoa de sempre, se pode ser alguém muito melhor?"*
>
> (Richard Bandler)

# PALAVRAS: PODER DE VIDA E MORTE

## O PODER PROFÉTICO DAS PALAVRAS

"A morte e a vida estão no poder da língua; e aquele que a ama comerá do seu fruto."

(Provérbios 18:21)

"Todos tropeçamos em muitas coisas. Se alguém não tropeçar no falar, será homem perfeito e honrado, capaz de controlar todo o seu corpo. Ora, quando pomos freios na boca do cavalo para nos obedecer, controlamos e dirigimos todo o seu corpo. Observe igualmente os navios que, apesar de serem tão grandes e batidos por fortes ventos, são dirigidos para onde queira o impulso do timoneiro em pequeninos lemes.

"Assim também a língua, pequeno órgão, gaba-se de grandes coisas. Observe como uma fagulha incendeia tão grande floresta! Ora, a língua é fogo; pode ser um mundo de maldade; a língua está situada entre os membros do nosso corpo e contamina o corpo inteiro, não só pondo em chamas toda a história da existência humana, mas também sendo posta em chamas pelo inferno.

"Pois toda espécie de feras, aves, répteis e seres marinhos se doma e tem sido domada pelo ser humano.

> *"A língua, porém, nenhum dos homens é capaz de domá-la completamente; é mal incontido, carregado de veneno mortífero. Com a língua, bendizemos a Deus; também com ela amaldiçoamos os homens, feitos à semelhança de Deus. De uma só boca procedem bênção e maldição. Meus irmãos, não é conveniente que essas coisas sejam assim.*
>
> *"Acaso pode a fonte jorrar do mesmo lugar o que é doce e o que é amargo? Acaso, meus irmãos, pode a figueira produzir azeitonas ou a videira produzir figos? Tampouco fonte de água salgada pode dar água doce.".*

Este texto bíblico foi escrito há cerca de 2 mil anos por Tiago, apóstolo e irmão de Jesus Cristo. Ele retrata o poder atômico das palavras – e quando falo atômico afirmo que a palavra dita tem poder sobre a matéria, criando a realidade reinante.

As palavras podem ser usadas para o bem e para o mal, para abençoar e amaldiçoar. Infelizmente a raça humana as tem usado de forma imprudente e inconsequente, muitas vezes transformando-as em verdadeiras e poderosas armas do mal.

Neste capítulo, você é convidado não apenas a silenciar as palavras torpes e inconsequentes, mas principalmente a substituí-las por palavras geradoras de vida.

Vamos a uma reflexão: o que tem saído de sua boca? Quais são as palavras que você mais profere? Qual a qualidade delas? Você fala palavrões? Você costuma xingar, mesmo que por brincadeira? Você faz piadas repetidas com circunstâncias negativas de sua vida? Acredite, a vida que você leva é diretamente proporcional às palavras que você profere, independentemente da sua intenção. Existe um pressuposto que diz que **as palavras são estruturantes**, ou seja, elas estruturam a realidade.

Vamos relembrar a matriz ativa de formação de mudanças. Quando as palavras são **comunicadas (1)** com vigor e repetidamente, elas criarão uma realidade. Com repetição e insistência, a palavra comunicada produz **pensamentos (2)** em forma de imagens internas e diálogos mentais. Depois de a palavra ter sido comunicada e pensada, é produzido o **sentimento (3)** proporcional e decorrente dela. E, como sabemos, todo sentimento perpetuado por comunicação e pensamentos se transforma em uma **crença (4)**.

Cabuuum! Toda crença é autorrealizável, e com ela a realidade se estrutura de forma prática em nosso mundo. Palavras possuem uma carga energética tão poderosa que, se as pessoas tivessem o mínimo de noção, estariam atentas para as brincadeiras verbais mais inocentes.

Palavras são como setas que não voltam depois que foram lançadas, mas podem ser anuladas (se há tempo) quando se lançam palavras novas e engrandecedoras.

Por isso, cuidado com a imprudência verbal!

Todo ser humano tem uma forma particular de falar e prefere certos tipos de palavras e expressões a outros. Entretanto, as pessoas não costumam se dar conta da qualidade de suas falas por não saberem que elas produzirão obrigatoriamente algum fruto, bom ou mau.

Assim, pergunto mais uma vez: qual é a qualidade das palavras que você profere no dia a dia? São boas? São construtoras de uma realidade de felicidade e sucesso? E se você perguntasse a seus colegas de trabalho, eles confirmariam? E com seus familiares, como é a qualidade das palavras ditas por você? Quais são suas declarações rotineiras?

Existem algumas pessoas que escolhem uma área da vida para despejar uma torrente destruidora de palavras negativas. No trabalho, são um exemplo vivo de otimismo e motivação, de suas bocas só saem palavras engrandecedoras e construtivas (criam, desse modo, carreiras maravilhosas no contexto profissional). Já em casa, essa mesma pessoa é o oposto, sempre reclama, critica, cobra e usa as palavras de maneira destrutiva e empobrecedora no contexto de relacionamentos familiares e vida pessoal. Por isso, essas pessoas se dão tão bem no trabalho e tão mal na família.

É claro que o contrário também acontece: pessoas abençoam seu lar com palavras nobres, construtivas e amorosas e destroem sua vida profissional – não porque não tivessem competência técnica, mas por falta de habilidade (emocional) com as palavras no contexto profissional.

Pessoas despreparadas emocionalmente destroem com suas palavras todos os pilares que sustentam sua vida, maldizem os filhos, resmungam a respeito da própria saúde, criticam e julgam parentes e amigos ou ainda se lamentam a respeito de sua condição financeira e carreira profissional. Por fim, blasfemam até contra Deus, dizendo frases do tipo: "Devo ter jogado pedra na cruz". Em quais áreas de sua vida você tem sido imprudente com as palavras?

## EXERCÍCIO

Correlacione a atitude verbal negativa no lado esquerdo com a área de sua vida que tem sentido o efeito nocivo dessa atitude negativa. Em que áreas de sua vida você profere as palavras e as atitudes destruidoras relacionadas a seguir?

| DECLARAÇÃO VERBAL | ÁREA DA VIDA |
|---|---|
| Dificuldade | _____ |
| Crise | _____ |
| Problemas | _____ |
| Violência | _____ |
| Traição | _____ |
| Ódio | _____ |
| Mágoa | _____ |
| Tristeza | _____ |
| Desesperança | _____ |

Tornar-se consciente de falhas e erros é o primeiro passo rumo às mudanças. Assim, depois de você ter feito esse exercício de autoconhecimento, estará mais perto das mudanças que almeja. Caso se julgue muito bom nesse quesito, nada melhor do que pedir *feedback* às pessoas mais próximas de você. Talvez descubra que suas palavras não são tão producentes como acredita.

## PALAVRÕES

A Bíblia, para muitos, é um livro sagrado e inspirado por Deus; para outros, é apenas um livro de sabedoria. Onde quer que você se enquadre, este texto foi extraído do livro de Efésios 5:3-4:

> *"Mas a sujeira e toda a sorte de impurezas ou cobiça nem sequer falem entre vós, como convém àqueles que são diferentes dos impuros e pecadores; nem conversas desonestas e obscenas, nem palavras vãs ou chocarrices, coisas essas inconvenientes; antes, pelo contrário, dê ações de graças."*

Essa visão bíblica é confirmada pelo pressuposto de que **todas as palavras são estruturantes**. Como já sabemos, cada palavra dita gera em nossa mente uma representação interna (pensamentos). Se falo a palavra "merda" com frequência, em minha mente será criado e fixado o equivalente a essa palavra, ou seja, vai passar a existir uma representação interna do que eu digo.

Toda representação interna atrai uma experiência externa e real e, à medida que repito essa palavra, minha mente fixa em meus pensamentos essas imagens, ideias e sentimentos, tornando-os parte da minha vida e dos meus resultados.

Já sabemos a consequência dessa atitude verbal: toda representação interna muito repetida tem grande probabilidade de se tornar uma crença – e, depois que uma crença é instalada, ela acontecerá na nossa vida, no plano real. Dessa maneira, alguma área da vida desse imprudente verbal estará uma verdadeira "merda", e com certeza ele se perguntará por que isso acontece.

A resposta é clara e simples: por sua ignorância linguística, por não conhecer como seu sistema límbico funciona e como ele processa suas comunicações. Então, pare de uma vez por todas de falar palavrões, palavras obscenas e bobagens "despretensiosas", pois, quaisquer que sejam as palavras, elas criam a realidade.

Se for comum falar palavrões e palavras obscenas na sua empresa ou na sua casa, se todos que o rodeiam falam, esta é uma boa oportunidade de se diferenciar dos demais, ser positivamente diferente, ser um influenciador positivo no seu meio.

Não seja, entretanto, aquele chato que observa e critica a maneira de os outros falarem, não seja aquele que não deixa passar o menor deslize verbal. Pelo contrário: seja um exemplo silencioso, que através das suas mudanças é capaz de mudar tudo ao seu redor, que através de seu silêncio sábio faz a diferença no mundo.

## CANTIGAS DE NINAR OU DE ATERRORIZAR?

Muitas pessoas têm se perguntado qual a origem da baixa autoestima dos brasileiros. Por que tudo o que vem de fora é visto como melhor que o nosso? Por que olhamos com tanto encantamento os feitos dos outros e muitas vezes nos sentimos tão inferiores e não valorizamos os nossos? Afinal, por que tamanha baixa autoestima de um povo com tantas possibilidades e riquezas naturais?

A resposta primal para essas perguntas está na autoimagem do brasileiro, na maneira através da qual ele se vê e se percebe. Afinal, se vejo valor e mérito em mim, agirei de forma grandiosa e honrada. Se vejo em mim incapacidade e falta de valor, agirei de maneira vulgar e medíocre.

Como nada na vida é por acaso, repito uma passagem bíblica que diz: "A *boca fala do que o coração está cheio*". Traduzindo, minhas palavras retratam minhas crenças. O ser humano fala do que já existe dentro dele. Pessoas com crenças de vitória e felicidade vão proferir palavras de vitória e felicidade, o contrário também é verdade.

Quando olhamos para as músicas de ninar reinantes há centenas de anos no Brasil, temos uma ideia de como são as crenças dos brasileiros no que se refere a criação de filhos e autoestima. Vejamos algumas:

> "*Dorme, neném, que a cuca vem pegar, papai foi pra roça, mamãe foi trabalhar...*"

Ou seja, a criança certamente fechará os olhos, com medo, é claro, e acabará dormindo – afinal, as palavras reinantes nessa cantiga de ninar são o **abandono e a traição**, uma vez que o papai foi para a roça, a mamãe foi trabalhar e a criança está entregue ao azar e às mãos da cuca, que vai pegá-la.

> "*Boooooi, booooooi, booooooi... Boooooi da cara preta, pega essa menina que tem medo de careta!*"

Imagine a representação interna que essa criança vai formar em sua mente: um boi, com chifres grandes, com cara preta e assustadora. Mais uma vez ela vai fechar os olhos de medo e logo dormirá. Os pais terão conquistado seu objetivo, mas com efeitos colaterais.

Nessa "ingênua" música, a palavra reinante é apenas o **medo do abandono**. Afinal, não é apenas um boi, devem ser no mínimo três. Como se não bastasse, quem está cantando a melodia de terror e ordenando ao boi para pegar a criança? E, afinal de contas, qual criança não tem medo de uma careta de boi?

A meu ver, uma das piores cantigas de ninar é esta:

*"A canoa virou, foi deixada virar, foi por causa do Fulaninho que não soube remar. Se eu fosse um peixinho e soubesse nadar, eu tirava o Fulaninho do fundo do mar."*

Percebeu o que vai acontecer com essa criança? Como a mãe do Fulaninho não é um peixinho, ele vai morrer afogado e abandonado pelo cantor da música, que em geral é a mãe ou quem faz a função dela. Mais uma vez, não resta alternativa para a criança que não seja fechar os olhos e, em pânico, dormir.

A tortura emocional recheada de mensagens subliminarmente negativas continua na segunda infância, por meio das cantigas de roda:

*"Ciranda, cirandinha, vamos todos cirandar [...]. O anel que tu me deste era vidro e se quebrou. O amor que tu me tinhas era pouco e se acabou!"*

Sinceramente, é essa a realidade que você quer criar para seus filhos? São essas as mensagens que você quer que eles absorvam ao longo do tempo? Afinal, a repetição dessas músicas gerará representações internas poderosas que vão gerar crenças negativas e limitantes ao longo do tempo e que se manifestarão a partir da infância e da juventude, tornando-se mais forte na fase adulta. Que tal esta?

*"O cravo brigou com a rosa [...] O cravo saiu ferido e a rosa, despetalada!..."*

Esta outra música mais parece uma história de terror e suspense:

*"Vem cá, Bitu, vem cá, Bitu [...]. Não vou lá, não vou lá, não vou lá, tenho medo de apanhar..."*

Na música "Atirei o pau no gato", não sei se é pior o exemplo da agressão ao pobre gato ou a falha da criança por não conseguir matá-lo, mesmo jogando um pau nele.

Talvez você pense: quando a criança é de colo e não sabe falar, ela só entende a melodia, as palavras destruidoras e negativas passam despercebidas.

É verdade. No entanto, nós, seres humanos, fomos equipados com um supercomputador biológico chamado cérebro, capaz de guardar cada palavra ouvida, cada sensação sentida como se fossem sementes não fecundadas. Quando essa criança adquire discernimento e intelectualidade, aquelas palavras ditas na mais tenra idade vão, inconscientemente, produzir representações internas para depois gerar frutos e efeitos ao longo da vida.

Tudo o que falamos para nossas crianças gera um resultado e um efeito na vida delas, mais cedo ou mais tarde. Então, por que não falar palavras engrandecedoras e cantar músicas que construam, que edifiquem, em vez dessas músicas limitantes e enfraquecedoras tão comuns até hoje? Vamos falar, cantar e declarar conteúdos que gerem representações internas fortalecedoras não apenas para nossas crianças, mas também para nós e para todos os que nos cercam. Vamos mudar o mundo ao nosso redor com nossas palavras e nossas atitudes!

Outro fato que observamos com esse tipo de declaração musical é que elas apenas comprova a forma como fomos criados. Se prestarmos atenção às cantigas e às músicas aparentemente inocentes, perceberemos que elas contêm cinco mensagens principais: **culpa, crítica, medo, acusação e abandono**. E são esses cinco fatores os principais destruidores da autoestima e da inteligência emocional das crianças, que se manifestam com sutileza na fase adulta.

Certamente hoje ninguém canta músicas de ninar ou cantigas de roda para você dormir, mas esta é a sua oportunidade de não usar mais essas músicas destruidoras com seus filhos, sobrinhos e netos. É uma forma de investir no futuro da estrutura emocional de sua família e uma maneira de perceber o tão grande poder que as palavras têm, mesmo disfarçadas em inocentes músicas de ninar.

Por isso, a partir de agora, seja mais autorresponsável, fique atento e alerta ao conteúdo das músicas que ouve, sejam quais forem. Filtre e evite as de mensagem limitante, pessimista, depressiva ou negativa. Lembre-se: nós criamos representações internas (imagens e diálogos internos) para tudo que pensamos, ouvimos e vemos. Se o que chega até nós é de má qualidade, o que sai de nós também será.

## PALAVRAS GENERALIZADORAS E EXPRESSÕES POPULARES LIMITANTES

Assim como as cantigas de ninar, que, mesmo com seu conteúdo negativo, são passadas de geração a geração, de pai para filho, existem muitas expressões populares também limitantes que, se repetidas com frequência, produzirão crenças e resultados terríveis.

Escrevo a seguir uma lista de expressões populares limitantes frequentes, e peço que assinale aquelas que você tem o hábito, por menor que seja, de falar. Marque também as que você não fala, mas com as quais concorda e se identifica. Nas linhas que se seguem, escreva alguma expressão limitante que não está na lista, mas que você usa ou com a qual se identifica.

- A água só corre para o mar.
- Filho de peixe, peixinho é.
- Sou batalhador.
- Sou um guerreiro.
- Sou um lutador.
- Pau que nasce torto morre torto.
- Quem tem personalidade não muda de ideia.
- Dinheiro é sujo.
- É mais fácil um camelo passar pelo buraco de uma agulha do que um rico entrar no reino dos céus.
- Sexo é pecado e é obsceno.
- Quem ama demais sofre.
- Muito riso, pouco siso.
- Essas coisas só acontecem comigo.
- Devo ter jogado pedra na cruz, tudo dá errado comigo.
- Que droga...
- Que merda, tinha que ser comigo mesmo.
- Quer ser feliz? Então não case!

- Se algo pode dar errado, certamente dará errado.
- Meu patrão é o que existe de pior.
- Filho é só preocupação e dor de cabeça.
- O que é que me falta acontecer agora?
- Está como Deus quer... (E faz uma fisiologia de tristeza.)
- Pagando as contas, já me dou por feliz.
- Fulano só chegou onde chegou porque...
- Dinheiro na mão é vendaval.
- Homem que é homem não chora.
- Os homens são todos iguais, só muda o endereço.
- Comigo é tudo ou nada.
- Ou é calça de veludo ou bunda de fora.
- Patrões são todos iguais, só querem explorar seus funcionários.
- Não existem funcionários dedicados hoje em dia.
- As mulheres hoje não querem nada sério.
- Família só dá dor de cabeça.
- Ganhar dinheiro está cada vez mais difícil.
- O mundo é injusto.
- A violência está em todo lugar.
- _____
- _____
- _____

Perceba que essas máximas populares são generalizadoras, elas nos passam mensagens de impossibilidade de mudanças e de perpetuação da mesma situação. É importante estarmos também atentos às nossas máximas pessoais negativas, aquelas frases que repetimos com muita frequência, muitas vezes em tom de brincadeira, conselho ou lamentação.

As palavras não voltam vazias e, apesar de parecerem inofensivas, produzirão mensagens subliminares extremamente negativas que atingirão seu hemisfério direito do cérebro, produzindo crenças e resultados também limitantes e destruidores.

Como já vimos várias vezes, faço questão de frisar que **palavras/ comunicação (1)** geram **pensamentos (2)**, que por sua vez geram **sentimentos (3)**, para enfim estabelecerem nossas **crenças (4)** e a vida que levamos. Repito: palavras e expressões negativas muitas vezes são travestidas de brincadeiras, ironia ou deboche, ou ainda acompanhadas de uma fisiologia negativa, de raiva, desesperança ou de tristeza. Seja como for, cuidado para não usar essas expressões sob algum pretexto.

A linguagem falada de um povo retrata a cultura, as aspirações, os potenciais e as possibilidades da massa, da média de todas essas pessoas. Se você se sente confortável vivendo como a massa populacional vive, ótimo, basta ser do jeito que ela é, falar do jeito que ela fala. Caso queira mais de si e da vida, seja verbalmente prudente, uma pessoa capaz de construir um mundo novo ao seu redor por meio de suas palavras, sua fisiologia, seus comportamentos e suas atitudes.

## PALAVRAS QUANTIFICADORAS

Falamos milhares de palavras por dia sem nos dar conta do seu efeito e poder de programação em nossa mente e nossa vida. Não nos damos conta de que toda palavra proferida cria e estrutura uma realidade. Esquecemos que palavras têm poder e não voltam vazias.

Dessa forma, o gênero humano continua se amaldiçoando com outra classe extremamente prejudicial de palavras: os quantificadores universais.

Vamos primeiro conhecer quais são as palavras quantificadoras: **tudo, todos, nada, nunca, ninguém, nenhum, sempre, jamais, só.**

Essas palavras são conhecidas como palavras supergeneralizadoras. Quando as usamos, costumamos esquecer as exceções e limitamos nossas possibilidades.

Quando bem empregadas, ótimo. Por exemplo: todos os professores dessa universidade têm mestrado. Se essa afirmação é verdadeira, o quantificador "todos" foi bem empregado. Se, porém, digo que todos os professores dessa faculdade estão insatisfeitos com o trabalho, estou generalizando, e provavelmente isso não é verdadeiro. Quando digo que homem **nenhum** é fiel ou que **todos** os empregados são preguiçosos, estou supergeneralizando e limitando as minhas possibilidades.

É muito fácil perceber as diferenças entre as pessoas de sucesso e as de fracasso. Basta observar suas falas. As pessoas de sucesso raramente usam palavras limitantes e generalizadoras. Já as frustradas, rancorosas ou sem esperança fazem desse tipo de palavras sua regra verbal.

Estive com um jovem engenheiro carioca recém-formado, uma pessoa de elevadíssimo QI, ganhador de prêmios internacionais durante a faculdade, porém cheio de debilidades e limitações emocionais, extremamente crítico e com sua fala repleta de palavras quantificadoras. Vou narrar uma de nossas conversas.

Ele falou: "Paulo Vieira, você viu aquele empresário da construção civil que saiu no jornal? É **sempre** assim: para se ganhar dinheiro, **só** tendo algum esquema". Ele continuou: "Neste país **só** é rico quem rouba".

Eu tentei fazê-lo ver as coisas por outro prisma, usei uma técnica chamada exagero de quantificadores: "Você quer dizer que **nunca** viu **ninguém** em momento **algum** ganhar dinheiro sem roubar?". Ele reafirmou categoricamente: "**Nunca!** Neste país **só** se ganha dinheiro com falcatrua ou esquemas ilícitos. **Todas as pessoas** que conheço que conseguiram ganhar dinheiro fizeram algum tipo de cambalacho. Afinal de contas, por que você acha que ainda não estou rico?".

"Realmente não sei por que você ainda não está rico", respondi. "Ora, é porque não tenho nenhum esquema. Mas, se eu tivesse algum esquema, as coisas seriam diferentes."

Perceba como meu interlocutor insiste em usar esses quantificadores. Ele está certo de que a única maneira para se ganhar dinheiro na construção civil é o roubo. Essa linguagem gera a mesma crença limitante, ou seja, só os ladrões prosperam. A consequência dessa crença é que ele não será capaz de prosperar no seu ramo sem fazer falcatruas, esquemas ou roubos.

Além disso, ele não se responsabiliza, repete que não tem controle, ação ou domínio sobre o próprio sucesso. Isso nós chamamos de falta de autorresponsabilidade, tema do segundo capítulo. Outro caso clássico aconteceu comigo em um shopping da cidade quando encontrei um velho conhecido:

"Oi, Lessa! Há quanto tempo! Como você está? Como estão os negócios?", perguntei. "**Nada** mudou, Paulinho. **Tudo** continua da mesma maneira. O mercado de sorvetes continua difícil, **só** ganha dinheiro quem tem muita produção e uma distribuição muito forte, e para isso é necessário muito capital para investir". Continuou ele: "Ou seja, continuo na luta contra **tudo** e contra **todos**".

Tentei buscar algo bom na conversa: "É, pelo visto as coisas estão difíceis no âmbito profissional. Mas me fale aí. Já casou? Como estão os amores?".

"Também não mudou **nada**. As mulheres são **todas** iguais." "Como assim?", perguntei.

"É o seguinte: as mulheres não compreendem os homens. Elas são muito exigentes, não nos deixam respirar."

Falei: "Lessa, continuo sem entender".

"Paulo, vê se me entende. As mulheres não percebem que **nós, homens,** precisamos sair com os amigos para beber. Que gostamos de ficar na cama o domingo inteiro vendo os esportes e a Fórmula 1 e que à noite é hora do futebol. E justamente nessas horas elas querem conversar!"

Eu disse: "Agora entendo: o problema são algumas mulheres que não entendem os homens".

Ele me corrigiu: "Algumas não! **Todas** as mulheres são assim!".

Foi aí que ficou mais claro o motivo de ele continuar solteiro aos 42 anos. E, para finalizar a conversa e a minha paciência, ele disse: "É por isso que eu sempre gostei de você, Paulinho! Você sempre me entendeu!".

Agradeci o elogio, despedi-me e saí sem rebater os absurdos que tinha ouvido. Afinal, não seria ali, em pé em um shopping, que eu conseguiria fazê-lo entender que ele era o único responsável pela vida que levava, que sua linguagem era limitante e pobre e diminuía suas possibilidades de sucesso e felicidade.

E você, tem usado palavras generalizadoras em sua vida? Fique atento e observe a qualidade de sua linguagem. E, se perceber que tem falhado, mude agora.

## AVALIANDO A ESTRUTURA EMOCIONAL DOS INTERLOCUTORES

Como já sabemos, nossas palavras e nossa fisiologia corporal afirmam, confirmam e reforçam nossas crenças. Assim, pela linguagem falada, escrita e corporal podemos compreender a estrutura de crenças de nossos interlocutores. Segue abaixo a avaliação dos dois casos relatados sob o contexto da autorresponsabilidade, da qualidade da fisiologia corporal e principalmente da qualidade das palavras por eles usadas.

## AVALIANDO A AUTORRESPONSABILIDADE

Nos dois casos, as pessoas demonstram, por suas palavras, que não são autorresponsáveis profissionalmente. Uma acredita que seu sucesso não depende de si, e sim de algum esquema fraudulento; a outra coloca a responsabilidade pelo seu insucesso na falta de oportunidade ou de capital para investir em sua pequena indústria de sorvetes.

Já sabemos que somos os responsáveis por criar nossas oportunidades; que nossas atitudes e nossas escolhas, estabelecidas por nossas crenças, criam e determinam nossa qualidade de vida. E, no contexto amoroso, o Lessa coloca na mão das mulheres sua felicidade amorosa, espera que elas mudem para que, finalmente, ele venha a ser feliz no amor.

Ele não sabe que, quando mudamos, o mundo inteiro muda ao nosso redor, e, para que as mulheres mudem, ele deve mudar primeiro. Enquanto ele esperar que as mulheres o façam feliz, continuará tendo uma vida amorosa medíocre e solitária.

## AVALIANDO A FISIOLOGIA CORPORAL
## E O ESTADO DE RECURSOS

Tanto Lessa quanto Carlos não atentam para a própria fisiologia corporal. Eles não sabem que, controlando suas palavras e a comunicação de seu corpo, controlariam também seus pensamentos e seus sentimentos e, por fim, seus destinos.

Ambos riem de suas desgraças e seus problemas como se fosse bonito e bom ter uma vida limitada. Falam com prazer de suas limitações e seus problemas. Quando eu falava de conquistas e possibilidades, eles ironizavam e faziam piada de si mesmos.

Perguntei a Lessa: "E se você conseguisse um dinheiro no banco ou alguém que estivesse disposto a investir no seu negócio, como seria?".

Ele respondeu rindo e ironizando: "Paulinho, da mesma maneira que a água só corre para o mar, dinheiro só vai para quem já tem. Quem colocaria dinheiro na minha fabriqueta de sorvetes? Isso é loucura, não existe essa pessoa em lugar **nenhum** do mundo. Acorda, Paulo Vieira!".

Eu contra-argumentei: "E nos bancos? Eu soube de financiamentos a juros muito baixos".

Lessa rebateu de pronto: "Banco, isso é uma piada!", falou ele, rindo e ironizando novamente de suas possibilidades. "Eles **só** emprestam dinheiro para
quem não precisa. Eu prefiro nem passar na porta."

Toda a ironia e o riso eram uma forma velada de se fazer de vítima, uma
forma discreta e disfarçada de autocomiseração, autopiedade. Uma forma
maldita de se desresponsabilizar por seu sucesso e suas conquistas, de colocar
a culpa de seus insucessos nos outros. Afinal, os outros, sempre os outros, são
os responsáveis por nossos insucessos, nossos fracassos e nossas frustrações.

Ao analisar de forma mais profunda a fisiologia corporal deles, era totalmente visível o desleixo ao andar, arrastando os pés; os ombros curvados para
frente e a cabeça apontando para o chão. Ao falar de problemas e insucessos,
uma voz mais forte e segura. Ao falar de sonhos, conquistas e transformação, uma voz fraca e irônica. Como este livro não é para os outros, e sim para
você, fique atento à sua fisiologia e atitude. Certifique-se de que não se parece
em nada com as pessoas que retratei.

## AVALIANDO AS PALAVRAS

Nos dois diálogos, marquei com negrito apenas as palavras quantificadoras,
deixando de lado crenças populares limitantes, palavras negativas e mensagens subliminares também limitantes e negativas. Apenas as palavras quantificadoras já são poderosas o suficiente para engessar e travar a vida de uma
pessoa. Analisando, encontramos sete palavras quantificadoras no primeiro
diálogo e pelo menos nove palavras quantificadoras no segundo, entre explí-
citas e implícitas.

Como conquistar algo de valor, como conquistar algo grandioso se não
domamos nem mesmo a nossa língua? Lembremo-nos da passagem bíblica
do livro de Tiago 3:1-12, em que o apóstolo fala: *"Quem for capaz de domar sua
língua será capaz de domar todo o seu corpo"*. E você, quanto é capaz de domar
e conduzir sua vida a partir de sua fala e comunicação verbal?

## NÓS QUEM, CARA-PÁLIDA?

*Diz certa piada que Zorro e seu fiel parceiro, um índio apache chamado
Tonto, após muitas aventuras em que eles salvavam donzelas indefesas,*

*prendiam quadrilhas de assaltantes e muitas outras proezas no faroeste americano, se viram cercados por centenas de índios que tinham aquela velha mania de tirar o escalpo dos caras-pálidas, que era como eles chamavam os homens brancos. Eles estavam cercados e os índios bradavam gritos de guerra, faziam um grande círculo ao redor do Zorro e de seu amigo Tonto, e, aos poucos, o círculo se fechava. Vendo-se sem saída (e sem a criatividade do MacGyver), Zorro, um homem branco, disse para seu leal amigo índio: "**Nós estamos perdidos, amigo Tonto!**". Tonto, que por sua vez era índio, e por sinal nada bobo, olhou com indiferença para seu futuro ex-parceiro e disse: "**Nós quem, cara-pálida? Eu sou índio!**". E abandonou o Zorro, saindo em direção a seus irmãos índios bradando e batendo na boca o tradicional grito de guerra indígena.*

O que aconteceu com o Zorro? Ora, eu deixo o final por sua conta. O fato é que a pergunta continua: nós quem, cara-pálida? As pessoas com maiores limitações emocionais costumam se desresponsabilizar pela própria vida usando a estratégia do Zorro, ou seja, colocam os outros na mesma situação que elas.

É muito comum durante o Método CIS® pessoas quererem falar de suas ideias, seus pensamentos, seus sentimentos e, ao verbalizarem isso, falarem "nós". Por que "nós", se a ideia, o sentimento, o pensamento ou a atitude são delas?

Por exemplo: um aluno que era muito explosivo no trânsito me disse: "Você sabe, né, Paulo Vieira, quando alguém nos fecha no trânsito, **nós** logo xingamos e damos o troco". Nesses casos, eu não me contenho e pergunto com ar de brincadeira: "**Nós quem, cara-pálida, que se zanga no trânsito?**". "Como assim?", retruca o aluno. "Veja bem, você diz que **nós** explodimos no trânsito, e isso não é verdade. Eu não perco a calma no trânsito."

Ele logo se corrige e diz, um pouco constrangido: "É verdade... Quando alguém me fecha, sou eu que fico com ódio, xingo e, se duvidar, chego ao ponto de brigar". De cabeça baixa, tendo se conscientizado do erro, sem ter como se desresponsabilizar pela sua atitude intempestiva e ninguém para dividir a culpa ou a responsabilidade, ele repete baixinho: "É, quando sou fechado no trânsito, eu faço coisas horríveis".

Algumas pessoas, quando confrontadas com o "nós quem, cara-pálida?", tentam reafirmar sua ideia: "Todos aqui nesta sala agimos assim". Logo alguém pula de sua cadeira em defesa própria e diz: "Alto lá, eu não faço nada disso! Se você faz, isso é problema seu!". Aquela pessoa reticente logo percebe que estava no mínimo generalizando, e que nem sentem, pensam ou agem da mesma maneira.

Tome muito cuidado para não cometer esse tipo de erro linguístico. Se você foi ao cinema com dez amigos, é pertinente dizer: "Todos nós fomos ao cinema". Entretanto, seria estranho e provavelmente falso você falar: "Nós todos pensamos como o protagonista do filme". Será que os dez pensam da mesma maneira? Como você sabe? Perguntou a todos? Busque ficar atento a esse vício linguístico quase imperceptível, pois, como já sabemos, a palavra tem poder e nenhuma palavra volta vazia. Todas as palavras geram resultados.

## INICIANDO AS MUDANÇAS POR VOCÊ

Nós vivemos inseridos basicamente em dois ecossistemas. O primeiro é o nosso lar, é onde iniciamos e finalizamos o nosso dia, um local de extremo poder sobre nossas emoções e nosso estado de espírito. O segundo é o lugar de trabalho. É lá onde passamos a maior parte do nosso dia produtivos e alertas.

Assim, se buscamos crescimento e maturidade emocional, se queremos de fato desenvolver nossas habilidades emocionais e conquistar uma vida extraordinária, é muito importante que nos responsabilizemos por esses dois ecossistemas, tornando-os equilibrados e harmônicos. Rosas crescem melhor em campos limpos, adubados e preparados. Feijão, mandioca e batata também. E nós? Podemos nos desenvolver em qualquer ambiente? A resposta é: provavelmente não.

Será mais difícil haver desenvolvimento pessoal em um ambiente nebuloso, rancoroso, sem prazer e sem amor. Imagine que você foi domingo ao cinema com os amigos, assistiu a um lindo e comovente filme, teve momentos maravilhosos e, logo na segunda-feira pela manhã, teve que voltar a uma vida de: crianças brigando e chorando, reclamações matinais do cônjuge, cobrança dos parentes, congestionamentos etc. Ao chegar ao trabalho, você se depara com um ambiente de clima pesado, desconfiança, falta de comprometimento e mau humor.

Como obter avanço e conquistas emocionais nesses ambientes? Como ser uma pessoa melhor? Como não ser contaminado pelas circunstâncias cotidianas? Como ser feliz passando quase a metade da vida em um local onde não se sente bem e não tem prazer?

Os que ainda não entenderam o que é autorresponsabilidade, assunto abordado no segundo capítulo e no livro O poder da ação, não acreditam que podem mudar o ambiente em suas casas e muito menos no trabalho. Veem-se indefesos e à mercê das circunstâncias. Pode ser que, numa atitude desesperada, tentem mudar seus ambientes, lutem para mudar a cabeça das pessoas com quem convivem – e, se não conseguirem mudar a cabeça dessas pessoas indesejadas, vão tirá-las dos seus ambientes, ou seja, literalmente as removerão da vida.

Já os autorresponsáveis, aqueles que não estão à mercê do mundo nem das circunstâncias, que criam a sua realidade de vida, que não se consideram vítimas sofredoras, mas, pelo contrário, autores e protagonistas da própria vida, para estes, a alternativa é outra: a solução é mudar a si, mudar sua forma de viver e conviver.

Para os autorresponsáveis, a melhor alternativa é assumir a responsabilidade pela qualidade do ambiente familiar e profissional em que estão inseridos e, por meio de suas mudanças pessoais, de sua autotransformação e de sua linguagem e sua comunicação, contagiar o ambiente, enchendo-o de alegria, bom humor, esperança, e levando a todos seu amor e sua atitude positiva audivelmente comunicada – e não com a intenção de mudá-los, para que cada membro atenda a suas expectativas.

A ideia não é comprar a mudança dos outros com a sua mudança. Não é uma troca. Não é toma lá, dá cá. É uma mudança unilateral, despretensiosa e amorosa. É dar sem pedir troco, é mudar sem pedir mudança dos outros. É apenas mudar pela convicção de que é a coisa certa a fazer, mudar somente porque é bom e importante mudar.

Então você pode dizer: "E aí? Eu mudei! E se os outros não mudarem?". Como tenho dito: os outros são os outros e não são um problema seu. Entretanto, quando você muda da maneira que eu falei, tudo muda ao seu redor, tudo se transforma. São como dois átomos, que, quando rearranjados e unidos de modo diferente, formam um novo elemento químico.

O mesmo acontece com duas pessoas que passam a se relacionar de maneira diferente: automaticamente passam a viver uma nova realidade. Quando você consegue viver e conviver no ambiente familiar ou profissional de forma diferente, você se torna um novo elemento, com novas propriedades e ligações e produz novos resultados.

## CASO DA VIDA REAL

Relato aqui um caso muito interessante: a história de Bartolomeu e sua família. O pai de Bartolomeu morrera de câncer, o irmão morrera de câncer havia poucos meses e o Bartolomeu também estava com câncer terminal.

Quando comecei o trabalho de coaching com Raul, filho mais velho de Bartolomeu, Raul percebeu que estava tratando seu pai como se fosse seu próprio filho. Raul o tratava como um dependente e muitas vezes como se fosse incapaz. Já a esposa de Bartolomeu, uma bela e sofisticada senhora, ao contrário do filho, tratava o marido com uma incrível superficialidade, pouco diálogo e muita reserva.

A filha, por sua vez, colocava-se de forma alheia à doença terminal do pai e vivia naturalmente, como se nada ou quase nada estivesse acontecendo. Já na primeira sessão de coaching, Raul, filho mais velho de Bartolomeu e seu sucessor direto no grupo empresarial, percebeu que estava aprisionando e sufocando o pai com seu controle e cuidado exagerado.

E não era só o pai que ele sufocava com seu excesso de cuidado e superproteção: ele fazia o mesmo com a esposa, que não conseguia ter sucesso em nada que empreendia. E o mais incrível era que ninguém percebia ou valorizava o esforço sobre-humano de Raul para ser tudo para todos.

Depois que caiu a ficha e ele compreendeu que encarcerava as pessoas importantes de sua vida, resolveu sair de cena e deixar que cada um ocupasse o seu papel na vida e na família. E aí, apenas com a transformação dele, a mãe se colocou como esposa, passou a dialogar mais, participar dos momentos difíceis do esposo.

A irmã de Raul passou a encarar o fato de que o pai estava doente e de que os médicos haviam estimado para ele três meses de vida, e passou a estar com ele em amor, dedicação e companheirismo. Bartolomeu assumiu uma postura mais forte e determinada. O resumo de toda essa história é que as metástases de Bartolomeu reduziram em 95% num espaço de 45 dias, e o que antes eram três meses de vida tornou-se um milagre médico.

Incrível? Sim, mas o que mais impressiona é que apenas o Raul, meu cliente de coaching, mudou, e a sua mudança fez um completo realinhamento em toda a sua família; não promoveu a cura apenas de seu pai, mas de todos, e em várias áreas da vida.

As mudanças não foram apenas na família dele, pois sua esposa, que antes vivia sem a menor responsabilidade, sustentada integralmente por ele desde o noivado, e mesmo assim tratando-o com arrogância e prepotência, tornou-se humilde e participativa, buscando mudanças nela e se responsabilizando pelos seus resultados e seu futuro de uma maneira que ninguém jamais havia visto. Isto é o que chamo de milagre: uma pessoa muda e tudo muda ao seu redor.

> *"Quando alguém muda a maneira de se comunicar com o mundo e consigo, ela própria muda e quando ela muda verdadeiramente, tudo muda ao seu redor. Tudo começa na comunicação."*
>
> (Paulo Vieira)

## VALIDAÇÃO, DECLARAÇÃO DE FÉ E BÊNÇÃO

Já falei de mudanças pessoais por meio da conquista da autorresponsabilidade. Expliquei também como mudar a vida com uma nova fisiologia corporal e um estado de recurso de vitória. O momento agora é a conquista de uma nova maneira de falar e se comunicar.

Agora, mais do que uma chave, você receberá três poderosas ferramentas linguísticas para dar continuidade às suas mudanças. São elas: validar, abençoar e declarar fé às pessoas que o cercam e a você mesmo. Como já citei, essas três ferramentas linguísticas são capazes de promover mudanças imediatas e extraordinárias nos seus dois ambientes primais, lar e trabalho. Ao usar essas ferramentas no seu dia a dia, você experimentará uma nova e maravilhosa vida. Vamos à primeira.

### FERRAMENTA LINGUÍSTICA 1: VALIDAR

Validar é reconhecer que aquilo que as pessoas **são**, **fazem** ou **possuem** merece o seu elogio verbal. Validar é um ato de amor, humildade e verdade. Validar é reconhecer algo de valor em outra pessoa, por mais simples que seja. A validação é um ato sincero e respeitoso.

O que aconteceria ou acontece quando seu chefe ou mesmo um colaborador para na sua frente, olha nos seus olhos e diz: "Puxa, parabéns pelo seu trabalho. Ficou muito bem feito, e não lembro de ter visto um trabalho com tanta qualidade como o seu. Parabéns mesmo!". Como você se sente depois de ser validado dessa maneira? Seu dia continuaria o mesmo? Certamente não. O poder de um elogio sincero (validação) vai muito além da compreensão racional.

O que acontece se a pessoa que você mais ama interrompe o que está fazendo e diz em alto e bom som: "Estou orgulhoso de você. Você me surpreendeu. Meus parabéns!". É impossível seu dia continuar da mesma maneira, ainda que você esteja habituado a receber elogios. Quando validamos as pessoas ao nosso redor, estamos recriando o nosso ambiente e, sobretudo, criamos um novo relacionamento a partir da mudança da nossa própria comunicação e nossa atitude.

Eu estava fazendo RPG, uma técnica de fisioterapia que baseia seus métodos em alongamento e reeducação postural. Em certa sessão, a fisioterapeuta me elogiou e disse: "Parabéns, hoje suas juntas estão muito mais flexíveis, seus exercícios de alongamento e sua postura estão ótimos!".

Aquela validação entrou na minha mente de forma tão profunda que o que estava bom ficou muito melhor. Inconsciente e instantaneamente minha flexibilidade e postura melhoraram ainda mais. Desde esse dia, minha fisioterapeuta mudou sua estratégia comigo. Tudo é motivo de elogio, desde uma pequena melhora até quando ela percebe um pequeno esforço a mais de minha parte.

Como consequência disso, meu tratamento foi muito mais rápido do que havia sido planejado. Diante de tanto sucesso, indiquei muitos clientes para ela, que havia acabado de aprender a força terapêutica de uma validação (elogio).

Vamos agora colocar em prática essa ferramenta tão poderosa; vamos mudar, ou melhor, transformar nossos ecossistemas com validação e elogio.

Infelizmente muitas pessoas usam as palavras para fazer o contrário, ou seja, invalidar as pessoas. Algumas usam um tom de brincadeira ou piadas "inocentes" para disfarçar suas invalidações.

Outros ainda se gabam de ser sinceros e transparentes e de "dizer tudo na cara", não importando se alguém quer ouvir sua opinião e, às vezes, até ofendendo o interlocutor. Essa atitude de "sinceridade extrema" denota no mínimo falta de educação e no máximo profunda falta de equilíbrio emocional. Essa "verdade" talvez o seja apenas para quem diz, mas não para o resto do mundo. Por isso, muito cuidado com as suas verdades; afinal, é bem provável que elas sejam apenas suas.

Quantos pais são capazes de reconhecer e validar a boa nota do filho e, dessa maneira, aumentar a autoestima e o senso de capacidade e realização dele? Muitos preferem invalidar todo o esforço e a dedicação em busca da nota, dizendo: "Não fez mais do que sua obrigação". E ainda há casos de gerentes e proprietários que, depois de um erro do seu funcionário, afirmam de maneira categórica e rude: "Você não é pago para pensar, e sim para fazer".

Minha experiência pessoal, como coach e como instrutor do Método CIS®, mostra-me que de maneira geral o ser humano tem enorme dificuldade de validar o próximo, e muitas vezes essa dificuldade aumenta quando as pessoas que queremos validar são justamente aquelas que mais amamos. Para facilitar e criar possibilidades e momentos de validação, é interessante percebermos alguns temas de diferentes elogios.

O mais fácil para algumas pessoas é o elogio e a validação pelo resultado, pois é algo palpável e costuma ser o que se espera das outras pessoas. Contudo, podemos ir além desse tipo de elogio, ser mais producentes e não esperar pelo resultado, mas elogiar os comportamentos que direcionam a pessoa ao alvo.

Um ótimo exemplo de elogio pelo comportamento foi o que aconteceu quando minha esposa foi verificar o aprendizado da nossa filha que tinha apenas 6 anos e já teria suas primeiras provas e testes. Ao arguir nossa filha, Júlia, minha esposa percebeu que, mesmo estudando sozinha, ela soube responder a todas as perguntas. Então, imediatamente ela veio a mim para elogiar a performance de nossa filha.

Não perdi tempo, fui até o quarto de Júlia e disse: "Parabéns, filha! Além de estudar sozinha, você respondeu certo a todas as perguntas que sua mãe lhe fez sobre a matéria!". E com mais entusiasmo ainda completei: "Estou muito orgulhoso de você!". Minha filha não disse nada, apenas ficou em pé, abriu mais os olhos, sorriu com os lábios e a alma e consentiu com a cabeça, cheia da certeza de quanto ela é inteligente e estudiosa.

É um privilégio para mim elogiar as pessoas e perceber quanto posso aju-dá-las a ser melhores do que têm sido. Percebemos nesse exemplo que, an-tes do resultado, eu validei o comportamento. E, como você pode imaginar, são os comportamentos e as atitudes que produzem os resultados.

Lembre-se de que você pode transformar seus relacionamentos e seus am-bientes de maneira maravilhosa, e para isso basta mudar a sua forma de falar e comunicar. Talvez você se pergunte: tenho de mentir ao validar e elogiar? Não, validação não se baseia em mentiras. Validar é dar valor, trazer à tona as coisas boas que outra pessoa fez, é, tem ou conquistou.

Creio plenamente que todas as pessoas têm algo de bom a ser elogiado, coisas pequeninas ou grandiosas, mas nossas limitações emocionais nos fa-zem esperar a perfeição do outro para elogiar. Em vez de elogiar cada peque-na melhora e avanço, em vez de elogiar o que tem para ser elogiado naquele momento, perdem a oportunidade de ser vetores de transformação humana positiva e assim mudarem o contexto da própria vida.

## EXERCÍCIO

Agora vamos usar essa ferramenta na vida das pessoas que nos cercam, para que possamos transformar nossos relacionamentos, melhorar o clima e os ambientes (lar e trabalho) em que estamos inseridos. Escolha três pessoas do convívio pessoal e familiar e três do convívio profissional que interagem sis-tematicamente com você e que são relevantes nesses ambientes.

ÂMBITO PESSOAL
1. _____
2. _____
3. _____

ÂMBITO PROFISSIONAL
1. _____
2. _____
3. _____

Descreva como está seu relacionamento com cada uma delas.
1. _____
2. _____
3. _____
4. _____

5. _____
6. _____

Agora, escreva nas linhas a seguir como você quer que fique cada um desses relacionamentos.

1. _____
2. _____
3. _____
4. _____
5. _____
6. _____

Para cada uma dessas pessoas, elabore cinco elogios e os diga nos momentos em que estiverem juntos, ou até por telefone, e-mail ou bilhete. O importante é que cada uma delas seja validada por você de duas a três vezes por dia ao longo de uma semana.

1. _____, _____, _____, _____, _____
2. _____, _____, _____, _____, _____
3. _____, _____, _____, _____, _____
4. _____, _____, _____, _____, _____
5. _____, _____, _____, _____, _____
6. _____, _____, _____, _____, _____

O resultado da sua mudança de atitude será uma completa transformação nos seus relacionamentos, na sua performance e na performance das pessoas que você validou. Mesmo que no início você ache difícil elogiar, persista nessa sua mudança comportamental: a prática disciplinada dessa atitude o habilitará a grandes conquistas pessoais e profissionais.[13]

---

13 O trabalho do cientista chileno Marcial Losada mostra, de forma matemática, a importância de validar alguém positivamente para obter o melhor de uma relação (seja pessoal ou profissional). Após inúmeras simulações, ele chegou a uma proporção mínima de três interações positivas com determinada pessoa para cada interação negativa. Essas interações positivas podem ser qualquer tipo de comunicação verbal ou não verbal, desde que seja reconhecida por quem a recebeu como de fato positiva. Esse tema é explicado de forma mais detalhada no livro *O poder da ação*.

## CASO DA VIDA REAL

A história que eu relato a seguir não é uma metáfora, muito menos uma ficção. É um caso real que retrata um momento da vida de Fabiano, um profissional capaz e capacitado, que trabalha na área de recuperação de crédito em um grande banco federal.

Fabiano tinha algumas certezas (paradigmas) profissionais entranhadas na sua mente em forma de crenças; elas eram do tipo: "Só é promovido aqui quem come na mão do gerente"; "Estou numa empresa pública, tenho estabilidade vitalícia, basta empurrar com a barriga que dará tudo certo"; "Por que me esforçar para ser um grande profissional se as promoções aqui não são por mérito nem desempenho, e sim por influência e amizade?". Crenças como essas se mostravam com muita clareza na vida de Fabiano, pois suas palavras, seus comportamentos e suas atitudes confirmavam tais crenças.

Dessa maneira, o tempo foi passando sem mudanças ou grandes conquistas, até que Fabiano buscou um curso de gestão, algo para dar uma leve mexida em sua profissão e carreira. O que ele não imaginava é que não seria uma leve mexida, e sim uma transformação completa na vida pessoal e profissional.

Um dos módulos desse programa de desenvolvimento de gestores e executivos era o curso inteligência emocional para líderes através do Método CIS®. Nesse primeiro módulo, entre muitas outras coisas, ele aprendeu sobre o poder da palavra falada, a fisiologia corporal e como o seu bom uso poderia transformar sua realidade.

Ele acreditou, foi capaz de colocar isso em prática e transformar completamente sua carreira e sua vida. Depois de suas mudanças de atitude e de comunicação, o novo Fabiano passou a chegar à repartição completamente diferente. O sorriso brilhava em seu rosto, e ele chegava sempre um pouco mais cedo para poder visitar seus colegas dos outros setores. Comunicar otimismo e simpatia passou a ser sua marca registrada. Os que conheciam o velho Fabiano dentro do banco no início não entenderam absolutamente nada, era outro homem, não era aquele colega de trabalho com quem muitos conviviam havia mais de quatorze anos.

Seu corpo andava mais erguido, seu olhar, mais altivo e, para cada pessoa, Fabiano tinha uma palavra de estímulo e força. Ele passou a ver as qualidades das pessoas que lhes cercavam e passou a validar, elogiar e reconhecer verbalmente cada pessoa por atitudes, desempenho e qualidades.

Em menos de três semanas, ele havia virado uma referência no banco. A ele recorriam seus colegas, como também seus superiores. Sua mesa passou a ser um local extremamente bem frequentado por todos que queriam algum auxílio. Nem que fosse apenas um olhar, uma palavra estimulante ou um conselho profissional.

Lá se tornou o lugar daqueles que queriam crescimento e ajuda real. Até os depressivos, rabugentos e melancólicos agiam de modo diferente com Fabiano, pois em um ambiente de alegria, vida e amor não há espaço para derrota, negativismo e lamúria.

Os dias correram e, antes do final da quarta semana do treinamento de inteligência emocional, Fabiano foi surpreendido com um convite, ou melhor, uma promoção. A partir daquele momento, ele era o líder de uma carteira de 160 pessoas em todo o estado.

A promoção foi inesperada, foi o reconhecimento da nova atitude de um novo Fabiano, um homem renovado, um homem que aprendeu a se comunicar de modo diferente e fazer da sua comunicação verbal e não verbal uma ferramenta de sucesso imediato.

O texto que segue é uma verdadeira poesia e foi-me enviado por Fabiano depois do módulo de inteligência emocional. Nesse depoimento, ele destaca as ferramentas que aprendeu e principalmente como as aplicou na sua vida. Eis o que ele diz:

> *"No princípio era o verbo." Sim, o verbo. Há pouco eu tinha muita conversa e pouca ação. Teorias e mais teorias. Por quê?*
>
> *Não sei. Só tinha um caminho: recomeçar. Recomecei tudo. Não achei tarde. Ruim é não ter a coragem de aceitar o erro e recomeçar/ refazer. Tinha autoestima, mas, se eu conhecesse a concepção de autorresponsabilidade e as crenças que tenho hoje, minha vida seria outra.*
>
> MINHA BIOGRAFIA
>
> *Falo isso porque a primeira sacudida na minha cabeça, após o início deste curso, foi o fato de fazer a minha biografia. Senti-me olhando*

*pra mim pela primeira vez. Eu sempre vi o mundo e sabia que estava nele, mas nunca olhei para o mundo tentando me ver dentro dele, focando o olhar em mim. Tive um susto muito grande. Ora parecia que não me conhecia, ora parecia que falava de um herói meu, ora de alguém que precisava ser amparado, ora triste, ora feliz. Foi difícil suportar o aperto, mas suportei. O melhor disso é que aprendi a olhar pra mim e a me ver mais. Internalizei o conceito de autorresponsabilidade...*

"Autorresponsabilidade é a certeza absoluta (crença) de que você é o único responsável pela vida que tem levado – consequentemente, é o único que pode mudá-la."

(Paulo Vieira)

*Aí o susto foi maior. Quando pensei que havia descoberto a fórmula mágica que era me ver, veio o conceito de autorresponsabilidade. Então voltou tudo na minha cabeça. Eu estava feliz porque havia me notado. Nesse momento eu aprendia a "me ver". Mas daí a começar a pensar sobre onde e por que falhei foi dose para elefante. Até ali eu só contabilizara os sucessos, os acertos. Descobri que eu ainda não era feliz com eles.*

*Descobri que eu ainda não me sentia realizado. Havia falhas que eu simplesmente escondia. De quem? De mim mesmo. Eu queria que o mundo me visse, não que eu me mostrasse (leia-se o meu mundo). Certa aula alguém me notou calado. Eu estava abismado com o que via, com o que se abria à minha frente a partir dali.*

*Na mesma noite, comecei a assumir de fato os rumos que eu queria para a minha vida. Dormi quase duas da manhã. Resolvi por e-mail dois problemas que eu já carregava há tempos. Acordei dando bom-dia a todos. Procurei validar pessoas. Olhar para frente. Caminhar sabendo onde estava pisando.*

*Os dias e as semanas a partir daí foram outros. Validei as pessoas, procurei me utilizar do poder das palavras, quadros mentais, pensamentos positivos, crenças e o que eu tivesse mais direito; abençoei, ri, chorei, me vi etc. Comecei a trabalhar o meu FEIOGRAMA. Tinha que torná-lo BONITOGRAMA,[14] que, cá pra nós, já está bem diferente.*

*A linguagem avançada, escrita, falada e gesticulada, passou a nortear meu dia a dia. Procurei analisar minhas atitudes, gestos, palavras. Eu já tinha a certeza de quanto isso influi na nossa vida, quero dizer, na minha vida.*

*Procurei mudar minhas crenças, meus pensamentos, e literalmente empinei o nariz para a vida. Crenças, técnicas para realização de metas, quadros mentais, tudo foi consequência do que se abriu em minha cabeça a partir da definição de autorresponsabilidade. Começar de novo foi a única saída. Comecei e me foi de muito proveito o que aprendi. Procurei não olhar para trás. Afinal, aquele outro Fabiano eu deixei lá no caminho.*

*Foi a partir dessa mudança pessoal que as coisas aconteceram muito antes do que eu imaginei. Confesso que eu não esperava. As coisas estavam ali na minha mão, mas eu não via.*

*Por quê? Porque não as busquei. Um projeto de educação de adultos, que eu alisava há um ano e meio, foi resolvido em pouco mais de quinze dias. Eu disse quinze dias. Por que não fiz isso antes?*

*O meu comportamento no trabalho contaminou todos do meu setor. Sou reclamado quando não dou "bom-dia". A autorresponsabilidade me fez ir buscar um lugar de destaque no trabalho. Se resolvi um projeto em quinze dias, por que não resolvo outro? Parei. Pensei. O que é autorresponsabilidade?*

*Aí resolvi cuidar de mim e buscar o que eu queria, pois sabia o que era, onde estava, com quem estava, como eu conseguiria. Fui, busquei e arraseeeei. Fui nomeado para um setor. Sou líder de uma carteira com 160 pessoas. Sei que posso, e isso é o bastante. Estou me sentindo vitorioso.*

*Depois dessas e de outras surpresas, restou a mim uma coisa. Não ter medo de ser feliz. Aliei autorresponsabilidade a crenças e pensamentos produtivos, linguagem avançada, sentimentos elevados, objetivar ações e atitudes etc.*

---

14 Na época desse depoimento, nós utilizávamos uma ferramenta chamada bonitograma. Essa ferramenta foi aperfeiçoada e hoje é chamada de Mapa de Autoavaliação Sistêmico® (MAAS®).

"Nossas crenças sobre nós mesmos influenciam todas as nossas escolhas mais significativas e importantes, direcionando todas as nossas decisões e, portanto, determinando a vida que levamos."

(Paulo Vieira)

*Passei a crer mais em mim; a traçar metas desafiadoras me utilizando de técnicas para realizá-las. Na realidade, passei a me estimular. A exercitar a minha autorresponsabilidade. Passei a trabalhar a mudança do meu mundo. Passei a me utilizar de todas as ferramentas disponíveis numa linguagem avançada. Passei a conversar comigo mesmo. A ver, analisar e aprender com os meus fracassos anteriores. O erro é uma etapa fundamental no processo de aprendizagem. Os quadros mentais me ajudam a determinar meu comportamento. O cérebro é uma máquina que não pode ser desligada... Se você não der algo produtivo, ele vai fazer alguma coisa, sem se importar se será bom ou ruim.*

*Daí a importância dos pensamentos positivos, das crenças positivas, das metas desafiadoras e do exercício da autorresponsabilidade. Somos o que pensamos ser, o que buscamos para nós.*

"Quadros mentais são uma forma poderosa e rápida de criar novas crenças ou substituir crenças antigas."

(Paulo Vieira)

*Outro grande momento do curso me ocorreu quando aprendi a perdoar. Acho que passei a vida olhando os "outros", principalmente aqueles que me fizeram algum mal. Será que eu dei motivos? Será que não? Por que aconteceu isso? É importante para mim sofrer por causa disso? Por que continuar com isso, se me maltrata? Eu mereço? Eles merecem?*

*O que é perdão?*

*"É a paz que você aprende a sentir quando libera quem lhe fez um mal. Refere-se à sua cura, e não à da pessoa que lhe fez sofrer. Perdão é tornar-se um herói feliz, e não uma vítima sofredora. Perdão não é desculpar um mau comportamento ou esquecer algo doloroso."*

*São essas as palavras que me curaram de alguns pesos que eu carregava. Sou muito rancoroso. Descobri que isso nunca me trouxe benefício, ao contrário, sempre me trouxe mais raiva, mais rancor, mais peso. Desejei muito uma terapia a partir daquele dia. Eu precisava aliviar meu coração urgentemente.*

*Isso porque aprendi que não gostar ou não aprovar algumas atitudes alheias não significa carregar-se de ódio para o resto da vida. Isso me atrapalhou até o dia em que pude notar isso em mim.*

*Insisto em me dizer rancoroso. Assim me obrigo a me dar atenção nesse ponto e a buscar perdoar coisas que não são de grande importância para a minha caminhada. Encerro o perdão com mais duas frases que estão no manual do curso e na minha cabeça desde que as li:*

*"O perdão reconhece que não podemos mudar o passado. Não perdoar é viver em função de quem odeio".*

*Não posso dizer que hoje sou uma pessoa 100%, mas com certeza aprendi que devemos buscar isso todos os dias, toda hora e todo instante, se almejamos o crescimento pessoal. Acredito piamente que cresci e que posso ter um crescimento contínuo. Só depende de mim. Muitíssimo obrigado, Paulo Vieira, espero que estas palavras retratem o que o curso inteligência emocional fez por mim. (Por Fabiano)*

Nesse depoimento, Fabiano citou as ferramentas que aprendeu durante o seminário e com as quais você tem contato neste livro. Ele disciplinadamente colocou em prática ferramenta por ferramenta, conceito por conceito, e transformou sua vida em apenas três semanas. Ele compreendeu perfeitamente a pergunta de Richard Bandler: por que continuar sendo a mesma pessoa de sempre, se posso ser alguém muito melhor?

### FERRAMENTA LINGUÍSTICA 2: DECLARAÇÃO DE FÉ

A declaração é outra estratégia verbal de valor e resultados inimagináveis que está disponível a todos nós, e que, na verdade, nós já usamos, mas nem sempre da melhor maneira, muito menos em proporções terapêuticas e transformadoras como vou propor a seguir.

Primeiro vamos entender o que é **declaração de fé**. **Declarar** é falar, proferir, afirmar, enquanto **fé** é a crença na realização concreta de algo que ainda não existe. Assim, declarar fé é a afirmação verbal repleta de energia fisiológica e do sentimento de algo que ainda não existe, mas com a certeza de que vai acontecer, independentemente das circunstâncias que o rodeiam. Quando falamos, proferimos palavras ou afirmações e, assim, mobilizamos uma energia sem igual e a colocamos em algum lugar.

Mais uma vez: as **(1) palavras/comunicações** negativas geram **(2) pensamentos** negativos, que por sua vez produzem **(3) sentimentos** negativos, que produzem **(4) crenças** negativas – e toda crença, negativa ou não, é autorrealizável.

Na tarde ensolarada de um lindo domingo, optei por almoçar em um self-service com minha esposa e meus filhos. Na fila para fazer o prato, um garotinho de aproximadamente 5 anos se apressou, foi até a pilha de pratos, pegou um para si e outro para sua mãe. Eu via com clareza que o menino se sentia orgulhoso por ter se antecipado à mãe e já guardara um lugar para ela na fila.

Quando sua mãe chegou, logo depois, com um tom agressivo e intolerante, esbravejou: "Seu abestadão, pegou prato e fila pra que, se não tem nem onde sentar?" E, com um tom debochado e agressivo, concluiu: "Vem logo pra cá, droga!".

Fechei meus olhos, controlei-me e ainda pude ver aquele menino com o semblante caído, ombros arquejados, deixando a fila. Será que aquela mãe sabe que está amaldiçoando o próprio filho? Abafando seu potencial, brio e autoestima?

E você, já fez algo parecido com quem mais ama? Quantas vezes? Qual foi a última vez? Pessoas emocionalmente sábias usam de maneira positiva, construtiva e proveitosa as suas declarações verbais. A quem falta sabedoria, a profecia também faz parte de suas vidas, mas de maneira contraproducente. Já ouvi mães e pais com as seguintes declarações para seus filhos:

"Você não faz nada direito!" "Você só me dá dor de cabeça!" "Ninguém pode contigo!"

"Você é um menino imprestável!"

"Você não vai dar pra nada na vida."

"Filho bom é o do seu Carlos. Você é pura ingratidão." "Não sei por que fui ter filhos."

"Você é preguiçoso."

Quais são os resultados que essas mães ou pais vão obter com seus filhos proferindo essas declarações? Resultados positivos ou negativos? Ou será que essas palavras são inócuas e sem efeito? Claro que não. Cada palavra dita gera um resultado palpável, e palavras malditas geram também resultados negativos e palpáveis.

Talvez você tenha convivido com severas críticas e muitas maldições, mas mesmo assim prosperou. Pode ser verdade, pois muito do que nós somos e vivemos é resultado de nossa angústia interna, da tentativa de provarmos para nós e para o próximo que não somos aquilo de que nos tacharam nem levamos a vida terrível a que nos amaldiçoaram.

Vi muitas pessoas que, durante muito tempo, foram amaldiçoadas como imprestáveis e inúteis por seus pais. Elas passam sua existência adulta se dilacerando física e emocionalmente para não viver as maldições proferidas. Quando, a duras penas, conquistam sucesso, prestígio e reconhecimento, descobrem que mesmo assim não se sentem felizes nem realizadas.

Para que essas pessoas se curem e passem a ter uma vida equilibrada e feliz, elas só precisam recompor sua autoimagem, ou seja, a crença sobre elas mesmas. Já estamos conscientes de como produzir crenças fortalecedoras por meio de nossa comunicação.

O interessante é que muitas pessoas afirmam não usar palavras negativas na sua comunicação consigo e com os outros. E confirmam: "Eu não faço mal a ninguém" ou ainda "Ele sabe que o que falei não é verdade, é apenas a maneira de dizer". Reafirmo: cada palavra dita tem um efeito prático e concreto. Por isso, cuidado com a imprudência verbal, pois ela pode ser fatal.

Gosto de citar, como exemplo disso, o programa Trapalhões. Em 1983, o programa exibiu um especial do quarteto. A história se passava em 2008, ou seja, 25 anos no futuro. No episódio, Zacarias e Mussum fazem o papel de seus próprios filhos; no enredo, os humoristas já teriam morrido e os filhos dos dois lhes prestam uma homenagem.

Como se sabe, de fato Mussum e Zacarias morreram. Contudo, as coincidências não param por aí. Como eles narram: "O tio Didi e o tio Dedé tiveram uma briga e só voltaram a trabalhar juntos agora em 2008". E foi mais ou menos isso que aconteceu. São muitos detalhes mostrados no programa que incrivelmente vieram a acontecer anos depois na vida deles. Para assistir a esse filme e ver todas as profecias autorrealizáveis que foram ditas, basta acessar o endereço www.febra.me/poderealtaperformance.

## SAINDO DA MEDIOCRIDADE

Conhecemos o poder que nossas palavras carregam, sabemos que elas podem matar e também salvar, que elas podem amaldiçoar e também abençoar. Então, por que ser morno ou passivo, se podemos construir de imediato novas realidades com nossas palavras? Por que não usar as declarações de fé e as validações para criar uma realidade incrível e maravilhosa na sua vida e na das pessoas que o cercam?

Vamos usar o mesmo poder na ordem inversa, proferindo palavras benditas, palavras construtivas e transformadoras na nossa vida e na vida das pessoas que nos cercam e, a partir daí, criar uma nova realidade, uma nova existência, criar um mundo mágico de uma vida extraordinária.

Vou dar alguns exemplos de pessoas que usaram a declaração de fé para criar algo do nada.

Era sábado, eu havia acabado de ministrar uma aula de formação avançada em gerência de vendas, e Luiza saiu da sala imediatamente. Passaram-se cerca de vinte minutos, eu ainda conversava com alguns alunos quando Luiza retorna esbaforida, com olhar de profunda alegria e vitória. Sem entender, perguntei o que tinha acontecido.

Ela disse: "Paulo Vieira, você não vai acreditar no que aconteceu. Você conhece o meu marido. Ele trabalha naquela revenda autorizada Volkswagen há mais de um mês e ainda não tinha vendido nenhum carro até hoje". Curioso, eu perguntei: "E o que aconteceu?". Ela começou a explicar: "Hoje de manhã, antes de sair de casa, abracei meu marido e, com uma atitude de confiança, olhando nos olhos dele, eu disse: 'Você vai vender dois Gols da cor prata hoje'. Ele, sem entender, perguntou: 'O que é que você está dizendo?' E eu, outra vez, cheia de amor, afirmei com mais força ainda: 'Meu amor, você vai vender dois carros do modelo Gol hoje pela manhã'".

"E sabe o que aconteceu?", ela me perguntou entusiasmada. "Eu posso imaginar", respondi. "Agora pela manhã ele vendeu seus dois primeiros carros, e foram dois Gols, como eu havia declarado, e até a cor foi prata!" Ela continuou:

"Tenho certeza de que foi porque fiz uma superdeclaração de fé para ele hoje. Você tinha razão, é mágico!".

Será que alguém acredita que foi mera coincidência? Se você, leitor, tiver alguma dúvida, experimente declarar fé com entusiasmo na sua vida ou na vida de alguém. Ajude as pessoas que o cercam, ajude-as a criar novas experiências, a conquistar tudo de que são capazes. E, para isso, estou propondo algo aparentemente simples: declarar algumas palavras proféticas na vida delas. Dê essa chance a você.

Em seu círculo pessoal e profissional, você pode transformar o relacionamento e a vida de quais pessoas através desta ferramenta de declaração de fé? Repito: dê essa chance a você. Não a chance de mudar os outros conforme as suas expectativas, e sim de mudar a si conforme a expectativa do amor e do que é certo.

A partir da mudança pessoal, sem pedir troco, muito menos cobrar reciprocidade, você poderá contemplar novos relacionamentos e pessoas surgindo. Mudanças pessoais que envolvem hábitos aprendidos desde a infância nem sempre são fáceis de ser realizadas, por isso insista e persista nesses novos hábitos, pois os resultados serão percebidos.

## EXERCÍCIO

Neste exercício, você vai elencar duas pessoas que fazem parte da sua vida pessoal/familiar e duas que fazem parte da sua vida profissional que você queira ajudar com suas palavras proféticas. Depois, você escreverá uma profecia que seja relevante para cada uma delas. De posse da profecia, você ministrará essas palavras na vida dessas pessoas com entusiasmo e fé no mínimo quatro vezes por semana. Entretanto, cuidado para que a declaração de fé/profecia escrita e falada seja de fato importante para a pessoa, atendendo às necessidades dela e não às suas.

Pessoa 1: declaração de fé:

_____

_____

_____

Pessoa 2: declaração de fé:

_____

_____

_____

Pessoa 3: declaração de fé:

_____

_____

_____

Pessoa 4: declaração de fé:

_____

_____

_____

## ACONTECEU COMIGO

Vou dar um exemplo pessoal. Há muitos anos, quando minha vida não era próspera e muito menos realizada, uma amiga, de maneira sincera e simples, olhou nos meus olhos e disse: "Paulinho, vejo em você uma pessoa de grande sucesso". Olhei meio incrédulo, e ela confirmou com firmeza e convicção: "Vejo, sim, tenho certeza de que você será uma pessoa de muito sucesso".

Aquelas frases ecoaram em meus ouvidos, ressoaram em minha mente e produziram grandes frutos nas minhas realizações. Como uma semente, que primeiro precisa ser plantada para depois germinar e em seguida dar seus frutos, assim foram aquelas palavras ditas com tanta simplicidade.

Só Deus sabe quanto aquelas palavras me ajudaram em momentos tão difíceis, e por muitas vezes só tive aquela afirmação para me apegar e me manter à tona, com a cabeça na superfície. Foi incrível como elas serviram à minha consciência e inconsciência no atingimento de meu sucesso e minha realização.

## AUTODECLARAÇÃO

Quero continuar desafiando-o a transformar o mundo à sua volta, começando por mudar a si mesmo. Para isso, peço a simples prática matinal de declarar fé a si próprio. Ao proferir uma declaração de fé matinal para si mesmo, estará reorientando todo o seu dia na direção de suas palavras, estará se programando com palavras e fisiologia corporal rumo às realizações.

A seguir relaciono algumas declarações matinais que você pode proferir da maneira como estão escritas ou adaptá-las para sua vida e seus objetivos:

## EXEMPLOS DE AUTODECLARAÇÕES DE FÉ:

- Acordo para o sucesso e a felicidade. Sou abençoado por Deus e conquisto meus objetivos todos os dias.
- A vitória me pertence, eu tenho energia e Deus me abre um mundo de oportunidades e realizações.
- O meu braço é forte, a minha vinha é frutífera. Meu cálice é transbordante e meus pastos verdejantes. Os poucos reveses que me sobrevêm me ensinam. Com as pedras que me atiram construo meu castelo. Sou vitorioso.
- Eu sou o responsável pela minha vida. Eu tenho escolhas e possibilidades e sei aproveitar cada uma delas com sabedoria. Conduzo minha vida de maneira próspera e feliz.
- Sou uma pessoa amada e próspera, capaz e realizadora. Meus feitos e minhas realizações conduzem minha existência na direção de Deus. Sou abençoado e a sorte me visita a todo instante.
- O amor inunda minha vida, a alegria resplandece em meu rosto. A vida e a prosperidade refletem em minha face. Sou um vencedor abençoado por Deus.
- Sou um grande profissional, meus clientes me amam, confiam em mim e nos meus conselhos. Cada dia que passa minha carteira de clientes aumenta. A cada dia eu prospero mais. A cada dia faço mais e mais pessoas felizes. A cada dia me torno mais realizado e próspero.
- Sou um grande líder, as pessoas me seguem. Sei conduzir pessoas a objetivos comuns, crio uma visão motivadora e instigante. Faço com que as pessoas de minha equipe sejam tudo aquilo que potencialmente são capazes de ser, e juntos realizamos grandes e desafiadores feitos.

Agora é a sua vez. Escreva nas linhas a seguir a sua declaração de fé matinal. Adapte dos exemplos anteriores ou crie a sua própria. O importante é que a leia, de pé e em voz alta, sempre ao acordar, colocando entonação e emoção em cada palavra. Fique atento para que sua declaração de fé pessoal esteja parecida com a sua fisiologia. Você pode imaginar alguém com uma postura de derrota declarando vitória? Seria no mínimo incongruente e ineficaz.

_____

_____

_____

_____

_____

## EXERCÍCIO

### SUA AUTODECLARAÇÃO DE FÉ

Traga sua declaração de fé escrita em sua agenda, na mesa de trabalho e em todos os lugares de uso frequente. Use-a de maneira irrestrita e constante.

## SEJA CONGRUENTE NAS SUAS DECLARAÇÕES E VALIDAÇÕES

Algo que poucos sabem é que nossas poderosas declarações podem ser ditas verbalmente ou por meio de nossos comportamentos e atitudes silenciosas. Assim, quando proferir uma declaração de fé ou fizer uma validação, observe se a sua fisiologia corporal confirma sua declaração verbal. Quanto mais sincronia, coerência e congruência, mais força e poder transformador terá sua declaração.

Tive contato com uma mãe que validava e declarava fé verbalmente ao filho. Ela fazia isso de maneira sistemática, porém os resultados não apareciam na intensidade esperada. Bastou uma conversa rápida com os dois para entender como uma tão poderosa ferramenta não produzia grandes resultados.

Ela cometia dois erros básicos. O primeiro é que validava e declarava fé com a intenção clara e objetiva de conquistar mudanças que interessavam a ela, e não ao filho. Essas ferramentas, para serem bem aplicadas, devem visar às nossas mudanças, não a mudanças nos outros. Assim, a mãe deveria usar a técnica com o objetivo de mudar a si mesma, suas crenças e sua maneira de se comunicar com o filho, e não querer mudar o filho.

Quando essas ferramentas são usadas dessa maneira, existe grande probabilidade de se tornarem instrumentos de cobrança e coação, e acabam tendo efeito contrário. Entretanto, quando mudamos a nós mesmos, e as nossas atitudes por dentro, mudamos nossas crenças, e tudo muda ao nosso redor.

O outro erro da mãe era o fato de que com a boca ela afirmava algo positivo, mas com seu comportamento e sua atitude ela negava suas afirmações anteriores. Com as palavras, ela dizia que o filho era um aluno maravilhoso, responsável e estudioso. Já com as atitudes, ela negava tudo.

Veja como eram seus diálogos: "Lúcio, acorda para ir ao colégio, já são 6h30 da manhã, assim você vai chegar atrasado". Se ela acreditasse que Lúcio era de fato um rapaz responsável, não precisaria acordá-lo e cobrá-lo de seus compromissos – afinal, ele já tinha 17 anos, não era nenhuma criança.

Após o almoço, lá estava ela lembrando que o vestibular estava próximo. E dizia: "Lúcio, se apresse para ir estudar porque seus concorrentes já devem estar na mesa de estudo há horas". Ela não havia dito que ele era estudioso? Então por que mandar-lhe estudar?

Durante a nossa conversa, eu pedi que ela tivesse uma atitude de confiança para com o filho e buscasse, primeiro, acreditar nas próprias declarações sobre ele e parasse de querer mudá-lo. Angustiada e insegura, ela perguntou: "E se ele não acordar para ir ao colégio?". E continuou: "E se ele não estudar logo após o almoço e desperdiçar tempo precioso?". Então, disse que era muito importante que ela fosse coerente, que suas declarações confirmassem suas atitudes, e vice-versa.

Nós fizemos um pacto: durante uma semana ela apenas faria as declarações positivas de fé e deixaria seu filho totalmente livre para fazer o que quisesse. Se ele quisesse estudar, ótimo; caso não, ela continuaria apenas declarando fé, sem cobranças, muito menos imposições. Também não mais o acodaria para ir ao colégio, afinal, ele tinha o próprio despertador ao lado da cama. Acordar ou não para ir à escola ficaria também por conta dele durante aquela semana.

Como esse jovem se comportou diante da liberdade somada de fortes e verdadeiras declarações de fé? Esse rapaz passou a estudar muito mais, também passou a acordar sozinho para ir ao colégio. A mãe pôde contemplar grandes mudanças em si e em seu filho.

Ele deixou de ser um menino controlado e dirigido pela mãe e passou a ser um rapaz tal qual as declarações proferidas por ela: responsável, estudioso, enfim, um rapaz maravilhoso. Lembre-se de que as mudanças só ocorreram nele porque sua mãe desistiu de tentar mudá-lo e passou a trabalhar as mudanças nela mesma e, sobretudo, passou a acreditar no que ela própria dizia sobre o filho.

Entretanto, vamos imaginar que o filho não estudasse e também não acordasse para ir ao colégio. O que fazer nesse caso? Já sabemos que criticar, reclamar, julgar, se fazer de vítima ou justificar os próprios erros não produzem resultados consistentes ou positivos. Contudo, orientar, dar sugestões e fazer perguntas poderosas a esse jovem podem ser uma forma eficaz de deixar que ele assuma o comando da própria vida. E, se tudo isso ainda não der certo, é muito eficiente deixá-lo assumir a responsabilidade por suas escolhas.

Quando ele sofrer com suas más escolhas, é fundamental que a mãe não o condene nem o critique, e sim esteja ao lado dele para apoiá-lo nas novas decisões e escolhas que o levarão para outro lado, deixando-o assumir a responsabilidade pelos seus resultados negativos.

## DECLARANDO FÉ PARA RECÉM-NASCIDOS E CRIANÇAS

Duas amigas que trabalhavam na mesma empresa estavam grávidas e tiveram duas lindas meninas. As duas crianças nasceram em um ótimo contexto financeiro e social, na mesma cidade e na mesma época, apenas com quinze dias de diferença.

Com sete dias de nascida, Juliana (vamos chamá-la assim) foi visitada pela outra família, onde estava prestes a nascer Eduarda. Depois de conhecer a neném, o lindo quarto decorado, os pais estavam conversando, quando o pai da recém-nascida disse: "Minha filha é muito inteligente, ela percebe tudo o que acontece, ela sabe o que quer, ela é incrível".

A mãe de Eduarda, que é psicóloga, sorriu com ar irônico ou incrédulo e questionou o pai coruja: "Lauro, é impossível alguém afirmar que uma criança com sete dias de nascida seja inteligente ou não. Existem testes e exames para afirmar algo assim". Ela continuou: "Como você pode afirmar que sua filha é assim tão inteligente?".

Lauro, com um sorriso no rosto, disse: "Olha, é fácil afirmar que minha filha é muito inteligente. Quer ver?". E mais uma vez, com simplicidade e certeza, Lauro olhou para a filha e declarou: "Filha, você é muito, muito inteligente. Viu como é fácil dizer algo assim?".

Mais uma vez ela riu. Para ela, a afirmação não fazia o menor sentido, muito pelo contrário: a psicóloga, mãe de Eduarda, fazia diariamente o oposto, transportando todos os seus medos, suas inseguranças e suas angústias para sua pequenina ainda no ventre, através de suas declarações e atitudes.

Por já ter uma idade um pouco avançada, a mãe de Eduarda fez todos os exames para certificar-se de que a criança era saudável. Ela compartilhava esse medo com todos e a todo momento. Ela não foi a apenas um médico, mas a quatro deles procurando por alguma doença que sua filha pudesse ter. Ela só parou quando o pediatra de sua primeira filha disse em tom grave que ela fazia mal a si mesma e ao neném em sua barriga.

Os dias se passaram, Eduarda nasceu e as diferenças entre as duas crianças só aumentavam com o tempo, a ponto de a mãe de Eduarda levá-la ao neurologista para saber se a filha era normal, tamanha a diferença do desenvolvimento entre as crianças. Juliana, que nascera primeiro e cujos pais declaravam fé positiva constantemente, obtinha conquistas precoces: começou a andar aos 8 meses, aos 6 meses ficava em pé e engatinhava, falou "mamã" e "papá" com 5 para 6 meses. Desde os 6 meses sabia a sequência das músicas dos CDs infantis e também reconhecia as coreografias das músicas nos DVDs.

Enquanto isso, Eduarda ficou em pé apenas com 1 ano e 2 meses, e somente quando tinha 1 ano e 4 meses começou a ensaiar os primeiros e tímidos passos. Já Juliana, com 1 ano e 3 meses, gostava de passear independente no shopping, sem dar as mãos aos pais.

Juliana, com apenas 1 ano e 6 meses, dominava um vocabulário farto e construía frases, usava o plural, fazia concordância, entendia tudo que as pessoas falavam e já contava até 10. Em contrapartida, Eduarda continuava a se desenvolver lentamente, apenas balbuciando.

O que as duas crianças têm em comum? Ambas refletem as declarações verbais e atitudinais de seus pais. Talvez algum leitor se pergunte como uma declaração de fé que diz que uma criança recém-nascida é inteligente pode fazer efeito se ela não entende nada do que é dito nem sabe o significado das palavras.

A resposta é simples: toda afirmação, seja declaração de fé, validação ou qualquer palavra dita, gera dois resultados: um é afirmar algo a alguém, e o outro e mais importante é afirmar para si mesmo. Quando os pais de Juliana faziam suas declarações, eles estavam na verdade se convencendo de que sua filha de fato possuía aqueles predicados e, à medida que repetiam isso, eles próprios passavam a acreditar mais nas suas declarações a respeito de sua filhinha e a tratá-la como tal.

Assim, passaram a crer nos potenciais da criança e, dessa forma, todas as suas atitudes e escolhas conduziram a filha para o desenvolvimento. O fato é que, consciente ou inconscientemente, eles passaram a estimular e desenvolver a inteligência de Juliana.

## O OBSERVADOR CRIA A REALIDADE AO DECIDIR COMO OBSERVÁ-LA

Um consultor israelense naturalizado americano tem viajado o mundo ensinando algo que ele chama de profecias autorrealizáveis nas organizações. Ele diz em seus seminários e em suas palestras que todo funcionário reflete profissionalmente o que seus líderes pensam e declaram sobre eles, seja uma declaração verbal, seja comportamental. Assim, o líder "cria" seus liderados a partir das crenças que ele possui sobre sua equipe – algo também explicado pela física quântica:

> "*Minha decisão consciente sobre a forma como vou observar um elétron irá determinar-lhe as propriedades e posições [...] O ato de observar se confunde profundamente com a criação da própria realidade que observamos [...] O elétron não possui propriedades objetivas que independam da minha mente.*"
>
> (Fritjof Capra e Brian Greene)

Vamos exemplificar: certa vez o exército norte-americano fez um experimento. Recolheu em vários quartéis soldados medianos e medíocres e os mandou para outro estado, onde não eram conhecidos, para que integrassem outro batalhão. Nas suas fichas de transferência, foi escrito que eles eram a elite dos soldados americanos, soldados de destaque técnico e comportamental, capazes de enfrentar qualquer situação. Com tantas referências positivas e não conhecendo o passado dos novos soldados, seus novos superiores os trataram com toda a deferência, crendo que ali estavam de fato os melhores soldados dos Estados Unidos. E, por incrível que pareça, a maior parte desses soldados que antes eram medianos tornou-se de grande destaque em seu novo batalhão. Eles passaram a refletir as expectativas que seus superiores tinham sobre eles.

**Da mesma maneira, a declaração de fé serve para quem recebe e principalmente para quem profere.** Casos parecidos já foram verificados inúmeras vezes em colégios, quando, por exemplo, um professor recém-contratado é avisado de que a turma para a qual vai lecionar é composta pelos melhores e mais inteligentes alunos. Contudo, a verdade é que essa turma é problemática, com péssimas notas e terrível comportamento, o pesadelo de todos os professores que haviam passado por ela. Apenas pelo fato de o novo professor acreditar que se trata de uma turma muito boa, ele passa a tratá-la com declarações positivas e atitude conforme sua crença. A turma reage positiva e proporcionalmente ao tratamento que recebe, passando a ter desempenho e resultados que jamais tivera. E, quando a direção do colégio mostra o desempenho e o comportamento anteriores daquela turma, o professor mal pode acreditar.

Alguns grandes profissionais, extremamente respeitados em seus trabalhos, quando estão com suas famílias assumem postura infantil e submissa. Por quê? Será que essa pessoa é hipócrita, fraca ou tem duas personalidades? Provavelmente não. Ela apenas está refletindo as crenças que sua família traz sobre ela desde a infância, não importando se amadureceu e mudou.

Assim, exerça o livre-arbítrio de Deus e declare o que é bom, valide o que é verdadeiro e construtivo, o que é edificante e puro. Declare o que faz bem a você e aos outros, e então você perceberá que sua vida e seu mundo seguirão o mesmo caminho.

Quero lembrar que a boca e o corpo comunicam o que já existe na mente. Assim, nós vamos agora nos responsabilizar por nossos pensamentos e seus efeitos.

O que nós pensamos repetida e emotivamente gera palavras, que alimentam sentimentos e refletem uma fisiologia correspondente aos nossos pensamentos, gerando as crenças que conduzem nossa vida.

Por isso, gerencie seus pensamentos, porque, se você não tomar o controle de sua mente, alguém ou alguma circunstância o fará por você.

*"Tudo o que é verdadeiro, tudo o que é respeitável, tudo o que é justo, tudo o que é puro, tudo o que é amável, tudo o que é de boa fama, se alguma virtude há e se algum louvor existe, seja isso o que ocupe o vosso pensamento."*

(Filipenses 4:8)

## O SELECIONADOR: MATRIZ PASSIVA DE FORMAÇÃO DE CRENÇAS

Conforme a Matriz Passiva de Formação de Crenças, vista no quadro a seguir, todas as informações que nos chegam através da visão, da audição e da sinestesia/sensação passam por nossos filtros de crenças e valores e geram uma experiência interna, repleta de **pensamentos** (imagens, diálogos internos) e **sentimentos**, que por sua vez produzem um significado único e individual. Quando me refiro a significado único e individual afirmo que o mesmo acontecimento, ocorrido com duas pessoas diferentes, pode produzir dois significados totalmente diferentes.

Um exemplo foi o caso de um acidente com dois amigos que voltavam de carona da faculdade. Apesar da gravidade do acidente, os dois tiveram apenas escoriações leves. Contudo, o significado do evento foi distinto para eles: um se achou a pessoa mais afortunada do mundo por ter escapado ileso de um acidente tão grave. O outro, porém, ficou traumatizado e com medo de andar de carro. Para ele, pegar carona, nem pensar. Uma informação, um acontecimento, mas com significados completamente diferentes.

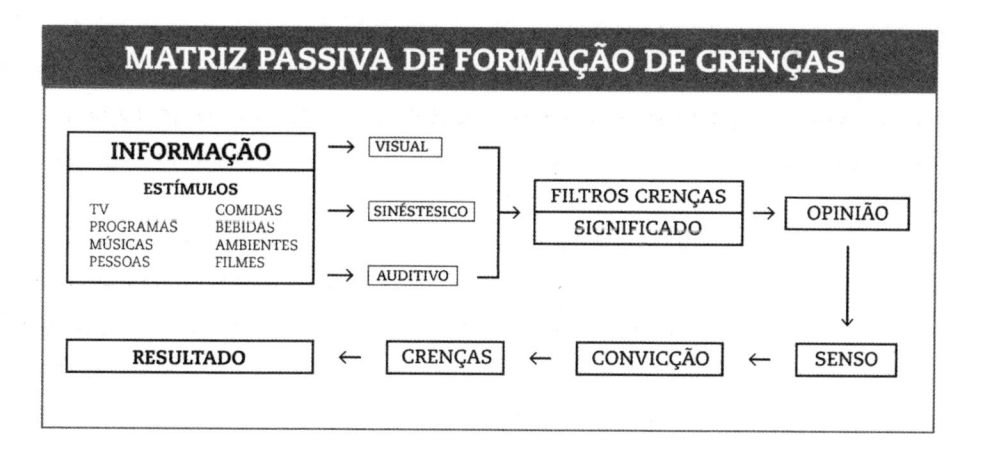

Voltando para a Matriz Passiva de Formação de Crenças, vemos que o significado, dependendo da sua intensidade emocional, produz uma **opinião ou senso**. Se essa informação for sistematicamente repetida ou intensificada, a opinião ou senso vira uma **convicção**, que, da mesma maneira, se for mantida ou intensificada emocionalmente, se transformará em uma **crença**. E sabemos que toda crença é autorrealizável e produzirá um resultado proporcional.

## POR QUE SER SELETIVO

Quando falo sobre essa questão de selecionar as informações que nos chegam, eu me refiro a tudo o que não faz bem, tudo que enche nossa mente de **pensamentos** ruins e consequentemente de **sentimentos** ruins. Quando digo que não costumo ver telejornais e que seleciono as matérias que me interessam nos jornais de circulação aberta, pessoas se manifestam na plateia e dizem que são obrigadas a assistir os telejornais com a desculpa de estarem bem informadas.

O fato é que até hoje não vi ninguém que realmente precisasse se contaminar todos os dias com essas mídias apocalípticas e sensacionalistas, a não ser jornalistas ou pessoas ligadas de maneira direta à comunicação de massa. Sou consultor e palestrante nacional e internacional e nunca fui surpreendido por desconhecer algum assunto, de fato, relevante. Algumas pessoas que não me conhecem dizem que devo ser alienado.

A pergunta é: quem é alienado? A pessoa que se sujeita e se expõe a todo tipo de informação, sendo ela de boa ou má qualidade? Ou a pessoa que filtra, qualifica e escolhe o que lhe chega à mente e ao coração? Pessoas seletivas recusam-se a dar ouvidos à mídia sensacionalista e a programas que desvalorizam e vulgarizam o gênero humano. Elas escolhem com quem saem e os ambientes que frequentam, elas selecionam como, com quem e de que maneira vão viver.

Isso não é alienação, é sabedoria. As informações viciadas, negativas e inúteis nos chegam numa velocidade assustadora e por todos os lados, se assim permitirmos. Então, cabe a cada um, de maneira autorresponsável, defender-se e proteger seus **pensamentos** e **sentimentos**, pois eles produzirão suas crenças.

Quando sinto a necessidade de me aprofundar em algo, vou à internet e leio o que me interessa, não o que interessa aos outros. Sou eu o responsável por meus pensamentos e meus sentimentos; assim, sou eu que seleciono o que me faz bem e o que me faz mal, o que me faz acessar meus melhores recursos internos.

Por favor, não me venha dizer que consegue assistir a um telejornal que mostra três sequestros, um deles com morte, crianças morrendo de fome, políticos corruptos e impunes, catástrofes climáticas, tráfico de drogas e outras desgraças sociais sem que isso tudo lhe prejudique nem afete seu estado de espírito. O ser humano só não é influenciado negativamente por essa torrente de informações negativas se já for uma pessoa negativa ou estiver no mesmo nível emocional das informações que chegam até ele.

Certa vez, uma pessoa, sabendo que não sou adepto de noticiários e derivados, perguntou se eu tinha visto aquele acidente em que a ponte havia partido e um ônibus cheio de romeiros caiu no rio. Eu respondi que não. Ele logo deu sequência e me perguntou se eu havia visto o sequestro de certo empresário e eu disse que tinha apenas ouvido falar, mas não sabia nenhum detalhe, estava ciente apenas de que ele tinha sido libertado pela polícia.

Ele sorriu e disse: "Você está por fora mesmo! O empresário foi resgatado em um sítio na Grande São Paulo, e no cativeiro foram encontradas mais duas pessoas. Elas estavam todas em um minúsculo buraco, sem as menores condições de higiene e à base de pão e água. E o pior de tudo é que você não sabe de nada do que está acontecendo!". Com um ar de compaixão, concordei. "Verdade, realmente sei muito pouco ou nada desse tipo de informação..." Ele continuou: "Era uma quadrilha composta e liderada por policiais militares".

Antes que ele continuasse, eu o interrompi e perguntei-lhe: "Qual é a novidade em pessoas serem sequestradas?". Ele retrucou: "É importante saber que existe violência". Eu interrompi mais uma vez, só que desta vez com menos paciência: "O Abílio Diniz foi sequestrado na década de 1980; Helena de Troia, que na verdade era Helena da Grécia, foi sequestrada, como narra a mitologia grega, há milhares de anos. A fome também sempre existiu e não é nenhuma novidade. Policiais corruptos, acidentes de carro, avião ou navio também. A minha pergunta para você é: o que você tem feito na prática com todas essas informações negativas, destrutivas e depressivas? Qual a atitude, realmente proveitosa para você e para o mundo, que você toma depois de ver tanta tragédia? Afinal, informação só tem proveito quando acompanhada de ação".

Nesse momento ele se calou e não soube o que responder. "Se você não tem o que dizer, eu tenho", falei em um tom enérgico e severo. "Eu não preciso me contaminar diariamente com notícias que falam de violência nem de desigualdade social para agir ou fazer a diferença no mundo ao meu redor. Agora, me diga, de que adianta ter tantas informações se elas não o fazem agir para melhorar a sua vida e das outras pessoas?"

Sem palavras ele estava, sem palavras ele permaneceu. E a proposta que fiz a ele, eu a faço também a você, leitor: dê-se uma chance, passe apenas sete dias sem ver nenhum telejornal, sem ler as matérias negativas nos jornais de circulação diária. Você verá como seu astral e seu estado de espírito estarão revigorados.

Estou certo de que você se tornará muito mais sensível e atuante, não estará mais anestesiado diante dos problemas, deixará de viver de maneira passiva e passará a ser o protagonista do mundo que o rodeia. Seu otimismo e sua esperança aumentarão, você vai falar de vida e possibilidades, não de mortes e calamidades. Suas ações serão mais concretas e você agirá na sua zona de influência, fazendo e sendo tudo que é potencialmente capaz. Tenho certeza de que você será uma pessoa muito mais autorresponsável e muito mais feliz.

Quando falo da nossa responsabilidade em selecionar, não me refiro apenas aos noticiários, mas também a uma série de programas, novelas e seriados, pessoas e ambientes que transformam o que é anormal em normal e fazem parecer que é correto ter uma vida desequilibrada. Por exemplo: soube de uma novela em que a esposa traía o marido com o motorista, que, por sua vez, era casado e traía a esposa dele também com a copeira da casa e ainda com outra mulher.

Em uma cena na qual a patroa e o motorista estavam em um motel, a mensagem dada pela artista foi clara: "Se seu marido não dá conta do serviço, não seja boba e infeliz, traia, pois é isso que ele merece". Ela não orientou nem aconselhou os milhões de telespectadores a buscarem o diálogo, ajuda profissional ou literatura especializada para que restaurassem o casamento. A mensagem foi apenas uma: traição.

Em outra novela, as pessoas ridicularizavam as meninas que ainda não tiveram experiências sexuais, como se a virgindade fosse algum pecado ou doença contagiosa.

Nos anos 1990, contemplei envergonhado e perplexo o Brasil colocando suas crianças e pré-adolescentes para participarem de concursos daquela dança na "boquinha da garrafa", em que crianças, usando um fio dental, dançavam de forma erótica, para não dizer pornográfica, e iam ritmicamente se requebrando e se agachando até derrubar uma garrafa. Essa dança, divulgada pela mídia e apoiada pela sociedade, aconteceu por mais de um ano, até que finalmente o juizado de menores proibiu a existência da garrafa e que as crianças usassem biquínis fio dental durante as danças na televisão.

O pior ou mais absurdo é que pessoas intelectualmente cultas defendiam essas atrocidades. "Os tempos mudaram", diziam. O que dizer, então, dos sucessos de hoje? Quem são as "novinhas" de que falam as letras? O que se ensina para nossos adolecentes, quando aplaudimos esse tipo de música?

Em um programa focado no público adolescente, que ainda passa nas nossas tardes televisivas, fiquei estarrecido com a conversa das meninas com idade em torno de 14 anos: "Fulana, você tem camisinha?". "Não", respondeu ela. Imediatamente todas as outras meninas criticaram-na, pois naquela idade já era um absurdo não ter camisinha na bolsa. "Afinal, sexo pode rolar a qualquer hora."

Elas diziam essas coisas como se fossem mulheres experientes e muito vividas. Eu fiquei confuso. Afinal, qual era a real motivação do autor? Estimular o sexo vulgar, com qualquer um, a qualquer hora, a qualquer idade, ou dizer para as jovens que devem fazer sexo seguro? Para mim, o que ficou claro foi a banalização do sexo. E o pior: estimulando o sexo sem amor, o sexo irresponsável, aquele que deixa arrependimento e mais carência no coração e na mente de nossas "pós-crianças".

Por isso, temos o direito e o dever de selecionar o que nos chega. O que é lixo, mande para o lixo. Pessoas que conhecem o seu valor próprio sabem selecionar o que lhes faz bem e o que lhes faz mal. Use o livre-arbítrio e colha os bons resultados de ser um selecionador consciente.

## SELECIONANDO PESSOAS

Quando falo em conquistar uma estrutura emocional sadia e próspera, lembro logo aquela máxima: "Diga-me com quem tu andas e direi quem tu és". Você pode estar certo de que pessoas equilibradas andam acompanhadas de outras pessoas equilibradas, tanto quanto marginais andam acompanhados de outros marginais, beberrões andam com outros beberrões, corruptos se relacionam com outros corruptos, e assim por diante.

Quem não conhece ou não percebe o próprio valor se permite acompanhar por qualquer tipo de pessoa, aceitando aquelas que usam palavras contaminadoras e destrutivas, convivendo com indivíduos que, por onde passam, levam consigo "uma nuvenzinha negra" sobre a cabeça.

É importante lembrar que toda comunicação que nos chega, ou melhor, que toda a comunicação que permitimos chegar até nós produz algum tipo de resultado. Não há como ficar incólume a uma hora de conversa com alguém depressivo e pessimista, aquele tipo de pessoa que tem todas as estatísticas que comprovam a sua teoria de desgraça. Muito pior será se dermos espaço para essa pessoa nos contaminar dia após dia com seus presságios e suas lamentações.

Muitas pessoas acham que devem amparar quem está mal, e eu concordo. Entretanto, devemos primeiro identificar se a pessoa de fato quer socorro, e depois devemos saber como apoiá-la. Lembre-se: só ajudamos quem quer ser ajudado. Acolher uma pessoa com debilidades emocionais que se manifestam por meio de características de depressão, autopiedade, lamentações, críticas e autocríticas desenfreadas requer muita sabedoria.

Uma analogia adequada é o conselho que profissionais que tratam de pessoas com dependência química dão a parentes, amigos e parceiros que querem se aventurar a tirar alguém do mundo das drogas. Esses profissionais mostram estatísticas em que se vê de maneira clara que é muito mais fácil um viciado levar o vício para o amigo do que o amigo conseguir tirá-lo das drogas. Da mesma maneira, é muito mais fácil uma pessoa depressiva desestruturar emocionalmente quem quer ajudá-la do que o contrário.

Vou contar um exemplo que aconteceu comigo alguns anos atrás. Contratei para ser consultor de minha empresa um jovem aparentemente brilhante, muito eloquente, que conhecia os processos comerciais a fundo e falava com grande desenvoltura. No final do primeiro mês de trabalho, percebi que havia algo errado com a estrutura emocional daquele rapaz, mas, como não tinha visto nada de concreto, decidi apenas continuar observando.

Dias depois, cheguei à empresa, cumprimentei a pessoa da recepção e rapidamente percebi que havia algo errado com ela. Indaguei-lhe: "O que há de errado com você?". Ela me respondeu: "Não é nada comigo, foi algo muito triste que alguém me contou". Antes que eu perguntasse sobre o que tinha acontecido, ela, com tom fúnebre, disse: "Lamento, mas é segredo, a pessoa confiou a mim esse segredo e pediu que eu não contasse a ninguém".

Respeitei o segredo e saí. Caminhei mais 2 metros e encontrei outra pessoa com o mesmo semblante triste e apático. Mais uma vez não podia dizer do que se tratava, pois quem lhe contou pedira segredo total. Continuei e, quando cheguei à minha sala, encontrei a minha gerente me esperando para uma reunião. Não preciso dizer qual era o semblante dela.

Nesse momento, não aguentei mais ficar à parte, sem saber o motivo que estava abalando todas as pessoas da minha empresa. Com tom severo, perguntei à minha gerente: "O que é que está acontecendo aqui que antes das 9 horas da manhã está todo mundo pra baixo, com uma cara de tristeza, e ninguém me fala do que se trata?". Antes que ela me falasse que a pessoa lhe havia pedido segredo, antecipei: "Por favor, não me venha com essa história de segredo. Algo está destruindo a minha equipe e quero saber o que é".

Quando ela ia começar a falar, entrou aquele rapaz aparentemente brilhante na minha sala e pediu para falar a sós comigo. A ficha começou a cair. Ele veio com um ar de novidade no rosto. Veja bem, não era uma cara de tristeza, e sim de novidade. E disse: "Paulo, você não sabe o que aconteceu... Você sabe que sou de São Paulo... Pois é, eu tenho um irmão lá...".

Esse rapaz me contou uma história tão triste, tão pesada, tão rica em detalhes que derrubaria até o mais forte soldado. Quando ele acabou de me contar tudo, pude entender por que toda a equipe estava tão triste. Afinal, eu também estava.

Antes de ele sair da sala, eu lhe perguntei por que ele havia contado para mim e para toda a empresa aquela história. Com um sorriso, ele me respondeu: "Foi só para desabafar, agora estou bem". E saiu saltitante de minha sala. Sim, saiu alegre – afinal, ele tinha conseguido o que queria. Ele tinha se feito de vítima e usado o ocorrido para chamar a atenção das pessoas por ele estar sofrendo por causa do irmão.

O resultado da ação destruidora dele foi avassalador; uma equipe inteira com tristeza e pesar, todos com fisiologia de derrota, consequentemente um dia de péssimos resultados. Esse foi o último mês de trabalho dele conosco.

Você deve estar pensando: "E por que você não ajudou aquele rapaz brilhante?". A resposta é muito simples: conversei algumas vezes com ele, cheguei até a propor algumas ações e exercícios de reestruturação emocional; entretanto, ele não queria ajuda, tudo que ele queria era ser vítima e que as pessoas tivessem pena dele. E, como eu já disse: só ajudamos quem quer ser ajudado.

O que eu quis retratar com essa história é que muita gente dá ouvidos às pessoas debilitadas emocionalmente no intuito de ajudá-las; a verdade, porém, é que, após falar uma vez sobre o problema, falar outra vez só vai piorar para quem fala e para quem ouve, visto que palavras têm poder.

Se você, de fato, quer ajudar uma pessoa debilitada emocionalmente, direcione a conversa através de perguntas poderosas focadas apenas na solução e no que é possível ser feito. Agora, se ela quer seu ouvido para se fazer de vítima, para se lamentar, para culpar alguém pelo seu sofrimento, para criticar, para justificar seus erros, dê um basta na conversa, pois na verdade você estará atrapalhando essa pessoa e a você mesmo.

> *Alerta: se as pessoas buscam você frequentemente para falar de seus problemas, desabafar, e você as escuta, há uma explicação: você é igual a essa pessoa. Percebendo ou não, você possui debilidades emocionais no mesmo nível que seu interlocutor – afinal, os iguais se atraem!*

Assim, se realmente queremos estruturar nossas crenças, mantendo pensamentos, sentimentos e comunicação de qualidade, será de fundamental importância selecionar tudo que lhe chega e receber apenas o que vale a pena, o que edifica, o que constrói.

> *"Não faça como alguns que se lamentaram e murmuraram, pois estes já foram destruídos pelas mãos do anjo da morte."*
>
> (I Coríntios 10:10)

Ponha em prática os conceitos e as ferramentas linguísticas que vimos neste capítulo. Seus resultados serão incrivelmente maiores no contexto profissional e pessoal. Seja disciplinado e usufrua das transformações que começam a acontecer na sua vida a partir da mudança em sua comunicação verbal.

# 6

# COMO ESTABELECER
# E REALIZAR
# OBJETIVOS GRANDIOSOS

Por que muitos não realizam seus sonhos mais básicos, enquanto outros conquistam o "céu"? Por que muitos não conquistam a casa própria enquanto outros moram em verdadeiros castelos? Por que muitos andam de ônibus enquanto outros andam de BMW e Mercedes?

Muitas pessoas passam sua existência e mal conseguem sair da base da pirâmide de Maslow,[15] cujo foco é sobreviver e atender às necessidades básicas, enquanto outras saem do nada e já na fase pós-juventude têm importantes conquistas alcançadas.

Deixando de lado os ganhos materiais, continuo perguntando: por que alguns têm casamentos plenos e felizes, enquanto outros vivem em um verdadeiro caos familiar?

Por que alguns têm saúde de sobra e outros não? Afinal, o que difere as pessoas realizadas e plenas das que têm vida medíocre e frustrada? Para responder a essas perguntas de forma rápida e simples, basta uma palavra: **crenças**. Afinal, são nossas crenças pessoais, crenças sobre quem somos,

---

15 Criada pelo psicólogo Abranham Maslow, a Pirâmide de Maslow ilustra uma divisão hierárquica das necessidades humanas. As necessidades de nível mais baixo na pirâmide devem ser satisfeitas antes daquelas de nível mais alto.

crenças sobre o que o mundo é, que determinam todas as nossas possibilidades e conquistas, onde estamos e até onde poderemos ir.

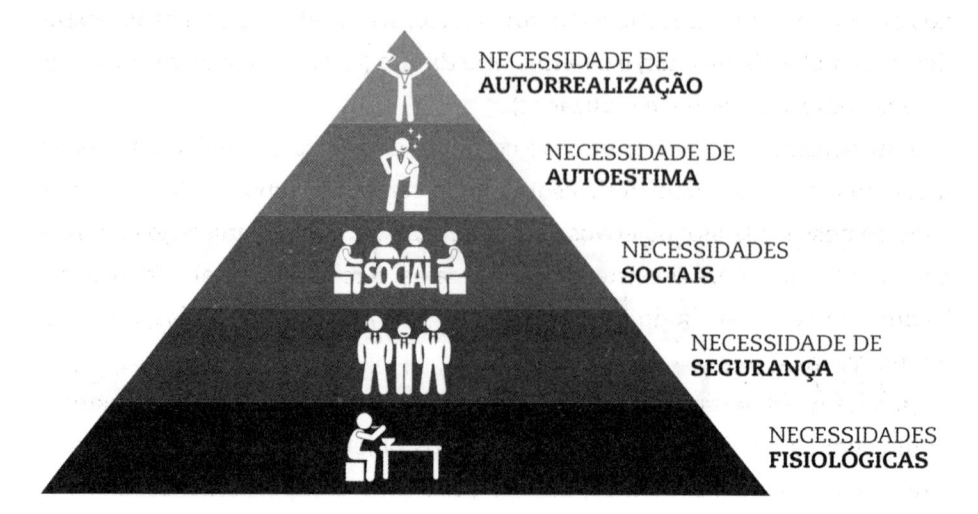

Contudo, resta uma pergunta: como mudar as crenças pessoais para conquistar nossos sonhos e objetivos? Aprendemos a usar a Matriz Ativa de Formação de Crenças, que começa pela produção intencional de uma comunicação de vitória e se conclui com a alteração das crenças.

Esse é um caminho – diga-se de passagem, um caminho excelente. Temos, porém, muitas outras ferramentas para mudanças de crenças que aplicaremos neste capítulo.

A base do aprendizado e desenvolvimento humano é a modelagem do sucesso alheio e, a partir dessa perspectiva, os precursores da Programação Neurolinguística entrevistaram e mapearam o que pessoas de grande sucesso e destaque fizeram para chegar aonde chegaram.

Foi percebido que essas pessoas estabeleciam metas e objetivos, e iam além: tinham um método específico para isso. E é justamente o aprimoramento desse método que usarei para ensiná-lo a criar e restaurar crenças pessoais capazes de levar você, natural e harmonicamente, na direção de seus sonhos mais desafiadores.

*Você tem todos os recursos internos de que necessita para conquistar seus objetivos. Está na hora de aprender a usá-los.*

## USANDO OS DOIS HEMISFÉRIOS CEREBRAIS

No estabelecimento e na conquista de nossos objetivos, usaremos os dois lados do cérebro: o hemisfério esquerdo (lógico, sistemático, organizado, analítico, racional e idealizador) e o hemisfério direito (criativo, subjetivo, intuitivo, inconsciente, emocional e realizador).

É importante você saber que, no contexto de metas e objetivos, a função mais importante do hemisfério esquerdo do cérebro é elaborar e testar a validade de nossas ideias e objetivos. Ele é também chamado hemisfério idealizador. Entretanto, quando existem apenas ideias, o resultado final é frustração. É como ter consciência do quanto sabemos, ter as melhores ideias, e não as pôr em prática.

Já o hemisfério direito tem função complementar. Ele não elabora planos, muito menos avalia a qualidade dos nossos objetivos, porém ele direciona toda nossa vida (pensamentos, atitudes, escolhas, comportamentos, criatividade e crenças), de forma consciente ou não, na direção da realização deles. Ele é chamado hemisfério realizador.

Assim, o grande segredo na elaboração e na conquista dos nossos objetivos é integrar os dois hemisférios cerebrais a partir de representações internas – ou seja, imagens e filmes mentais específicos e completos de nossos objetivos – e ter a experiência mental do que queremos. Interagir em nível mental com essas imagens, sons e sentimentos e vivenciá-los exaustivamente até que se confundam com a própria realidade. Nesse momento, você estará na iminência de realizar seus objetivos.

A figura a seguir mostra de maneira simplificada a fisiologia cerebral na elaboração e conquista de nossos objetivos.

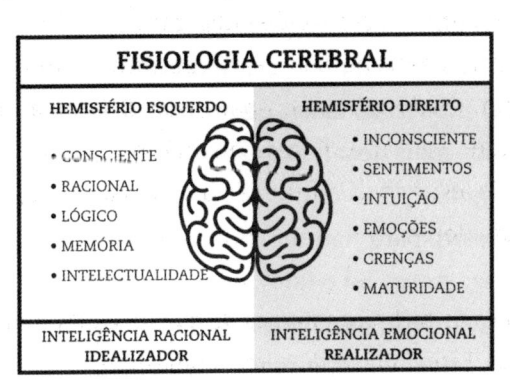

**FISIOLOGIA CEREBRAL**

| HEMISFÉRIO ESQUERDO | HEMISFÉRIO DIREITO |
| --- | --- |
| • CONSCIENTE | • INCONSCIENTE |
| • RACIONAL | • SENTIMENTOS |
| • LÓGICO | • INTUIÇÃO |
| • MEMÓRIA | • EMOÇÕES |
| • INTELECTUALIDADE | • CRENÇAS |
| | • MATURIDADE |
| INTELIGÊNCIA RACIONAL IDEALIZADOR | INTELIGÊNCIA EMOCIONAL REALIZADOR |

A maioria das correntes acadêmicas falha ao usar exclusivamente o hemisfério esquerdo e suas habilidades cognitivas e racionais para estabelecer metas e objetivos. Já a corrente de autoajuda, com seus pensamentos positivos, também falha por ser demasiadamente subjetiva e usar apenas o hemisfério direito e a estruturação interna de imagens para alcançarem seus objetivos e metas.

Trago a seguir uma ferramenta do Coaching Integral Sistêmico® chamada Skill Open Limits®. Este método lhe possibilitará resultados e conquistas surpreendentes em tempo recorde entre a elaboração do objetivo e a conquista propriamente dita. Ele vem sendo desenvolvido, testado e aprimorado há mais de quinze anos e comprovado por milhares de pessoas mundo afora. Agora é a sua vez!

## MÉTODO SKILL OPEN LIMITS® (SOL)

### 1ª ETAPA: Mapa de Autoavaliação Sistêmico® ou MAAS®

Você já sabe como responder a MAAS. Preencha-o novamente, seguindo os critérios explicados no capítulo 1. Observe seu MAAS com calma, avalie-o, liste as cinco áreas prioritárias e depois escolha o pilar ao qual você dará foco neste momento. Não precisa necessariamente ser o pilar com a nota mais baixa; você pode escolher outro pilar, desde que acredite que, trabalhando nele, ele vai alavancar os outros que estão debilitados.

Escolha o pilar: _____.

### 2ª ETAPA: elenco de sonhos

Tendo montado o MAAS e escolhido o pilar a ser trabalhado, o próximo passo é enumerar dez sonhos ligados ao pilar escolhido. Nesta etapa, não se preocupe se seu sonho é possível ou não. O importante é que seus sonhos tenham data para acontecer. Nos mais fáceis de atingir você colocará uma data breve para realizá-los, e nos mais desafiadores você colocará uma data mais distante para que aconteçam.

Fique atento, porém, para não ter sonhos apenas de curto prazo nem sonhos apenas de longo prazo. Só o fato de ter sonhos e dar datas de curtíssimo prazo (até seis meses), curto prazo (seis meses a um ano), médio prazo (mais de um ano até três anos) e longo prazo (mais de quatro anos) a eles já é o suficiente para gerar mudanças substanciais no processo neural que produz sua motivação, comportamento adequado e foco.

ELENCO DE SONHOS (*Dream List*):

1. _____
2. _____
3. _____
4. _____
5. _____
6. _____
7. _____
8. _____
9. _____
10. _____

## 3ª ETAPA: descritivo do objetivo

Tendo feito o elenco dos seus sonhos referente ao pilar mais importante no momento, o passo seguinte é transformar esses sonhos em um objetivo claro, conciso e explicável. Assim, descreva seu objetivo a partir dos seus sonhos. Supondo que o pilar escolhido como exemplo seja o financeiro, observe e depois faça o seu descritivo do objetivo.

Exemplo de descritivo do objetivo:

Ter um pró-labore de 40 mil reais por mês, comprar um apartamento de 180 m² no bairro Aldeota e decorá-lo com móveis e objetos lindos e de qualidade. Comprar um Corolla zero quilômetro cor prata, poupar 10 mil reais por mês para o futuro e reservar dinheiro suficiente para viajar no fim do ano com a minha família para a Disney. Terei como base de tempo para que tudo isso ocorra em até um ano.

Descritivo do seu objetivo.

_____
_____
_____
_____
_____

**4ª ETAPA: condições necessárias para formulação de metas e objetivos**
Vamos discorrer a partir de agora sobre a metodologia de elaboração e estabelecimento de metas e objetivos que nosso cérebro possa compreender, perseguir e conquistar.

OS SEIS CRITÉRIOS PARA BOA FORMULAÇÃO DE OBJETIVOS:
1° Estabelecido e expresso de forma positiva.
2° Específico em todos os aspectos.
3° Iniciado e controlado pela própria pessoa.
4° Desafiador, porém possível.
5° Ecológico, que faça bem a todos.
6° Temporal, com data para acontecer.

**1° Critério: estabelecido e expresso de forma positiva**
É muito comum, quando vamos orar, querer ou pedir algo, expressarmos justamente o que não queremos em vez do que queremos. Por exemplo: não quero ficar doente. Não quero perder meu emprego. Não quero ter problemas com você. Não quero engordar.

É importante reestruturar seus objetivos de forma positiva, para que o cérebro não seja obrigado a se defrontar com ideias desagradáveis, como a negação (palavra "não"), ou com perdas. Por exemplo, em vez de não querer ter excesso de estoque, queira ter um nível adequado de estoque. Em vez de não querer ser despedido, queira construir uma bela carreira. Em vez de não querer fracassar na prova, queira passar nela. Declare seus objetivos positivamente!

Acertos e não erros, esse é o caminho.

É mais do que apenas uma questão de semântica. O cérebro humano parece funcionar melhor com mensagens positivas do que com negativas. Apesar de nossos mecanismos de realização de metas serem muito sofisticados, a mensagem ao cérebro pode, às vezes, ser mal interpretada se expressa de maneira negativa. Isso pode ser percebido facilmente quando pai e mãe advertem seus filhos: "Não derramem suco na mesa", "não joguem bola na sala". Na mente humana o "não" tem a grande tendência de ser sublimado e ficar somente a mensagem oposta.

Assim, a partir de hoje, concentre-se no que você quer e não naquilo que você não quer. Tenha essa atitude como um fundamento da autorresponsabilidade.

Façamos um teste clássico:

Não pense na cor do céu num belo dia de praia. Vou repetir: não pense na cor do céu em um belo dia de praia. Pela última vez vou repetir: não pense na cor do céu em um belo dia de praia. Seja honesto: para não pensar na cor do céu em um belo dia de praia, você precisou primeiro pensar nela.

Por razões práticas, o cérebro lida muito melhor com ideias positivas. Quanto mais você tentar não ver a imagem, mais a reforçará em sua mente. Em vez de dizer que não quer ficar pobre, diga quanto quer ficar rico. Em vez de dizer que não quer sofrer, diga qual felicidade vai buscar. Portanto, estabeleça o que você quer atingir em vez do que não quer perder.

Você pode querer evitar um acidente, a perda de um negócio, a queda nas vendas, a traição. Muito bem, o que você gostaria de obter em vez disso? Que alvo você quer atingir, em lugar do número infinito de situações fora desse alvo que deseja evitar? Uma boa metáfora é a situação daquela pessoa que entra em um hipermercado apenas com a lista do que não quer. Imagine-se nesa situação. Certamente você achará o que não interessa.

Certa vez, eu estava no aeroporto de São Paulo esperando pelo meu voo, que já estava atrasado mais de uma hora e com previsão para mais uma hora de atraso. Do meu lado, no apertado saguão, estavam uma mãe e sua filha de aproximadamente 5 anos.

Essa criança gritava, e a mãe, com um grito ainda mais alto, dizia: "Não grite, menina!". A criança passava por baixo das cadeiras das pessoas, e a mãe, com o mesmo tom, dizia: "Não fique embaixo das cadeiras porque vão te pisar". Logo a menina inventava outra estrepolia, e a mãe dizia que ela não devia fazer aquilo – porém em momento nenhum disse o que aquela menina poderia ou deveria fazer.

Já impaciente e sem conseguir me concentrar na minha leitura, chamei a criança e fiz um desafio: propus que ela desenhasse um lindo avião cor-de-rosa em uma folha de caderno que fiz questão de dar junto com uma caneta. Como por um passe de mágica, aquela criança que antes não parava quieta e incomodava a todos se deitou no chão ao meu lado e ali passou mais de uma hora desenhando um lindo avião, até que o comissário de terra anunciou o meu voo. Em todos os momentos da vida será mais produtivo focar no que você quer e não no que não quer.

## EXERCÍCIO

Nos exemplos a seguir, para cada frase expressa no negativo, há um espaço para expressá-la na forma positiva.

Treine agora e continue treinando sempre. Cada vez que expressar seus objetivos, suas vontades e seus pensamentos de forma negativa, reformule imediatamente para a forma positiva.

a. Não quero ser reprovado novamente no concurso.

b. Não quero ser despedido.

c. Não serei pobre.

d. Não me envolverei mais com pessoas que não reconheçam o meu valor.

e. Nunca mais serei explorado no trabalho.

Com o tempo, essa simples técnica se tornará um hábito e sua atitude ficará mais positiva, suas ideias e suas vontades se desenrolarão de maneira mais fluida e seu cérebro poderá processar e direcionar melhor seus planos e objetivos.

## 2° Critério: específico em todos os aspectos

Lembre-se de que uma meta estabelecida de forma não específica ficará mais parecida com um sonho – e nós sabemos que um sonho, apesar de ser muito importante, é apenas um sonho e não tem o compromisso de acontecer.

Então, na elaboração de metas e objetivos, quanto mais específico e detalhista você for, mais chances terá de conquistá-los. Por exemplo: você pode ter uma meta de tirar férias na Europa. Se expressa dessa maneira, ela não é específica o suficiente para ser processada e compreendida por seu cérebro. Vamos usar as perguntas que seguem para deixar sua meta específica.

Que países visitarei em minha viagem para a Europa?

Quando será essa viagem?

Quanto tempo durará?

Qual o roteiro e os pontos a serem visitados?

Qual o montante financeiro de que necessito para essas férias?

Com quem viajarei?

Assim, a meta, que era apenas de passar férias na Europa, depois de responder a essas perguntas, pode, por exemplo, ter mudado para: passar doze dias de férias na Europa, quando visitarei França, Itália, Portugal e Espanha. Viajarei no dia 14 de junho com minha esposa e meus filhos. Os pontos principais que visitarei serão: a Champs-Élysées, a Torre Eiffel, o Coliseu, as touradas e as vinhas do Porto. Essa viagem demandará 35 mil reais.

Agora, sim: essa meta está específica e seu cérebro começa a criar representações internas com imagens, sons e sentimentos detalhados de seu objetivo como se já o tivesse realizado. Com essa condução neural, todo um mover de atitudes, comportamentos e acontecimentos o direcionarão para a concretização de sua meta. Muitas pessoas passam a vida sonhando e querendo a casa própria. Fartam-se com seus pensamentos e sonhos e muitas vezes não os realizam.

Como já sabemos, para que um sonho se torne um objetivo real e palpável, devemos torná-lo específico. Quando alguém fala:

"Quero comprar uma casa", esse objetivo foi estabelecido de maneira específica? É claro que não. É impossível gerar representações internas com apenas a informação "uma casa". E, mesmo que forme uma representação interna, ela estará sempre em mutação por não ter sido determinada de forma específica, e por isso seu possuidor não terá foco o suficiente nessa imagem para construí-la mentalmente. Muitas perguntas não foram respondidas para tornar esse objetivo específico. Suponha que esse seja um sonho seu e você quer transformá-lo em uma meta. Para isso, responda às perguntas a seguir.

Em que bairro fica essa casa/apartamento? Qual é o estilo? Qual a cor da fachada?

Quantos cômodos e quantos metros quadrados tem a casa/apartamento?

Quando comprarei e quando me mudarei? Quanto custa e qual é a forma de pagamento? Como é a vizinhança?

Depois de ter respondido a essas perguntas, verifique se é possível criar um quadro mental do seu objetivo. Verifique se, ao fechar seus olhos, você é capaz de vê-lo, senti-lo, tocá-lo, cheirá-lo, pois quanto mais real ele for na sua mente, mais perto estará de ser concretizado.

### 3° Critério: iniciado e controlado pela própria pessoa

Alguns pais têm o hábito de estabelecer objetivos para seus filhos, alguns cônjuges querem estabelecer objetivos para seu marido/esposa, e assim por diante. Entretanto, isso não costuma funcionar, pois esse objetivo não é iniciado e muito menos controlado pela própria pessoa. Além do mais, gera alto nível de cobrança e ansiedade entre os envolvidos. São expectativas criadas por uma das partes que muitas vezes a outra parte não está disposta ou não é capaz de atender. O resultado final costuma ser sofrimento, desconforto e distanciamento.

Quando um gerente estabelece metas de vendas para sua equipe, ele deve certificar-se de que a meta é tanto dele quanto da equipe. Para isso, o gerente deve "vender" para sua equipe o desafio de atingi-la, buscando o comprometimento de todos, de modo que a meta não seja mais somente do gerente nem da empresa, e sim iniciada e controlada por cada um dos vendedores. Assim, cada membro da equipe passa a ser o responsável por atingir suas metas e pelos resultados gerados.

É como o pai que estabelece explícita ou implicitamente a meta para seu filho de passar no vestibular para Medicina. A primeira pergunta é: o filho realmente comprou essa ideia e passar em Medicina é uma meta dele também? Afinal, só o filho pode se comprometer e dar continuidade a essa meta. O pai nem pode estudar pelo filho, muito menos fazer a prova por ele. A meta que esse pai pode fazer é de criar o ambiente adequado para que o filho se motive e estude para passar nesse vestibular.

### 4º Critério: desafiador, porém possível

O tamanho de uma meta é um fator muito importante para a sua realização. Se pequena demais, não será desafiadora – afinal, por que fazer algo que não é estimulante e cujo resultado todos já imaginam? Entretanto, se for grande demais, você poderá iniciá-la como se já tivesse perdido ou falhado. Por que entrar em um jogo que de antemão já sabe que perderá?

Os níveis de dificuldade são balizados pela percepção individual de cada pessoa. Já vi pessoas dentro da mesma empresa, sob as mesmas condições, em que uma achou a meta proposta impossível e inatingível, enquanto a outra achou a mesma meta tão fácil, que era desmotivadora. O mais interessante: as duas pessoas tinham totais condições e recursos para alcançá-la.

Nesse quesito, o grande desafio é balizar o tamanho de sua meta. Muitas pessoas se perdem no mundo da lógica e da racionalidade, acorrentando-se a paradigmas e conceitos do que se acham capazes de realizar. Outras vão muito além do que racionalmente seriam capazes, vão contra toda a lógica e o bom senso e, por fim, realizam o que a maioria das pessoas diria ser impossível.

O que poucos sabem é que, se alguém pôde, todos nós podemos. Se alguém realizou, todos nós podemos realizar. Durante o Método CIS®, invisto uma parte do tempo para que os alunos deem seus depoimentos, mostrem aos outros o que eles conquistaram durante o seminário, fazendo-os perceber que, se foi possível para um, é possível para todos. No entanto, a maioria de nós se autoimpõe barreiras, criadas pelas limitações internas derivadas de nossas crenças limitantes.

Quantas pessoas gostariam de comprar uma casa de quatro quartos em um bairro nobre e seguro, mas, na hora de estabelecer e pensar sobre seu objetivo, só conseguem se ver morando em um casebre de periferia? A energia neural para conquistar um casebre é a mesma que para conquistar uma mansão. Então, por que perseguir a mediocridade? Seja ousado. Desafie-se ao estabelecer seus objetivos!

Conheço um empresário exportador de camarão que era tido literalmente como lunático, pois tinha o objetivo de viajar no espaço. Hoje ele está inscrito e pagando alguns milhões para fazer um passeio espacial. Afinal de contas, o que é possível e o que é impossível para você? O que você é capaz de conquistar? Quem poderá responder a essas perguntas?

A resposta é a sua capacidade de criar uma visão positiva do futuro, aliada a crenças possibilitadoras. **Tudo ou quase tudo que você conseguir imaginar/visionar com o lado direito de sua mente e acreditar na profundidade de suas crenças (hemisfério esquerdo) você poderá tornar real.** Como diz a passagem bíblica: quem tiver fé do tamanho de um grão de mostarda e de nada duvidar ordenará que o monte se lance no mar, e este o fará.

### 5º Critério: ecológico, que faça bem a todos

Depois de três anos de muito trabalho e dedicação, Cario Ribeiro recebeu o tão esperado convite para ser gerente regional de vendas de toda a área, que compreendia Minas Gerais e Mato Grosso. No calor do entusiasmo, fazendo planos de como gastar e investir o *superávit* financeiro que passaria a ter, pensando nos locais que ainda não conhecia, enfim, inebriado com o novo desafio e já tendo aceitado o cargo junto à direção, sua esposa perguntou, com semblante de preocupação: "Querido, você contemplou os efeitos colaterais?". "Como assim?", perguntou Cario.

Ela continuou: "O último gerente regional de vendas da empresa passava entre 20 e 25 dias por mês viajando, longe de casa, longe dos filhos e longe da esposa. Não é de admirar que eles tenham se separado. Sem contar que ele engordou muito, sem ter tempo para cuidar da saúde e se alimentando mal... Meu amor, será que esse aumento salarial fará tanta diferença assim para a felicidade de nossa família?".

Você deve estar curioso para saber se ele aceitou a promoção e mergulhou nos desafios da nova função ou atendeu ao clamor de sua esposa e continuou levando a vida como antes. Na verdade, isso não é o mais importante. O que importa é ele ser capaz de pesar os prós e os contras, avaliar os ganhos e as perdas e se certificar de que, no final das contas, vai ter valido a pena para ele e para os seus.

Essa etapa do processo de estabelecimento de metas nos alerta sobre o risco de subirmos o monte errado e, ao chegar lá em cima, olharmos para trás e descobrirmos que tanto esforço e sacrifício não valeram a pena.

Fazendo as perguntas a seguir, a si mesmo e aos seus, Cario minimizará as chances de subir o monte errado, de não ser ecológico:

1º Serei feliz passando a maior parte do tempo longe de minha família?

2º Minha esposa será feliz dessa maneira?

3º Nosso casamento resistirá à distância?

4º Meus filhos sofrerão e terão sequelas futuras pela minha ausência?

5°  Como ficará minha saúde com esse novo estilo de vida?

6°  O dinheiro ganho compensará as condições impostas?

7°  Essa promoção me fará de fato feliz?

8°  O que eu de fato ganho? O que eu de fato perco?

9°  Quais são as prioridades em minha vida?

10°  Por fim, serei feliz vivendo dessa maneira?

Certamente, após responder a essas perguntas, Cario estará mais habilitado a decidir de forma mais ecológica, prudente e motivadora.

### 6° Critério: temporal, com data para acontecer

Como dizia Maslow, a mente humana funciona por prioridades. Quando estabelecemos uma data para uma meta, inconscientemente nosso comportamento é alterado e nos pomos a agir na direção dela. Porém, quando não estabelecemos uma data ou a estabelecemos da maneira errada, ficamos presos em uma zona de conforto e inação. Sendo assim, cada meta precisa de uma data para acontecer e também deve ter sua evolução acompanhada ao longo do tempo.

## EXERCÍCIO

### PARA VERIFICAÇÃO DO ESTABELECIMENTO CORRETO DE METAS

Com o quadro que se segue, você poderá verificar se sua meta atende aos cinco requisitos para o estabelecimento neural correto das suas metas.

Escreva aqui uma de suas metas:

_____

_____

_____

_____

_____

_____

**VERIFICADOR DE METAS**

|  | SIM | NÃO |
|---|---|---|
| ESPECÍFICO? |  |  |
| POSITIVO? |  |  |
| DESAFIADOR? |  |  |
| ECOLÓGICO? |  |  |
| VOCÊ CONTROLA? |  |  |
| É TEMPORAL? |  |  |

## HIERARQUIA DE METAS

Muitas pessoas passam a vida buscando metas muito maiores do que suas crenças pessoais, metas que não conseguem atingir. Conheci um jovem intelectualmente brilhante, que almejava ser um palestrante de renome internacional. Apesar de ter apenas 21 anos, seus planos eram de sucesso imediato. Não que isso não possa acontecer – afinal, quem determina nossas realizações são nossas crenças mais profundas. Entretanto, ele não respeitava algo que chamo de hierarquia de metas.

Funciona assim: ele pode ter a meta de ser um palestrante reconhecido internacionalmente, mas antes convém estabelecer a meta de ser um palestrante de sucesso nacional. Talvez não seja tão fácil se projetar nacionalmente, então proponho outra meta: ser palestrante local de renome. Para atingir essa meta, talvez seja interessante estabelecer outra meta intermediária, a de ser um grande instrutor nos temas que se propõe a dominar.

Agora, como ser um grande instrutor nos referidos temas? Nesse ponto, pode caber ao nosso futuro palestrante estabelecer um plano de ação: fazer treinamentos, assistir palestras em centros renomados e ler livros. Talvez agora tenhamos construído uma ponte para o futuro, em que cada meta é possível, porém desafiadora. Em resumo:

Meta principal: ser um palestrante reconhecido internacionalmente. Data: janeiro de 2021.

Submeta 1: ser um palestrante de renome nacional. Data: janeiro de 2020.

Submeta 2: ser um palestrante de muito sucesso local. Data: agosto de 2019.

Submeta 3: ser um grande instrutor em minha cidade. Data: dezembro de 2018.

Plano de ação: receber treinamentos e palestras dos mais renomados do país, como também ler os livros de referência mundial sobre o tema escolhido. Data: de janeiro de 2017 até setembro de 2018.

A etapa do plano de ação também precisa ser específica, contendo como fazer, quando fazer, com quem, recursos necessários e o acompanhamento passo a passo.

Agora, sim: essa pessoa trilha um caminho equilibrado, lógico e crível.

Vamos a outro exemplo.

Será mais fácil para um vendedor que acaba de iniciar sua vida profissional chegar a diretor da empresa se antes ele passar pelos cargos de gerente e supervisor. Dessa maneira, passamos a adquirir uma cadência na conquista de conhecimentos técnicos e racionais, que são de grande importância, como também e principalmente passamos a adquirir uma cadência na construção das crenças do que somos capazes de realizar e conquistar. Afinal, é mais fácil crer em ser promovido de vendedor a gerente do que de vendedor a diretor. É mais fácil crer na promoção de gerente local para gerente geral do que de gerente local para diretor, e assim por diante.

Por não conhecer a hierarquia de metas, muitas pessoas desanimam na busca dos seus objetivos grandiosos. Vamos a um último exemplo. Sua meta é conhecer a Europa, mas a viagem lhe custará 25 mil reais e você não tem todo esse dinheiro. Então, seguindo a hierarquia de metas, a sua primeira submeta é "fazer" esse dinheiro. Entretanto, você não tem trabalho ou emprego. Novamente voltamos à hierarquia de metas, e a segunda submeta é conquistar um trabalho que lhe renda 6 mil reais por mês para viabilizar a viagem.

Contudo, para conquistar um cargo com essa remuneração, são precisos mais conhecimento técnico e capacitação. Vamos novamente ao plano de ação: fazer os cursos que me capacitem a conquistar tal emprego, depois enviar meu currículo para empresas. Contudo, esses cursos custam em média 500 reais por mês, e agora irei intercalar minha terceira submeta, que é conquistar um trabalho que me gere esses recursos para bancar minha capacitação. Agora minha viagem para a Europa deixa de ser sonho e vira um plano de ação totalmente exequível.

**5ª ETAPA: visão extraordinária de vida**

A quinta etapa é transformar o seu objetivo descritivo e o seu elenco de sonhos em uma visão clara. Como diz a Bíblia, no livro de Habacuque (2:2-3): *"Então o Senhor me respondeu, e disse: Escreve a visão em tábuas para que possa ler até quem passa correndo. Pois a visão é para o tempo determinado e não mais tardará e se apressa para acontecer. Ainda que demore, espera; porque certamente virá e não tardará".* É justamente isso que faremos nesta etapa: criaremos uma visão extraordinária do futuro.

Você recorrerá a revistas ou à internet para selecionar imagens que representem todos os pilares do MAAS da sua vida extraordinária, dando ênfase imediata ao pilar que está sendo trabalhado naquele momento. Depois de selecionar as imagens, você recortará e colará em uma folha de cartolina ou em um isopor a visão completa. Veja bem: quando falo uma vida extraordinária não me refiro a uma vida boa ou muito boa, refiro-me a uma vida extraordinária.

Então, fique atento para que seu elenco de sonhos não seja pobre ou mediano, pois eles criarão imagens/visões do seu futuro medíocres.

Seja ousado e escolha não apenas a imagem/visão de uma casa qualquer, e sim da casa dos seus sonhos. Não busque a imagem/visão de um carro qualquer, e sim a imagem/visão do carro dos seus sonhos. Muito importante nessa etapa é que, no centro da cartolina ou do isopor onde está montando seu mural da vida extraordinária, seja colocada uma imagem/visão representativa de si mesmo, que chamo de visão profética de si ou autoimagem profética.

Essa autoimagem profética é constituída pela imagem de uma pessoa que apresente os atributos físicos, emocionais, materiais e, se possível, espirituais que você quer. Essa imagem deve ficar no centro da folha de cartolina ou isopor e ao redor dela aproximadamente mais dez a doze imagens que complementem sua visão extraordinária de vida (sempre contemplando os onze pilares do MAAS).

## SISTEMA VAS DE PROGRAMAÇÃO MENTAL

Visão, audição e sinestesia repetidas ou sob forte impacto emocional produzem crenças. São esses três os elementos programadores das crenças e da mente humana.

- O primeiro é a **visão** e as imagens que nos chegaram e foram armazenadas no cérebro durante toda a nossa vida. Com cada imagem, um significado foi criado e, quando os significados se tornaram fortes o suficiente, eles viraram um programa mental, ou seja, uma crença.

- O segundo elemento é a **audição** e todos os sons e as palavras que ouvimos durante toda a nossa vida. Cada palavra, cada frase, cada elogio ou ofensa, cada tom suave ou não, cada música e cada barulho também se alojaram em nossas mentes e criaram um conteúdo de crenças que dirigem nossa vida.

- O terceiro componente da programação da mente humana é a sensação e **sinestesia**: cheiros, toques, dores, sensações físicas, olfato e seus significados também produziram nossas crenças.

Então, quando **ouvimos** os sons/palavras proferidos e **sentimos**, isso invariavelmente vai formar nossas crenças. Se os estímulos VAS forem repetidos, eles se tornam um programa mental autorrealizável. A outra forma de ativar o sistema **VAS** de programação mental é a emoção.

Por exemplo: o fato de **ver** um ladrão, **ouvir** suas ameaças e **sentir** seus empurrões e agressões físicas é por si só repleto de fortes emoções. Então, o que foi visto, ouvido e sentido recheado de uma forte emoção produzirá crenças instantaneamente. Essa pessoa abordada pelo bandido terá suas crenças alteradas de forma profunda, e a partir desse momento ela se comportará diferente, pensará diferente, pois teve suas crenças modificadas em vários aspectos.

Em resumo, existem dois ativadores do sistema VAS: um é a repetição e o outro é a emoção. Quando o ativador VAS é a repetição desprovida de emoção, a alteração de crença é lenta, gradual e normalmente imperceptível. Já se o ativador é uma forte emoção desprovida de repetição, a alteração é rápida e normalmente reconhecida como fator de impacto e transformação. Assim, a profundidade da alteração da crença se dará pelo número de repetições versus a intensidade das emoções.

Por exemplo: quando um filho **vê** a atitude amorosa do pai, **ouve** suas palavras de validação e estímulo e **sente** seu toque afetuoso, a repetição desse sistema **VAS**, somada à intensidade da emoção por ele produzida, gerará crenças de autoestima e valor próprio. O contrário também produz crenças.

Vamos supor que essa mesma criança em outro momento veja o pai embriagado, quebrando móveis e armado de uma faca. Ela ainda **ouve** as ameaças contra a sua mãe e **sente** as dores físicas do empurrão que sofreu ao tentar defender a mãe ameaçada. Essa cena é repleta de uma fortíssima emoção e produzirá crenças avassaladoras. Se essa cena se repete com alguma frequência, as crenças serão ainda mais fortes e profundas.

É importante lembrar que o sistema VAS não ocorre apenas na infância, mas durante toda a vida, seja produzindo crenças fortalecedoras, ou crenças limitantes. Sabemos também que o hemisfério direito, onde são produzidas e armazenadas nossas crenças, não distingue as imagens e visões imaginadas das imagens e visões que de fato aconteceram. Dessa maneira, podemos colocar artificialmente **imagens, sons e sentimentos** em nossa mente e eles automaticamente criarão novas crenças, que, por sua vez, produzirão novos e planejados resultados de vida.

## EXERCÍCIO: reprogramando as suas crenças

**1º Passo:** coloque seu mural da vida extraordinária na sua frente, de modo que possa ver as imagens com nitidez.

**2º Passo:** observe as imagens mais importantes do seu mural e em seguida escolha apenas uma imagem para executar o método VAS.

**3º Passo:** olhe bem para a imagem escolhida do dia e perceba seus detalhes, cores, brilho, posições etc. Em seguida, feche seus olhos e reproduza aquela imagem na sua mente por cerca de um minuto. Veja essa imagem em forma de filme, detalhada, brilhante, com cores agradáveis, no tamanho que faça bem a você.

**4º Passo:** antes você via a imagem como se estivesse de fora. Agora vai dar um passo à frente (literalmente) e entrar (imaginariamente) na imagem, não mais vendo de fora, mas sendo parte dela como protagonista da cena. Vivencie cada detalhe, cada parte da imagem e se permita ver, ouvir e sentir o que sentiria se aquilo estivesse acontecendo.

É importante que você permaneça associado a essa cena por pelo menos cinco minutos, vivendo todo o prazer, toda a alegria e toda a realização "como se" já estivesse lá. Lembre-se de que a mente humana não distingue o que é real do que é fortemente imaginado através de uma visão, e dessa maneira o que foi visto dentro de você passa a ser perseguido como uma verdade prestes a acontecer fora de você.

É impressionante a velocidade com que seus sonhos e objetivos vão acontecer depois de pôr em prática esta etapa. Esse exercício deve ser feito todos os dias e por toda a vida.

**6ª ETAPA: autocoaching**

O autocoaching é a próxima etapa da ferramenta Skill Open Limits® e o ajudará a criar um plano de ação completo, profundo e integrado para realizar seu elenco de sonhos, seu objetivo descritivo e a visão que você montou no seu mural da vida extraordinária. Como no processo de coaching, o autocoaching se baseia em perguntas poderosas que, depois de respondidas, lhe trarão ações claras e específicas do caminho a ser trilhado para conquistar e construir seu destino.

> **1° Passo: elaborar a pergunta-base.** Para isso, você precisa estar focado no pilar que está trabalhando, pois a partir dessa pergunta você elaborará mais 35 perguntas de como conquistar seus sonhos. Vamos ao exemplo.
>
> **Pilar financeiro**
>
> **Pergunta-base:** o que mudarei em mim e na minha relação com o dinheiro para ter um salário de 40 mil reais por mês e comprar meu apartamento de 180 m², viajar para a Disney e ainda poupar 10 mil reais por mês, tudo isso até dezembro de 2017?

Fique atento para que o objetivo descrito na pergunta-base seja um resumo do que você estabeleceu no objetivo descritivo e no seu elenco de sonhos.

Vamos a outro exemplo de como elaborar a pergunta-base:

**Pilar conjugal**

**Pergunta-base:** o que mudarei em mim e na minha vida conjugal para ter um relacionamento respeitoso, de toque, carinho, paz e uma vida sexual ativa e prazerosa com meu esposo?

**2º Passo: elaboração das 35 perguntas poderosas.**

As 35 perguntas poderosas são feitas a partir da pergunta-base, mantendo o resumo do objetivo intacto e inalterado e elaborando novos "o que" e "como". Ao elaborar cada uma das 35 perguntas poderosas, não se preocupe com fazê-las acontecer, nem como. Deixe sua criatividade sem limites elaborar as perguntas. Quanto menos você racionalizar ou intelectualizar formulando-as, melhores serão os resultados. Vamos ao exemplo:

**Pilar conjugal**

**Pergunta-base:** o que mudarei em mim e na minha vida conjugal para ter um relacionamento respeitoso, de toque, carinho, paz e uma vida sexual ativa e prazerosa com meu esposo?

**35 perguntas:**

**1ª pergunta:** como tratarei meu marido para ter um relacionamento respeitoso, de toque, carinho, paz e uma vida sexual ativa e prazerosa com meu esposo?

**2ª pergunta:** como cuidarei do meu corpo para ter um relacionamento respeitoso, de toque, carinho, paz e uma vida sexual ativa e prazerosa com meu esposo?

**3ª pergunta:** o que mudarei em mim para ser respeitada pelo meu marido para ter um relacionamento respeitoso, de toque, carinho, paz e uma vida sexual ativa e prazerosa com meu esposo?

**4ª pergunta:** o que mudarei na minha forma de falar para ter um relacionamento respeitoso, de toque, carinho, paz e uma vida sexual ativa e prazerosa com meu esposo?

Repare que o que está sublinhado na pergunta-base sempre se repete nas 35 perguntas. E lembre-se de elaborar tanto a pergunta-base como as 35 perguntas poderosas baseadas apenas no pilar que está sendo trabalhado no momento.

**3º Passo: responder às 35 perguntas poderosas e colocá-las em ordem de prioridade e cronologia de execução.**
Nesta etapa, você responderá detalhadamente a cada uma das 35 perguntas. Não se preocupe se as respostas se repetem, apenas responda uma a uma. Ao terminar, coloque cada uma das respostas em ordem do que é importante, como também em ordem cronológica de execução, formando assim uma lista de ações.

Exemplo de respostas poderosas:
**1ª resposta:** tratarei meu marido com respeito e paciência como se eu tivesse o melhor marido do mundo, sem, no entanto, esquecer de todo o valor que eu tenho.
**2ª resposta:** eu correrei três vezes por semana, me alimentarei conforme orientação da nutricionista e farei academia duas vezes por semana.
**3ª resposta:** darei mais valor a mim mesma, voltarei a valorizar minhas velhas amizades, voltarei a estudar, me produzirei sempre e ficarei bonita para mim mesma. Também pararei de me vitimizar e lamentar. Da minha boca só sairão palavras de autovalorização.
**4ª resposta:** eu não criticarei mais meu marido nem usarei palavras ferinas para acusá-lo e culpá-lo pela minha infelicidade.

**4º Passo: elaborar o plano de ação com base nas respostas.** Organize e imprima as respostas em um papel, que deverá ser lido quase diariamente, pois servirá como uma ferramenta balizadora, não deixando você desviar dos seus planos e caminhos, e ainda lembrando-o das ações e dos comportamentos necessários para a conquista de sua vida extraordinária.

## 7ª ETAPA: fatores pessoais limitantes
Quais fatores internos me limitam a conquistar meus objetivos e sonhos?

Nesta etapa, você trará à consciência quais fatores o limitam e o impedem de realizar a sua vida extraordinária. Fique atento para o fato de que os fatores limitantes não são externos a você, e sim internos.

Vamos a mais um exemplo.

Fatores que me limitam a realizar meus objetivos:

1º Insegurança

2º Acomodação e zona de conforto

3º Medo do que os outros dirão se eu não conseguir

4º Pouco conhecimento

5º Dificuldade de me relacionar com outras pessoas

6º Dificuldade de falar em público

Depois de concluída esta etapa, volte ao seu plano de ação e se certifique de que nele estão contempladas atitudes para trabalhar cada uma das suas limitações. Se não existirem, trate de incluir medidas para resolver ou diminuir esses fatores que o limitam.

## 8ª ETAPA: fatores pessoais fortalecedores

Quais fatores internos o fortalecem no alcance de suas metas e seus objetivos? Nesta etapa, você vai elencar tudo que existe dentro de você que o empodera e o capacita a realizar seus sonhos e objetivos. Quanto mais, melhor. Mesmo que essa habilidade seja percebida em você apenas em pequena escala, coloque-a na sua lista.

Exemplo de fatores fortalecedores:

1º Determinado

2º Focado

3º Honesto e leal

4º Trabalhador

5º Organizado

6º Responsável

7º Bom trato com as pessoas

8º Saudável

O segundo passo desta etapa é visualizar com a maior nitidez possível momentos da sua vida em que você colocou essas habilidades em prática e teve resultados positivos por isso. Essa visualização pode ser em forma de imagem estática, como uma foto, ou em forma de filme em movimento. O importante é que você se permita sentir **como se** estivesse lá, agindo e vivendo com essas habilidades.

Este exercício pode e deve ser repetido várias vezes ao dia e sempre que houver um desafio pela frente. A cada repetição, você perceberá as conquistas de novas habilidades e novos comportamentos que o levarão cada vez mais alto na direção de suas realizações.

### 9ª ETAPA: perdas, caso não realize suas metas

O que você perderá em sua vida se não realizar seus sonhos e objetivos? Nesta etapa, elenque todas as perdas que terá caso seus sonhos não aconteçam. É uma forma de motivar pela fuga do desprazer, levando-se em conta que o ser humano possui duas formas básicas de motivação: busca do prazer e fuga do desprazer. Então, elenque tudo, absolutamente tudo o que você vai perder e deixar de usufruir caso não realize seu plano de ação e não conquiste seu objetivo.

### 10ª ETAPA: ganhos ao realizar suas metas

O que você ganhará realizando suas metas e seus objetivos?

Esta é a última etapa do Skill Open Limits. Nela é trabalhada a motivação pelo prazer. Elencar todos os ganhos que você terá ao realizar sua meta lhe trará ânimo e motivação para enfrentar os desafios e os percalços que aparecerão na jornada.

Depois de ter feito o elenco de ganhos, vivencie com a imaginação e visualização (através do método VAS) como será quando tiver realizado suas metas. Faça um ensaio mental do que ainda não aconteceu como se tivesse acontecido. Essa etapa maravilhosa, motivadora e fortalecedora acelerará muito os seus resultados e comportamentos positivos.

### 11ª ETAPA: plano de ação[16]

Nesse ponto, você terá a certeza de ter mobilizado todo o hemisfério esquerdo e todo o poder racional e intelectual de sua mente na direção de suas

---

16 No endereço www.febra.me/poderealtaperformance você poderá fazer download gratuito da ferramenta plano de ação.

metas e seus objetivos. Também terá mobilizado todo o seu hemisfério direito, juntamente com sua estrutura emocional e crenças na direção do que de fato lhe é importante. Resta agora a etapa final, o fechamento perfeito: a **ação** certeira e realizadora.

**1º passo:** escolha um dos **objetivos** preestabelecidos corretamente.

**2º passo:** estabeleça a 1ª **ação** para realizar o objetivo em questão.

**3º passo:** estabeleça **como** realizar a 1ª ação.

**4º passo:** determine **quando** iniciará a 1ª ação e quando a terminará.

**5º passo:** relacione os **recursos** necessários para realizar essa ação.

**6º passo:** acompanhe a **evolução** (*status*) e execução de cada ação até finalizá-la.

**7º passo:** estabeleça a 2ª ação para realizar o objetivo em questão, e assim por diante, seguindo os passos acima relacionados.

Vamos ao exemplo.

**Plano de ação para o objetivo de pesar 80 quilos com 18% de gordura.**

| META | PLANO DE AÇÃO | | | | | | | |
|---|---|---|---|---|---|---|---|---|
| | O que (medida e ações) | Quando | Onde | Quem | Por que (em razão) | Como (procedimento) | Quanto (R$) Recursos | Posição _/_/_ |
| 1ª | BUSCAR NUTRICIONISTA | 05/09/2017 | FORTALEZA | EU | ALIMENTAR CORRETAMENTE | LIGANDO E MARCANDO CONSULTA | R$120,00 | ↓ ☒ t |
| 2ª | MATRUCULAR NO GRUPO DE CORRIDA | 05/09/2017 | FORTALEZA | EU | ATIVIDADE FÍSICA | INDO NA BEIRA-MAR | R$150,00 | ↓ ☒ t |
| 3ª | CONTRATAR PERSONAL | 05/09/2017 | FORTALEZA | EU | MUSCULAÇÃO ORIENTADA | PEDIR INDICAÇÃO DE AMIGOS | R$ 300,00 | ↓ ☒ t |
| 4ª | | | | | | | | ↓ ☒ t |
| 5ª | | | | | | | | ↓ ☒ t |
| 6ª | | | | | | | | ↓ ☒ t |
| 7ª | | | | | | | | ↓ ☒ t |
| 8ª | | | | | | | | ↓ ☒ t |
| 9ª | | | | | | | | ↓ ☒ t |
| 10ª | | | | | | | | ↓ ☒ t |
| | ASERFEITO + | | EM ANDAMENTO ☒ | | | REALIZADO t | | |

## RESUMO DOS PASSOS PARA A REALIZAÇÃO DO SKILL OPEN LIMITS®

### 1. Mapa de Autoavaliação Sistêmico® (MAAS®)

**Objetivo:** compreender com toda a clareza como está a sua vida em todas as áreas, para que possa decidir o que precisa de foco e empenho para mudar.

### 2. Escolha dos pilares a serem trabalhados

**Objetivo:** escolher, a partir de como está a sua vida e de quais são os seus valores, as prioridades a serem trabalhadas em sua vida.

### 3. Elenco de sonhos

**Objetivo:** começar a criar possibilidades em uma área em que não existiam possibilidades; fazer você, literalmente, voltar a sonhar.

### 4. Descritivo do objetivo

**Objetivo:** trazer o que era sonho para uma dimensão mais palpável e clara, com data para acontecer.

### 5. Os cinco critérios para a boa formulação de metas

**Objetivo:** estabelecer a meta neurologicamente correta de forma que a mente possa compreendê-la, persegui-la e conquistá-la.

### 6. Mural da vida extraordinária

**Objetivo:** construir imagens no papel que serão passadas para a mente e se transformarão em crenças pela repetição e pela emoção produzida pela prática da visualização através do método VAS.

### 7. Autocoaching

**Objetivo:** construir perguntas e respostas capazes de orientar a vida, os comportamentos e os sentimentos na direção das metas e dos objetivos.

8. **Plano de ação**

**Objetivo:** criar um plano de ação detalhado que conduzirá a vida na direção dos seus sonhos e suas realizações.

9. **Características pessoais limitantes**

**Objetivo:** elencar o que o impede de ir além, em um processo de autoconhecimento.

10. **Características pessoais fortalecedoras**

**Objetivo:** tomar posse do que o empodera na direção das metas e dos objetivos e criar uma realidade inconsciente que se transformará em crença fortalecedora.

11. **Tudo o que perderá**

**Objetivo:** trazer à consciência as perdas que terá se não realizar seus sonhos e objetivos, bem como se motivar pela fuga da dor e do desprazer.

12. **Tudo o que ganhará**

**Objetivo:** motivar-se pelo prazer de realizar e ainda levar à mente a vivência de ter chegado lá, criando crenças de possibilidades.

O Skill Open Limits® é com certeza uma poderosíssima ferramenta de transformação e desenvolvimento humano. Com ela, você paulatinamente transformará cada pilar da sua vida e depois poderá gritar aos quatro cantos do mundo: "Por que continuar sendo a mesma pessoa que sempre fui se posso ser e viver muitíssimo melhor?".

O desafio não é entender a ferramenta, e sim colocá-la em prática em sua vida. Dedique o tempo que for necessário para executar cada etapa e cada passo e você verá sonhos e realizações acontecerem de forma inacreditável em sua vida. Uma possibilidade muitas vezes útil é se unir a um grupo de estudos e juntos aplicarem todos os passos para a obtenção de seus objetivos.

No endereço www.febra.me/poderealtaperformance você encontrará a ferramenta Skill Open Limits para download. Use-a quando quiser.

## SKILL OPEN LIMITS

NOME:_____  DATA:___/___/___

**1.** RELAÇÃO DE METAS E OBJETIVOS

| | TEMPO | PILAR |
|---|---|---|
| 1. | | |
| 2. | | |
| 3. | | |
| 4. | | |
| 5. | | |
| 6. | | |
| 7. | | |
| 8. | | |
| 9. | | |
| 10. | | |

**2.** VISÃO DO OBJETIVO (VIDA EXTRAORDINÁRIA)

**3.** RECURSOS NECESSÁRIOS

PILAR:_____

**4.** FATORES PESSOAIS LIMITANTES

1._____
2._____
3._____
4._____
5._____
6._____
7._____
8._____

**5.** CARACTERÍSTICAS PESSOAIS FORTALECEDORAS

1._____
2._____
3._____
4._____
5._____

**6.** PERDAS QUE TEREI NÃO REALIZANDO MINHAS METAS

1._____
2._____
3._____
4._____
5._____

**7.** PERDAS QUE TEREI REALIZANDO MINHAS METAS

1._____
2._____
3._____
4._____
5._____

**8.** TODOS OS GANHOS QUE TEREI REALIZANDO MINHAS METAS

1._____
2._____
3._____
4._____
5._____

**9.** CONSTRUÇÃO DE UM PLANO DE AÇÃO PRECISO

PILAR:_____  **PLANO DE AÇÃO** DATA:___/___/___

| O QUE FAZER (AÇÃO) | COMO | QUEM | QUANDO | RECURSOS | STATUS |
|---|---|---|---|---|---|
| | | | | | |

# 7

## CRIANDO UMA MISSÃO DE VIDA

### COMO É IMPORTANTE UMA MISSÃO DE VIDA

Por que algumas pessoas se alegram quando chega a noite de sexta-feira e se deprimem tanto quando chega a tarde do domingo? A resposta pode ser simples e fácil. Será que essas pessoas não gostam da segunda-feira por ser o primeiro dia da "dura" realidade de uma semana de trabalho enfadonho e sem graça? Um trabalho não gratificante que certamente não está alinhado com sua missão de vida nem seus objetivos? Quando estamos vivendo nossa verdadeira missão, a vida é divertida e desafiante; o próximo dia é sempre uma bênção bem-vinda, a oportunidade de fazer acontecer.

Steven Spielberg diz: "Eu acordo tão entusiasmado que não consigo nem tomar café da manhã". Uma das características das pessoas de vida plena e realizada é o sentido de missão que fornece às suas vidas propósito, sentido e direção. Quem tem uma missão clara, bem-elaborada e ecológica encontrará motivação e determinação para viver com plenitude, e consequentemente alcançará seus objetivos mais desafiadores. Além disso, uma missão bem-elaborada ajudará seu possuidor a estabelecer crenças fortalecedoras e anular crenças limitantes, e mais uma vez estará conduzindo sua vida para realizar seus sonhos e objetivos.

A missão é algo bem específico que direciona toda a existência de uma pessoa. É o propósito maior que a atrai para a concretização do futuro. Uma missão, quando bem estabelecida, unifica suas crenças, seus valores, seus comportamentos, suas ações e até quem você é e o que será. É como uma teia tecida a partir de fios principais que são unidos e trançados com seus interesses, seus desejos e suas metas.

Muitas pessoas vagam pela vida sem saber o que de fato estão fazendo aqui e, quando chegam ao final dos seus dias, percebem que sua vida foi vazia e sem sentido. Outro tanto de pessoas se satisfaz achando que sua missão é trabalhar, pagar contas, cuidar da família, educar filhos e, quando possível, desfrutar de um prazer momentâneo.

Qual é a sua missão? O que você está de fato fazendo neste mundo? Qual a sua razão de existir?

Outro grupo de pessoas acredita que sua missão é "ser feliz", e por isso busca de forma desenfreada se divertir e curtir de modo totalmente egoísta e autocentrado, todos os prazeres que puder e no menor espaço de tempo possível.

O fato é que, com uma visão dissociada, vivemos hoje em um mundo caótico, em que a máxima "cada um por si" está em voga. Um mundo onde cada indivíduo vive a sua vida e o outro não é importante, a não ser que haja nele algum interesse ou ganho futuro. Vivemos em um modelo de sociedade em que a grande massa está focada em si, em que cada indivíduo está preocupado apenas em atender às próprias necessidades, completamente desconectado e despreocupado com o meio ou com os outros ao seu redor.

> *"O 'eu' autocentrado tem também a necessidade de se opor, resistir e excluir para manter a ideia de separação da qual acredita que dependa a sua sobrevivência. Assim, ele coloca o seu 'eu' contra 'os outros', e 'nós' contra 'eles'".*
>
> (Eckhart Tolle)

A preocupação exclusiva e excessiva com o "eu" nos transporta para uma vida egocêntrica e sem valor, pois somos seres humanos e precisamos compartilhar positivamente o que **somos**, precisamos compartilhar positivamente o que **temos** e precisamos também compartilhar positivamente o que **fazemos**. Para que nossa vida tenha valor para nós mesmos, precisamos também ser importantes e valorosos para os outros e para o mundo.

Quando Jesus Cristo veio ao mundo, dizia ter vindo não para ser servido, e sim para servir. Essa afirmação parece sem sentido quando olhamos para um lar moderno: o marido insatisfeito com a esposa, pois espera mais sexo dela. A esposa descontente com o marido, pois acredita que ele pode ser mais companheiro e participativo. Os filhos adolescentes, por sua vez, cobram tudo, inclusive mais amor, e não são capazes nem mesmo de colaborar com o quarto arrumado. Todos querem que os outros mudem e atendam às suas expectativas, porém ninguém quer mudar para também servir e atender às necessidades alheias.

*"De onde procedem guerras e contendas que há entre vós? De onde, senão dos prazeres que militam na vossa carne? Cobiçais e nada tendes; matais, e invejais, e nada podeis obter; viveis a lutar e fazer guerras. Nada tendes, porque não pedis; e quando pedis não recebeis, porque pedis mal, para esbanjardes em vossos prazeres egoístas."*

(Tiago 4:1-3)

Para que sua missão de vida tenha real valor e proveito, ela precisa projetar sua vida a um patamar incrível de realizações e conquistas pessoais – mas é necessário que ela seja baseada também no servir, no causar impacto positivo na vida do outro e no mundo que a rodeia.

Imagine um mundo em que as missões uns dos outros estivessem conectadas positivamente em prol de algo maior e compartilhado. Imagine se a missão de todas as pessoas de sua cidade tivesse uma diretriz voltada a ajudar os carentes e necessitados. Nessa cidade certamente não existiriam fome ou violência, pois muito pouco esforço individual seria necessário para, em poucos anos, abolir a miséria humana. Vou dar alguns exemplos de missão de vida de pessoas que se dispuseram a fazer a sua vida e o mundo melhores.

Começo pela minha própria. Missão: contribuir com o mundo, treinar, orientar e ajudar pessoas e empresas a obter o sucesso e a felicidade que desejam.

A missão de um professor amigo meu: ser um grande professor e ajudar o mundo formando pessoas melhores e mais capazes na área de biotecnologia.

A missão de um jovem arquiteto que se tornou sinônimo de inovação em todo o mundo: revolucionar o mundo com a arquitetura e o design, integrando pessoas, espaços e sentimentos.

A missão de um grande missionário evangelista: pregar o evangelho nos locais de mais difícil acesso. Com essa missão, ele conseguiu traduzir a Bíblia para dialetos africanos jamais falados pelos homens brancos.

Outra possibilidade: ser um grande executivo internacional, gerar resultados em empresas de grande porte e deixar uma história de sucesso e crescimento nas empresas por onde passar.

Uma missão, para ser bem estabelecida, não deve falar do que a pessoa quer ter, e sim do que ela quer **ser**. A missão deixa claro o motivo pelo qual a pessoa existe. A missão define como a pessoa usará suas habilidades e energias e a orienta de maneira que faça diferença no mundo.

A minha proposta neste momento é que unifiquemos nossa missão de vida com os papéis que estamos verdadeiramente dispostos a viver. Para isso, seguiremos como base os onze pilares do Mapa de Autoavaliação Sistêmico®, integrando objetivos, papéis e missão num formato claro de Declaração de Fé.

Seguindo a sequência dos pilares do MAAS®, estabeleceremos uma missão para cada pilar, começando pelo espiritual. É importante neste momento que a missão escrita seja primeiro congruente e sinergética com seus objetivos estabelecidos no MAAS®, e também que ela produza um mundo melhor.

## O QUE DEVE CONTER A SUA MISSÃO?

A sua missão deve contemplar tudo o que você já é e quer continuar sendo, e aquilo que você ainda não é, mas quer se tornar. Afinal, o que ganharemos escrevendo e declarando apenas o que já somos? Sua missão deverá ser montada como uma declaração de fé, uma visão positiva e profética do futuro. Como Richard Bandler nos questiona: "Por que continuar sendo a mesma pessoa de sempre se posso ser alguém muito melhor?". O objetivo de uma missão é se tornar alguém muito melhor do que já se é, e assim colaborar para que o mundo também se torne melhor.

Marque a seguir em que pontos da sua vida você pode se tornar ainda melhor no contexto de **ser e fazer**. Atribua um número de um a dez a cada item, dando 1 para os itens em que você não tem nada a melhorar e aumentando até 10 para os itens em que você tem muito a melhorar.

Adequação ( )

Afeto ( )

Alegria ( )

Amor ( )

Amizade ( )

Apaziguamento ( )

Assertividade ( )

Atenção ao próximo ( )

Autenticidade ( )

Capacidade ( )

Caridade ( )

Companheirismo ( )

Compreensão ( )

Confiança ( )

Conquistas ( )

Contentamento ( )

Cordialidade ( )

Descontração ( )

Determinação ( )

Disciplina ( )

Elegância ( )

Energia ( )

Entusiasmo ( )

Espiritualidade ( )

Fé ( )

Felicidade ( )

Firmeza ( )

Foco ( )

Honestidade ( )

Humildade ( )

Independência ( )

Integridade ( )

Intelectualidade ( )

Interdependência ( )

Interesse ( )

Intuição ( )

Lealdade ( )

Liderança ( )

Melhor filho ( )

Melhor pai/mãe ( )

Merecimento ( )

Misericórdia ( )

Motivação ( )

Paciência ( )

Perdão ( )

Perspicácia ( )

Persuasão ( )

Pontualidade ( )

Proatividade ( )

Produção ( )

Prosperidade ( )

Realização ( )

Sabedoria ( )

Saúde ( )

Segurança ( )

Sensatez ( )

Sociabilidade ( )

Sucesso ( )

Sutileza ( )

Agora, inicie sua missão pelo pilar espiritual. A pergunta-chave é: como quero ser, viver e me relacionar com Deus? E ainda: que frutos quero colher desse relacionamento? Depois de elaborar o pilar espiritual, faça o mesmo tipo de pergunta para os outros dez pilares, sempre perguntando: o que quero ser, fazer e ter em cada um dos pilares?

Vamos a um exemplo de uma missão pessoal, combinada com os objetivos e escrita em forma de declaração de fé:

### 1. ESPIRITUAL

Vivo em um contexto extremamente agradável e cristão, no qual compartilho os ensinamentos e a sabedoria cristã, frequentando com assiduidade a igreja, grupos de estudo e comunidades. Leio a Bíblia todos os dias e tenho uma fé muito forte e embasada. Minha casa serve ao Senhor e minha família é abastecida pela graça, pela misericórdia e pelo livramento de Deus. A cada dia recebo mais e mais a sabedoria divina. Dessa maneira, fico mais apto a usar ainda melhor o livre-arbítrio dado por Deus, sendo farol e exemplo para os que me rodeiam.

### 2. PARENTES

Vivo num ambiente harmônico, com muito amor e carinho, companheirismo e confiança. Com meus pais, tenho uma relação bastante amigável e afetuosa, com companheirismo e flexibilidade, e conversamos sobre todos os assuntos e respeitamos os pontos de vista uns dos outros. Com meus irmãos, reinam o amor, a compreensão e o respeito. Somos bastante amáveis e carinhosos uns com os outros. Somos felizes em nossos relacionamentos e auxiliamo-nos e nos fazemos presentes em todos os momentos.

### 3. CONJUGAL

Com meu cônjuge (nome dele/a) vivo um casamento/relacionamento exemplar, com muito amor, respeito e carinho. Nosso relacionamento melhora a cada dia. Satisfaço as necessidades dele/a na proporção, forma e intensidade que ele/a precisa para termos uma vida feliz, harmônica e plena. Existe entre nós cumplicidade, admiração, muito respeito e confiança. A paciência e a flexibilidade se manifestam a cada dia e o nosso amor sempre cresce. A qualidade do nosso relacionamento serve de exemplo e parâmetro para muitas pessoas, e também aprendemos, ensinamos e orientamos a muitos casais. Acima de tudo, somos exemplo para nossos filhos e familiares. Nossa vida sexual é ativa, gratificante e prazerosa. Temos um tratamento afetuoso e próximo – enfim, somos muito felizes.

## 4. FILHOS

Como pai, sou equilibrado, amoroso e dedicado. A educação que dou aos meus filhos os conduz a uma vida adulta equilibrada, feliz e plena, fazendo-os pessoas fortalecidas física, emocional e espiritualmente. Dou amor e limite na medida correta. Nós nos amamos e nos respeitamos. Somos uma família muito unida e feliz.

## 5. SOCIAL E LAZER

Sou uma pessoa sociável e muito agradável. As pessoas fazem questão de minha presença. Tenho amigos sinceros e leais, e sempre nos apoiamos, ajudamos e sabemos quanto podemos contar uns com os outros. Tenho o hábito de validar, declarar fé e abençoar todas as pessoas com quem convivo, incentivando e criando relacionamentos de grande valor e com novas possibilidades. Tenho ações poderosas nas quais ajudo pessoas necessitadas em larga escala. Minhas ações são exemplo e estímulo para outras pessoas também se engajarem em trabalhos sociais. Pratico esportes de aventura que me são extremamente gratificantes. Também pratico atividades de lazer que me fazem espairecer e relaxar de uma semana de trabalho e atividade intensa. Viajo com bastante frequência com minha família para conhecer e desfrutar de novos lugares. Faço parte de uma legião de amigos e parceiros dispostos a compartilhar e desfrutar de momentos sadios e felizes.

## 6. SAÚDE

Faço atividades físicas diariamente, mantenho os meus indicadores de saúde em perfeita ordem do ponto de vista clínico. Peso XX kg, e com esse peso mantenho meu corpo assim, tenho disposição física e mental para cumprir todas as minhas atividades profissionais e pessoais. Meus órgãos são muito saudáveis e funcionam de maneira harmônica e tranquila, faço alongamentos sistematicamente e com isso consigo flexibilidade e elasticidade rejuvenescedoras.

Esta energia e disposição são geradas, entre outras coisas, pelas atividades físicas diárias que faço e pela qualidade de minha alimentação. Pratico uma alimentação balanceada e saudável, baseada em frutas, legumes, verduras e fibras, bebo muito líquido fora das refeições, evito açúcares, e também alimentos salgados, frituras e gorduras.

Com este estilo de vida, minha idade fisiológica está sempre abaixo da idade cronológica. Disposição, agilidade e força sempre me sobram, e delas sei tirar proveito com humildade.

## 7. SERVIR

Sou uma pessoa sensível às necessidades alheias, pratico a caridade como um estilo de vida abundante, preocupo-me tanto com os que estão perto quanto com os que estão longe. Participo de campanhas de ajuda humanitárias, visito orfanatos e asilos. Faço doações regulares a instituições de caridade e ajuda ao próximo. Eu me sinto muito bem sabendo que faço diferença em um mundo de indiferenças.

## 8. INTELECTUAL

Sou uma pessoa estudiosa, leio um livro por semana, participo regularmente de cursos em minha área de atuação, invisto parte de meus ganhos em especializações que façam desenvolver as minhas qualidades, tanto profissionais quanto pessoais; coloco em prática tudo o que aprendo e o que agrega valor ao meu estilo de vida abundante.

## 9. FINANCEIRO

Vivo financeiramente de forma farta e equilibrada. Tenho muito dinheiro, sei o valor que ele tem, porém eu não o sirvo. Ele existe para me servir e me ajudar no cumprimento de minha missão de vida. Tenho um grande patrimônio em ativos, como apartamentos, ações, aplicações e livros, que me geram uma receita contínua. Cinquenta por cento do que ganho é poupado ou investido. O dinheiro trabalha para mim, e assim eu tenho mais tempo para fazer o que me é importante.

Sei perceber intuitivamente as oportunidades e estou preparado para aproveitá-las, gerando sempre mais patrimônio e dividendos. Existe uma passagem bíblica que retrata minha vida financeira: "Meu cálice transborda e meus pastos são verdejantes". Sou abençoado financeiramente e a sorte me persegue. As coisas boas simplesmente acontecem na minha vida. O dinheiro e as oportunidades correm atrás de mim e eu os aceito. A rentabilidade de meu patrimônio em ativos gira acima de 25% ao ano, e a rentabilidade de minhas empresas e negócios gira acima de 25% ao mês.

## 10. PROFISSIONAL

Minha vida profissional é próspera e feliz. Tudo em que me envolvo é fonte de prazer e alegria. Meus negócios fluem de maneira mágica a partir de minhas decisões e escolhas extremamente acertadas. Meus funcionários são os melhores, os mais comprometidos e os mais capacitados técnica e emocionalmente. Minhas empresas são inovadoras e referência internacional de qualidade e resultados. Atuamos no mundo todo, sempre com grandes resultados.

Minha gestão financeira é perfeita, fornecendo-me informações precisas e instantâneas que possibilitam tomar decisões acertadas. O que me coroa como um grande empresário e executivo é que todos esses resultados são obtidos de forma ética e que meu pilar profissional não dilapida os outros pilares de minha vida.

### 11. EMOCIONAL

Emocionalmente sou muito maduro e centrado. Possuo domínio próprio. Escolho o que falar e comunicar; assim, direciono o meu pensar e, em consequência, escolho o que sentir e decido sobre as minhas crenças. As crenças que determinam a minha vida são fortalecedoras e prósperas. As minhas escolhas são as melhores e direcionam minha vida emocional em um caminho de paz, plenitude, felicidade e compartilhar.

Mantenho-me motivado e disposto. Sei viver a vida com alegria e simplicidade, humildade e benevolência. Sei servir aos outros e ser ecológico por onde eu ando. Crio ao meu redor um mundo mágico, colorido, brilhante e abençoado por Deus. A passagem que retrata esse pilar é: "Amai-vos uns aos outros como a ti mesmo". Eu sou capaz de amar aos outros sem me diminuir ou me desmerecer. Tudo em minha vida possui equilíbrio e sabedoria. Reconheço o meu grande valor, sei que sou muito merecedor de coisas boas e me sinto aceito e querido pelos outros. Finalizo minha missão dizendo: que assim seja.

Caso você tenha achado esta missão coerente com seus objetivos e desejos, você pode adaptá-la à sua realidade de vida. Caso não seja adequada para a sua vida e seus objetivos, crie a sua própria missão, baseando-se nos onze pilares.

Aproveite este momento, pare o que está fazendo e escreva sua missão de vida, sua visão profética sobre o seu futuro próspero e significativo para cada um dos pilares. Leia e releia o que escreveu, veja quanto sua nova missão lhe fará mais feliz, quanto sua missão fará o mundo melhor.

## COMO OBTER GRANDES RESULTADOS DE SUA MISSÃO PESSOAL DE VIDA

Você poderá tirar proveito de sua missão de duas maneiras. A primeira é lendo-a toda manhã – não de qualquer maneira, mas entoando-a em voz alta, como um cântico de vitória, atento à sua fisiologia corporal, declarando sua missão de forma coerente com seu conteúdo. Se sua missão fala de sucesso, felicidade e conquistas, sua fisiologia (comunicação não verbal) deve ser congruente. A missão deve ser proferida diariamente com atitude de sucesso, felicidade e conquistas. Caso não esteja bem seguro em como usar sua fisiologia corporal, volte ao capítulo 3, no qual esse assunto é tratado.

Outra maneira de usar sua missão é, após escrevê-la, gravar a leitura no próprio computador, usando as mesmas técnicas da fisiologia corporal e entonação da voz. É interessante que você coloque uma trilha instrumental serena e relaxante para ajudar a atingir um estado mais profundo de relaxamento. O tempo ideal de gravação da missão é de aproximadamente seis a oito minutos, englobando todos os pilares.

## COMO USAR A GRAVAÇÃO DA MISSÃO

Depois de ter gravado sua missão de vida no seu computador pessoal, é hora de desfrutá-la. Antes de dormir, deite de forma confortável, em decúbito frontal (barriga para cima), e ligue seu equipamento no modo replay. Isto vai possibilitar ouvir sua declaração algumas vezes enquanto dorme. Quanto mais profundo o sono, melhor, pois sua declaração estará penetrando na sua mente subconsciente, rompendo os limites colocados pela mente racional e questionadora e gerando novas realidades inconscientes, que logo se manifestarão de forma racional e consciente.

É provado pela ciência que o aprendizado neural completa seu ciclo em períodos de sete dias. Após quatro ciclos completos de sete dias ouvindo sem interrupção, as conexões neurais que sustentam o aprendizado – e, consequentemente, as mudanças esperadas – estarão completas. Assim, tais aprendizados se manifestarão para sempre em seus comportamentos e atitudes.

Aconselho que você use um fone de ouvido para ouvir sua missão, pois tenho observado em diversos alunos que os resultados se tornam mais rápidos e mais profundos quando todo o som ambiente é trocado apenas pelo som de sua missão. Aconselho ainda que você escute o áudio por um período de 28 dias.

## QUANDO TIRAR O FONE DE OUVIDO?

Em primeiro lugar, relaxe e durma tranquilamente, como mencionado antes. É provável que você acorde uma, duas ou três horas depois de ter iniciado. Neste momento, retire os fones de ouvido, desligue o som e volte a dormir normalmente. Isso acontecerá de forma natural e espontânea.

Lembre-se: como em tudo na vida, a disciplina será de fundamental importância para que você ouça diariamente sua missão pessoal antes de dormir. Os resultados serão no mínimo espetaculares.

## POR QUANTAS NOITES DEVEREI OUVIR A MINHA MISSÃO PARA DESFRUTAR DE GRANDES RESULTADOS?

Temos atestado que, ao acordar após a primeira noite de audição, você já sentirá uma disposição maior. A depender do seu nível de autoconsciência, você agirá de forma diferente, executando de maneira sistemática o conteúdo declarado na gravação.

Devemos lembrar que estamos nos tornando diferentes do que sempre fomos. São dezenas de anos de vida e de uma programação mais do que sedimentada sendo deixada para trás. Por isso, para garantir a perpetuação das mudanças propostas na sua missão e evitar que programações em nós colocadas no passado nos puxem para a repetição dos padrões que queremos mudar, a disciplina e a persistência são fundamentais.

Quero reforçar que, se não for possível gravar sua missão pessoal de vida, você pode fazer como orientei, ou seja, ler diariamente com entusiasmo e determinação sua missão pessoal. Os resultados também acontecerão de forma inacreditável.

> *"O que se encontra atrás de nós e o que se encontra à frente são problemas menores comparados com o que existe dentro de nós."*
>
> (Oliver Wendell Holmes)

# CRENÇAS FORTALECEDORAS: A CONCRETIZAÇÃO DO EXTRAORDINÁRIO

O que temos, o que fazemos, com quem nos relacionamos, e finalmente quem somos, tudo isso é determinado pelas crenças que possuímos sobre nós mesmos, a maneira com que nos vemos internamente. Em outras palavras, nossa existência é determinada pelas nossas maiores certezas, pelas convicções mais profundas que temos sobre nós mesmos e sobre o mundo, ou seja, por nossas crenças.

> *"Nossas crenças influenciam todas as nossas escolhas mais significativas e importantes, direcionando todas as decisões e determinando a vida que levamos."*
>
> (Paulo Vieira)

Em uma palestra sobre atingimento de metas e relacionamentos poderosos, uma bela jovem me perguntou por que seus namoros aconteciam sempre do mesmo jeito, com o mesmo tipo de pessoa e sempre acabavam da mesma maneira, com muito sofrimento, mágoa e decepção.

Ela questionou: "Será que é coincidência? Qual será o motivo para que eu, apesar de ser intelectualmente capaz, poliglota, ter morado na Inglaterra e na França, ter duas formações acadêmicas, não consiga estabelecer um relacionamento saudável e estável?". Ela voltou a desabafar: "Quando tenho um relacionamento harmônico e pacífico, ele logo acaba. Mas se o relacionamento é tumultuado e conflituoso, dura muito tempo. Por que essas coisas acontecem comigo?".

Respondi que esses resultados amorosos decorriam de uma programação que lhe foi impressa na mente, em um sistema de **crenças**, como se fosse um programa de computador que sempre executa a mesma rotina. Ela rapidamente entendeu que o que acontecia com ela não era coincidência, e que existia uma causa muito clara para isso.

Nesse momento, com uma expressão de possibilidades, seus olhos brilharam e ela me perguntou: **"O que posso fazer para acabar com essa programação que me faz sofrer tanto e limita meus sonhos de ter uma família feliz?"**. Com segurança e tranquilidade, falei: o que foi programado em sua mente pode ser reprogramado; o que foi impresso pode ser reimpresso.

E a mesma afirmação também faço para você: é possível reprogramar suas crenças conjugais e rapidamente criar um relacionamento extraordinário. Você também pode reimprimir suas crenças sobre finanças e passar a viver de forma farta e abundante. Você pode restaurar qualquer crença que o limite.

Promover essas mudanças de forma prática e aplicável é o objetivo deste capítulo, e na verdade de todo o livro. Neste capítulo me deterei de forma direta e detalhada em como estabelecer novos padrões de crenças e sistemas de crenças para que você possa redirecionar sua vida para a felicidade, as realizações e as conquistas.

## COMO SE INSTALAM AS CRENÇAS EM NOSSA MENTE?

### MATRIZ PASSIVA DE FORMAÇÃO DE CRENÇAS NA INFÂNCIA

Para entender a formação das crenças, vamos começar pelo nascimento de uma criança, época em que ainda não existiam crenças nem racionalidade na mente dela, em que todas as informações que chegavam à criança eram assimiladas como verdades absolutas. Uma boa comparação é entre um CD virgem e uma criança recém-nascida: ambos estão prontos para receber toda a programação que lhes chegar. Sem criticar nem julgar a importância ou a veracidade da informação, apenas a recebem e imprimem em seus arquivos.

Acompanhando a matriz passiva de formação de crenças a seguir, percebemos que todas as informações sensoriais passam pelos filtros das nossas crenças, que produzem significados específicos, dependendo da estrutura das crenças existentes. É muito importante lembrar que, ao nascer, a criança não possui crenças – por conseguinte, não possui filtros que **selecionem** as informações que lhe chegam.

No entanto, dia a dia, após o nascimento, as crenças se formam e são fortalecidas na mente da criança. De 6 a 8 anos, o primeiro bloco de crenças é sedimentado; aos 12 anos, as crenças desse pré-adolescente estão completas, e nelas está impresso quem ela é, seu valor próprio, suas capacidades, seu amor-próprio, sua autoimagem e tudo o mais que forma o caráter, a personalidade, a atitude, o estilo e o comportamento desse jovem e do adulto que ele se tornará.

Como acabamos de ver, a grande totalidade das crenças que formam a identidade do indivíduo são produzidas até os 12 anos. As informações que chegam depois da infância e da puberdade também vão formar o sistema de crenças, mas com menos intensidade. Daí a certeza de que os doze primeiros anos de vida de uma criança são determinantes para a formação do indivíduo.

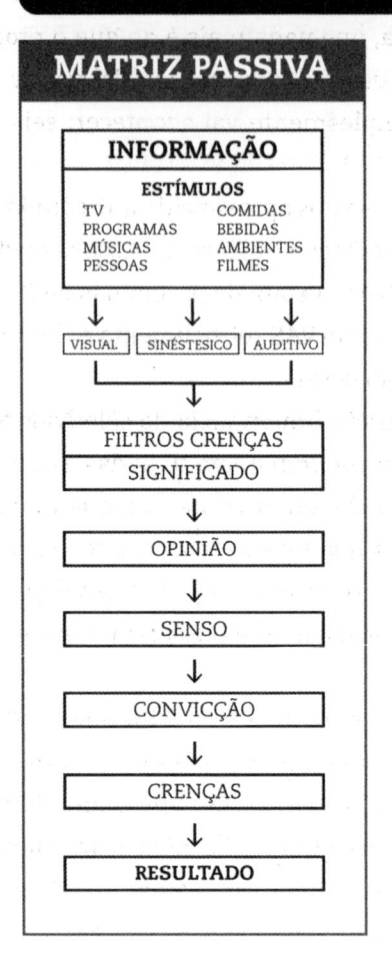

Voltando a acompanhar a matriz passiva de formação de crenças, iniciamos pelas **informações sensoriais (visão, audição e sensação)** que a criança recebe passivamente, sem ter como se defender delas por não possuir crenças, muito menos racionalidade para entender e analisar os estímulos.

A repetição dos estímulos sensoriais (visão, audição e sensação) recebidos pela criança produz a opinião, que etimologicamente significa "ideia confusa a respeito da realidade". Mantendo esses estímulos e essas informações sensoriais, a opinião se fortalece e vira um senso comum, que é a primeira suposta compreensão do mundo que a cerca. A continuidade do recebimento dos estímulos transforma o senso em uma convicção, que é algo real e factível. Se os mesmos estímulos forem mantidos, a convicção se transforma por fim em uma **crença**, que nada mais é do que o programa mental que rege nossa vida e nosso destino. E, como já falei várias vezes, toda crença é autorrealizável. Ela simplesmente vai acontecer; seja agora, amanhã, seja no futuro.

Outra característica da crença é que ela nos aproxima do que combina com ela. Assim, uma pessoa com crenças medíocres vai buscar pessoas medíocres para conviver. Pessoas medíocres também gostam de programas de TV, músicas e lugares medíocres. E essa combinação VAS retroalimenta e fortalece as crenças, reiniciando o ciclo de formação destas.

Toda essa explicação foi para mostrar a importância da seletividade para formação de crenças. O ditado diz: "Diz-me com quem tu andas e direi quem tu és". Ofereço um complemento a esse ditado: "Diz-me com quem tu andas, o que tu vês e assistes, o que ouves e a que tipo de sensação te expões, e eu direi quem tu és". Diferentemente das crianças, você pode e deve se responsabilizar por tudo o que lhe chega, selecionando e buscando o que agrega e fortalece sua estrutura emocional.

Para que possamos entender melhor como se instalam e se processam as crenças na nossa vida tendo como base a matriz passiva de formação de crenças, vou relatar o caso de um aluno do Método CIS®. Vou chamá-lo de Luís. Como funcionário, ele era um profissional que tinha hora para entrar, mas não tinha hora para sair. Um funcionário exemplar, o sinônimo de comprometimento e dedicação, uma pessoa extremamente trabalhadora.

Contudo, apesar de todas essas características positivas, ele nunca teve remuneração proporcional ao seu empenho e à sua dedicação. Como ele próprio narrou: "Por onde eu andei, em todas as empresas em que fui empregado, carreguei a empresa nas costas, tudo era em cima de mim. Sempre que existia um problema, era eu quem ia resolver. No entanto, nunca fui remunerado a contento, nunca reconheceram meu esforço e dedicação".

Cansado de ser mal remunerado e não ser reconhecido, Luís criou coragem, vendeu tudo o que tinha, conseguiu algum dinheiro emprestado com a família, fez um financiamento e começou a própria empresa de transportes. Acordava com o sol para acompanhar o carregamento dos caminhões e ia dormir de madrugada, depois que a última carga fosse entregue. Viajava a qualquer dia e hora para liberar caminhões apreendidos nas fiscalizações ou com problemas mecânicos. E, quando faltava gente para carregar ou dirigir, lá estava ele, pronto para ser o motorista ou o estivador.

Apesar de todo seu esforço e sua experiência, seu trabalho físico e mental continuava sendo muito maior do que a remuneração que ele passou a ter como empresário. Como ele me narrou: "Por mais que me esforçasse, estava sempre apertado e em dificuldades financeiras".

Seu esforço não era proporcional aos ganhos financeiros e, quando as coisas começavam a melhorar em sua empresa, algo inesperado acontecia e o fazia regredir alguns degraus financeiros. Sua vida de empresário era um retrato modificado, porém muito parecido com sua vida de funcionário, ou seja, muito trabalho e pouca remuneração – apenas o suficiente para pagar a maioria das contas e deixar outra parte atrasada.

Em sua autobiografia de 0 aos 12 anos, ele narrou como sua mãe era forte e controladora, como ele era punido física e emocionalmente quando não era dedicado e esforçado. Por mais que ele tentasse atender às expectativas dela, ele jamais era merecedor de elogios e reconhecimento. Sua mãe dizia com rispidez, repetidamente: "Sua única obrigação e direito é cuidar da casa, dos seus irmãos mais novos e das entregas da quitanda do seu Gabriel".

E toda a renda do seu trabalho na quitanda era entregue à mãe para as despesas da família. Quando Luís pleiteava jogar bolinha de gude ou descansar, ela logo mostrava como ele estava errado, que deveria ajudar a cuidar mais dos irmãos e da casa, "já que você é quase um homem". Por incrível que pareça, ele tinha apenas 7 anos.

Na cabeça daquela criança, foram impregnadas crenças de escassez, de dificuldade, de muito trabalho e pouco resultado, crenças do tipo "eu não mereço". No decorrer do Método CIS®, ele narrou para mim uma fábula que sua mãe lhe contou durante toda a sua infância e até ele sair de casa, já adulto. A história era mais ou menos assim:

*Era uma vez uma formiguinha, ela era bem pequenina. Trabalhava de sol a sol para manter o formigueiro abastecido, não tinha folga nem descanso – afinal, a vida era muito dura. E tudo lá no formigueiro era muito difícil, com muito trabalho duro e nenhum descanso. Enquanto a formiguinha trabalhava, a cigarra cantava e se divertia, sem se preocupar com o inverno que ia chegar. Apesar de seu pequenino tamanho, a formiguinha era muito dedicada e obstinada, carregava folhas e gravetos muito maiores do que ela.*

*Lutava contra outros insetos bem maiores para defender seu formigueiro. Enfim, era uma lutadora, uma guerreira incansável, uma batalhadora.*

Era incrível a forma emotiva e associada com que Luís narrava a história que sua mãe lhe contara tantas e tantas vezes. A grande e triste verdade é que ele não apenas narrava a história da formiguinha para mim, ele narrava a própria história: ele era aquela formiguinha trabalhadora e sofrida.

Com essa metáfora em forma de fábula e com outras atitudes conscientes e inconscientes, sua mãe foi-lhe imprimindo crenças de que seu resultado de vida não era ser realizado, próspero, feliz ou vencedor, e sim trabalhar para não sucumbir, trabalhar no limite das suas forças físicas e emocionais. Lutar contra as circunstâncias, de sol a sol, sete dias por semana, trinta dias por mês, doze meses por ano. A programação impressa fazia com que ele fosse um lutador, um batalhador na qual sua única conquista era trabalhar e não ser recompensado à altura de seu esforço.

Quantas pessoas lutam contra si mesmas durante toda a vida, buscando uma explicação, até mística, para tantos azares e tantos reveses, tantas dificuldades e tantos insucessos. **A resposta a todo o sofrimento é apenas uma: as crenças que aceitamos em nossa vida, em especial aquelas que nos foram inculcadas primordialmente do nascimento até os 12 anos, determinam a vida que levamos hoje.**

Estou dizendo que as crenças em nós colocadas durante a infância podem ser boas e fortalecedoras, como também podem ser limitantes e destruidoras, fazendo-nos felizes ou infelizes, prósperos ou fracassados, saudáveis ou debilitados. Ou seja, as crenças que nos são inculcadas durante nossa infância são determinantes em nossa vida – pelo menos enquanto não decidirmos por outras crenças mais fortalecedoras.

Vemos na matriz passiva de formação de crenças a primeira forma de provocar mudanças nas nossas crenças, que é pela **seletividade das infor-**

**mações** recebidas. Afinal, se toda informação que nos chega produz algum tipo de crença, devemos tomar todo o cuidado para não receber informações produtoras de crenças que limitam a vida e o potencial.

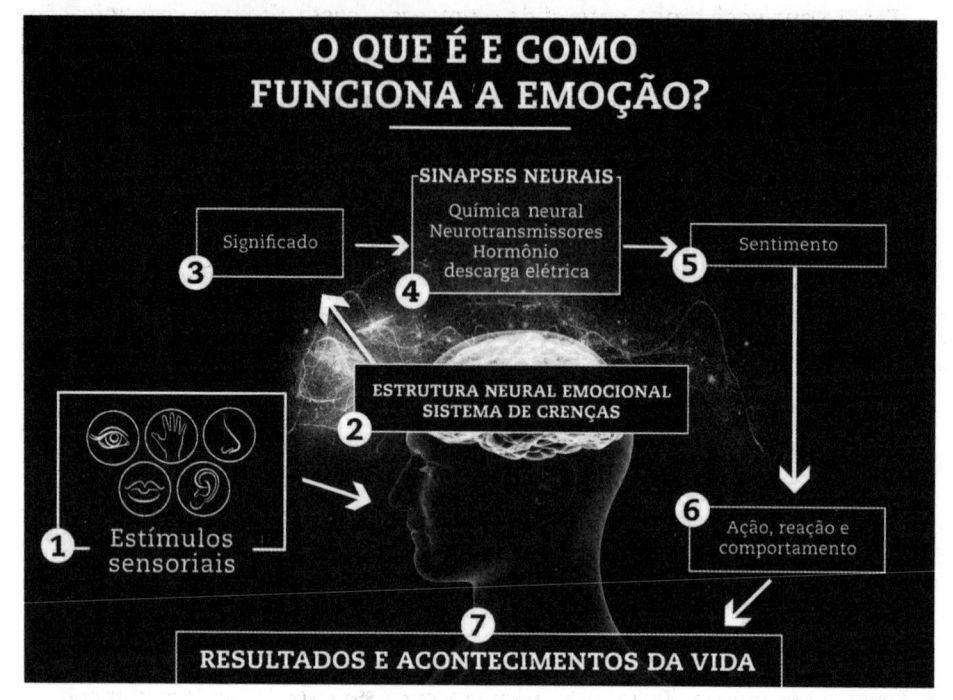

Os estímulos sensoriais (1) que nos chegam passam pelo filtro do nosso sistema de crenças (2) para, então, terem um significado (3). Esse significado é percebido por meio de sinapses neurais (4), que geram descargas elétricas e comandam a liberação de neurotransmissores e hormônios. Tais hormônios, diretamente ligados às nossas emoções, geram os nossos sentimentos (5), pensamentos e, por fim, a nossa reação (6) ao estímulo inicial. As nossas reações ao que nos acontece vão gerar nossos resultados de vida (7). Portanto, o sistema de crenças é o filtro onde todo o ciclo começa. Um sistema ruim gera resultados ruins, enquanto um sistema bom gera resultados bons.

## MATRIZ ATIVA DE FORMAÇÃO DE CRENÇAS

A segunda forma de promover mudanças rápidas é mergulhar e interferir na matriz ativa de formação de crenças, primeiro **comunicando (1)** de forma positiva e vitoriosa, para em seguida alterar os **pensamentos (2)** e consequentemente alterar de forma positiva os **sentimentos (3)**, os quais, se mantidos, gerarão novas **crenças (4)** que, por sua vez, produzirão novos resultados de vida.

Espero que você tenha entendido o processo: basta alterar a comunicação, os pensamentos e os sentimentos de forma decidida e persistente que logo essas mudanças interferirão nas crenças. Decerto a comunicação é o ponto mais fácil a mudar na matriz.

Tenho visto muitas pessoas buscarem o sucesso profissional apenas através da capacitação intelectual, trabalham unicamente o lado esquerdo do cérebro (como já vimos nos capítulos anteriores) com mais cursos, mais graduações e pós-graduações. Depois de finalizada a etapa de formação intelectual, descobrem que, apesar das oportunidades que surgiram (ou não), elas continuam realizando apenas as mesmas coisas que realizavam antes da maratona intelectual, e continuam recebendo praticamente os mesmos salários de antes.

Diante do desafio e da frustração pelos resultados obtidos, alguns começam a perceber que apenas o conhecimento técnico/intelectual não os torna mais realizados.

Descobrem que tantas informações, para terem valor, de fato, precisam ser colocadas em prática. Entretanto, para colocar esse cabedal de informações intelectuais em prática, essa pessoa precisa de iniciativa, coragem, empreendedorismo, trabalho em equipe, liderança. Ela precisa controlar suas emoções, administrar seus sentimentos, comunicar-se e relacionar-se melhor com os outros – enfim, ela precisa de crenças construtoras da inteligência emocional. Contudo, todos esses atributos não são ensinamentos intelectuais nem técnicos, eles não são ensinados nos bancos das universidades ou nos colégios.

Eles foram e continuam a ser impressos em nossa mente através das experiências que tivemos e dos significados que demos a cada uma dessas experiências. Outras pessoas buscam o sucesso profissional dobrando ou quase triplicando a carga diária de trabalho, subtraindo o tempo que têm com a família. Elas deixam a saúde em segundo plano, alimentam-se de qualquer maneira e a qualquer hora, priorizam apenas as relações e ações profissionais, isso com a esperança de que apenas trabalhar muito seja a garantia de prosperidade.

Depois de algum tempo, em muitos casos, essa pessoa se vê cansada, fatigada e até dilacerada de tanto trabalho e, no entanto, o sucesso profissional tão almejado não veio, o sucesso que acreditava ser proporcional ao trabalho não aconteceu.

*"A certeza é que, para mudarmos qualquer aspecto externo de nossa vida (casamento, finanças, profissão, saúde, entre outros), precisamos mudar antes as nossas crenças e, consequentemente, mudar nossa vida."*

(Paulo Vieira)

## MATRIZ PASSIVA DE FORMAÇÃO DE CRENÇAS NA FASE ADULTA

### DE OPINIÃO PARA SENSO

As informações que nos chegam primeiro passam por nossos filtros de crenças e valores, produzindo um significado. Esse significado, por sua vez, produz na superficialidade a **opinião**, que por si só já influencia nossas escolhas e nossos comportamentos. Sendo as mesmas informações recebidas repetidamente, transformam a opinião em um **senso**: a primeira suposta compreensão do mundo que nos rodeia.

Se essa informação for repetida e intensificada emocionalmente, ela produz a **convicção**, que no dicionário significa a certeza obtida por fatos ou razões, que não deixam dúvida nem dão lugar a objeções ou contestações. A convicção tem muito poder e força, influencia não apenas nossas escolhas, como também determina nossas atitudes e até produz crenças superficiais. Nossas convicções, apesar de terem menos poder do que as crenças, já são capazes de grandes feitos sobre nossos comportamentos, nossos pensamentos e nossas decisões.

Em experimentos científicos, nos quais pessoas que bebiam cerveja sem álcool estavam certas (convictas) de estarem bebendo cerveja com álcool, elas, por incrível que pareça, manifestaram todos os sintomas de uma pessoa alcoolizada. Como isso pode acontecer? A resposta é simples: a ação de nossas convicções. Tanto nossas opiniões quanto nossas convicções costumam ocorrer mais no nível consciente e racional, no hemisfério esquerdo, por isso são menos poderosas que as crenças.

Já a maioria de nossas crenças é inconsciente e desconhecida racionalmente. Elas geram os filtros com os quais observamos todas as informações que nos chegam, criam, assim, o mapa de mundo através do qual construímos nossas opiniões e nossas convicções.

Apesar do poder terapêutico das drogas farmacêuticas, estudos da psiconeuroimunologia têm confirmado que o poder das nossas convicções sobre um tratamento ou remédio chega algumas vezes a desempenhar um papel mais importante que a própria droga ou tratamento. O doutor Henry Beecher, de Harvard, tem realizado pesquisas que provam que muitas vezes estamos dando o crédito a medicamentos quando a responsável pela cura foi a convicção de estar tomando algo de eficácia curativa. Ou seja, o que fez, de fato, a diferença não foi a droga, e sim a convicção da cura.

Muitos médicos e pessoas ligadas à área de saúde física e mental têm participado de meus seminários e a todos tenho repetido que a cura de seus pacientes está diretamente ligada à forma de prescrever e administrar o tratamento. Muitas vezes, esta é até mais relevante do que o próprio tratamento ou o fármaco ministrado ao paciente.

No caso de você ser médico, fisioterapeuta, odontólogo, fonoaudiólogo ou outro profissional ligado à área da saúde, ao prescrever um remédio ou tratamento, fale convictamente do poder curativo desse remédio ou tratamento. Descreva a ação farmacológica no organismo e de que modo que ela se processa, fale com muito entusiasmo das estatísticas positivas de pessoas que foram curadas com esse tratamento, toque e influencie a convicção do paciente, traga-lhe novos sentimentos e certezas.

Tenho visto alguns médicos, escondidos por trás de um manto branco de covardia, administrando drogas e tratamentos a seus pacientes da mesma maneira fria e indiferente com que um mecânico coloca óleo e troca uma peça de uma máquina. Essa forma impessoal e dissociada de clinicar talvez ocorra para não gerar expectativas no paciente nem fazer o profissional da saúde se comprometer com a cura. No entanto, eu pergunto: como um profissional da área da saúde pode não se comprometer com a cura de seu paciente?

Alguns têm se esquecido de que o seu real compromisso não é administrar o tratamento ou medicamento, e sim curar – e, para que a cura aconteça no corpo, ela precisa acontecer antes na mente e no coração, ou seja, é preciso curar antes as convicções e as crenças de seus pacientes.

Tenho um amigo médico que tem se especializado em tratar pessoas com obesidade, porém ele não concentra suas ações em remédios, muito menos em dietas. Grande parte do tratamento consiste em mudar a mente de seus clientes, para depois mudar seu estilo de vida.

Muito mais do que o corpo, ele trata as convicções sobre o corpo, e não preciso dizer que até as pessoas que não continuam o tratamento obtêm resultados extremamente significativos. Temos observado que as pessoas que tratam a obesidade através da mudança de convicções, depois do fim do tratamento, continuam magras, enquanto pessoas que emagreceram com remédios e dietas passam muito menos tempo magras e voltam ao peso inicial.

O mesmo acontece com fisioterapeutas, ao expor seus pacientes a ondas curtas, compressas de gelo, parafina quente ou a manipulações. É fundamental para a cura do paciente que o fisioterapeuta ressalte a importância curativa, a eficácia bioquímica do tratamento que está ministrando. E não basta falar, é preciso ressaltar a ação do calor provocada pelas ondas curtas, como estas penetram em profundidade na musculatura e como as artérias são dilatadas, fazendo circular muito mais sangue no local lesionado e assim promovem a cura de dentro para fora. Seja qual for sua área ou especialidade, use a convicção de seus pacientes como parte integrante do tratamento.

## DE CONVICÇÃO PARA CRENÇA

Migrando de convicções para crenças, todos nós temos crenças fortalecedoras, que nos fazem progredir, amar, construir resultados relevantes em nossa vida. Como também todas as pessoas possuem crenças limitantes, que as aprisionam e engessam, criando impossibilidades, falta de amor, levando-as a viver tristezas e dissabores em algumas áreas da vida delas.

É justamente essa luta interna – crenças fortalecedoras *versus* crenças limitantes – que define nossa qualidade e plenitude de vida em todos os aspectos. E, como já sabemos, para melhorar nossa vida precisamos antes melhorar nossas crenças, substituindo crenças e convicções ruins por boas e fortalecedoras.

*"Nossas crenças mais profundas e inconscientes possuem um poder atômico e podem mudar nossa realidade pessoal e tudo o que nos rodeia em uma fração de segundo."*

(Paulo Vieira)

### QUAIS AS CRENÇAS LIMITANTES QUE DEVO ELIMINAR?

Observe as declarações a seguir e perceba que todas elas carregam em si conteúdos limitantes. Caso você se permita conduzir por uma ou muitas delas – sejam crenças, sejam convicções, estará limitando sua vida e suas conquistas.

### EXERCÍCIO

Assinale todas as declarações que você entende como suas, sejam como crenças, convicções, sejam apenas opiniões, não importando quanto e em que intensidade você acredita nessas afirmações.

1. Para adoecer, basta estar são.
2. Quando uma coisa pode dar errado, ela certamente dará errado. (Lei de Murphy)
3. Dinheiro é sujo.
4. Sou pobre, mas sou honesto.
5. Os ricos são trapaceiros.
6. Dinheiro não dá em árvores.
7. Pau que nasce torto morre torto.
8. Só desonestos têm dinheiro.
9. Estou sempre endividado.
10. Existem apenas dois tipos de homens: os que sabem que são traídos e os que não sabem.
11. Artista tem de lutar para viver.
12. Para sobreviver, tenho de matar um leão por dia.
13. Não posso cobrar "tudo isso" pelo meu trabalho.
14. Eu não mereço boas coisas.
15. Não sei cobrar pelos meus serviços/produtos.
16. Quem ama sofre.

17. De grão em grão a galinha enche o papo.
18. O dinheiro só corre para o mar.
19. Homens são todos iguais, só muda o endereço.
20. Mulheres são interesseiras.
21. Dinheiro só vem com trabalho duro.
22. Como poupar, se nunca sobra nada?
23. Sexo é sujo.
24. Família só traz problema.
25. Ter filhos é padecer no paraíso.
26. Ter mulher/marido é o mesmo que abdicar da vida.
27. Hoje, quem casa separa.
28. Emagrecer é impossível com meu estilo de vida.
29. Sou trabalhador, batalhador, lutador, guerreiro.

Talvez você tenha chegado até aqui e ainda ache que essas frases proferidas não têm efeito prático em sua vida, que são apenas expressões coloquiais do dia a dia. A verdade é que não só têm efeito, como também têm uma causa.

O que nós proferimos retrata nossas crenças muitas vezes inconscientes, mostra a nós e ao mundo quem somos e o que somos capazes de ser, ter e fazer. Pessoas que proferem palavras limitantes estão repletas de crenças limitantes e colherão na vida delas resultados proporcionais às suas crenças, como já vimos no capítulo sobre linguagem.

Crenças costumam ser um aprendizado familiar, passado de pai para filho, de comunidade para comunidade, de geração a geração. E, para que seu crescimento e sua cura aconteçam, o primeiro passo é você tomar conhecimento de suas crenças, do efeito maléfico que elas causam e, em seguida, optar por crenças e convicções fortalecedoras.

## EXERCÍCIO

Mesmo que você ache que essas afirmações não fazem parte de suas crenças, reescreva as 29 declarações limitantes anteriores de forma superpositiva e edificante para você, e as comunique verbalmente dez vezes, cada uma delas na frente do espelho, com entusiasmo e energia por sete dias.

1. Quanto melhor eu estiver, mais são eu fico.
2. _____
3. _____
4. _____
5. _____
6. _____
7. _____
8. _____
9. _____
10. _____
11. _____
12. _____
13. _____
14. _____
15. _____
16. _____
17. _____
18. _____
19. _____
20. _____
21. _____
22. _____
23. _____
24. _____
25. _____
26. _____
27. _____
28. _____
29. _____

Você também pode descobrir quais são suas crenças limitantes observando seu Mapa de Autoavaliação Sistêmico® (MAAS®) e identificando quais os pilares que se mantêm deficientes ao longo do tempo.

Vamos supor que, olhando seu MAAS®, você perceba que o pilar financeiro sempre foi debilitado, e a pontuação sempre esteve muito baixa.

Então, fica claro que as crenças limitantes nesse pilar são muitas e precisam ser trabalhadas. Em alguns pilares, você perceberá uma evolução; em outros, uma queda; mas certamente na maioria você perceberá que eles se mantêm estáticos ao longo do tempo, uns em bom estado e pontuação elevada, outros deficientes e causando sofrimento prolongado.

## EXERCÍCIO

Olhando para seu MAAS®, identifique e numere os pilares por ordem de dificuldade que, por um motivo ou outro, têm feito você viver uma vida limitada ao longo dos últimos anos.

| | |
|---|---|
| ( ) ESPIRITUAL | ( ) FAMILIAR |
| ( ) CONJUGAL | ( ) FILHOS |
| ( ) SOCIAL E LAZER | ( ) SAÚDE |
| ( ) SERVIR | |
| ( ) INTELECTUAL | ( ) FINANCEIRO |
| ( ) PROFISSIONAL | ( ) EMOCIONAL |

Assim, quanto pior for a nota que você se der em determinado pilar, piores e mais limitantes serão suas crenças sobre ele.

Dando continuidade a este exercício, identifique quais crenças debilitam suas possibilidades e suas virtudes em cada um dos pilares assinalados, substituindo em cada pilar as crenças que limitam por crenças que fortalecem.

**Exemplo 1:**

**Pilar:** conjugal/amoroso

**Crença limitante:** é muito difícil encontrar homens/mulheres que realmente queiram algo sério.

**Desafiando, questionando e substituindo a crença limitante:**

1. É difícil para quem encontrar homens/mulheres que queiram algo sério?

2. O que torna difícil para mim, já que tantas pessoas ao meu redor têm conquistado relacionamentos sérios, duradouros e harmônicos?

3. Levando em conta que não existe coincidência, sorte ou azar, o que as pessoas que conquistam relacionamentos felizes fazem, pensam e sentem diferente de mim?

4. Finalmente, o que eu vou fazer de diferente para conquistar e manter relacionamentos felizes?

**O oposto da crença limitante é:** é muito fácil encontrar homens/mulheres que queiram um relacionamento sério.

### Exemplo 2

**Pilar:** financeiro[17]

**Crença limitante:** é muito difícil ganhar dinheiro hoje em dia.

**Desafiando, questionando e substituindo a crença limitante:**

1. É difícil para quem ganhar dinheiro?

2. O que torna difícil para mim, já que tantas pessoas estão ganhando dinheiro?

3. Levando em conta que não existe coincidência, sorte ou azar, o que as pessoas que ganham dinheiro fazem, pensam e sentem de maneira diferente de mim?

4. Finalmente, o que vou fazer de diferente para ganhar dinheiro de verdade?

**O oposto da crença limitante é:** é muito fácil ganhar dinheiro hoje em dia.

### Exemplo 3:

**Pilar:** saúde

**Crença limitante:** na vida agitada de hoje em dia, não sobra tempo para cuidar da saúde.

**Desafiando, questionando e substituindo a crença limitante:**

1. Quem não tem tempo para cuidar da saúde?

---

17 Caso você tenha identificado que o pilar mais deficiente em sua vida é o financeiro, recomendo a leitura do livro *Fator de enriquecimento*. Nele você encontrará ferramentas totalmente voltadas para reprogramar crenças limitantes sobre dinheiro e prosperidade financeira.

2. O que me faz não ter tempo, já que tantas pessoas cuidam da saúde delas e ainda são felizes?

3. Levando em conta que não existe coincidência, sorte ou azar, o que as pessoas que cuidam da saúde fazem, pensam e sentem de maneira diferente de mim?

4. Finalmente, o que eu vou fazer de diferente para cuidar da minha saúde?

**O oposto da crença limitante é:** com as facilidades de hoje em dia, é muito fácil cuidar da saúde.

**Modelo:**

Pilar: _____

Crença limitante: _____

**Desafiando, questionando e substituindo a crença limitante:**

1. Quem não... _____?

2. O que me faz não... _____?

3. Levando em conta que não existe coincidência, sorte ou azar, o que as pessoas que _____?

4. Finalmente, o que eu vou fazer de diferente para _____
_____

O oposto da crença limitante é: _____
_____

Certifique-se também de que você identificou e desafiou todas as crenças negativas para cada um dos pilares deficientes.

Agora que você obteve o oposto da crença limitante, escreva-a em vários pedaços de papel, espalhe-os pela casa e pelo local de trabalho e leia-os diariamente, até sentir que aquela nova realidade se instalou em *você*. Caso as notas do pilar deficiente não melhorem, retorne ao exercício.

## AUTOCONHECIMENTO

O autoconhecimento e autoconsciência são fundamentais nos processos de identificação e construção das crenças sobre nós mesmos, ou seja, na construção da nossa autoimagem. Sendo assim, responda por escrito a todas as perguntas que se seguem.

## PERGUNTAS TERAPÊUTICAS

Agora, respire fundo algumas vezes, relaxe o corpo e procure não pensar em nada. Permita que a sua mente volte às lembranças da infância e responda com sinceridade a todas as perguntas feitas a seguir. Use um papel à parte para as respostas.

1. Quando sua mãe estava grávida, você acha que realmente estava sendo querido por ela e pelo seu pai?
2. Quando você nasceu, você era do sexo que eles desejavam?
3. Você foi concebido porque ter um bebê era "uma coisa que se tem que fazer"?
4. QUEM VOCÊ ERA:

    ( ) O obediente?

    ( ) O submisso?

    ( ) O tristinho?

    ( ) O doentinho?

    ( ) O zangado?

    ( ) O rebelde?

    ( ) A vítima?

    ( ) O mártir?

    ( ) O "dedo-duro"?

5. VOCÊ FOI:

    ( ) O salvador?

    ( ) Aquele que ajuda?

    ( ) Aquele que apronta?

    ( ) Mãe ou pai para os seus pais ou irmãos?

    ( ) O "meu menino", superprotegido mesmo quando fazia algo errado?

    ( ) A garota-problema ou o delinquente?

    ( ) O que é feito de bobo?

    ( ) O palhaço?

6. Você pedia atenção de forma negativa?[18]

---

18 Atenção negativa, ou amor negativo, diz respeito a ter atitudes disfuncionais com o objetivo de ser visto/notado. Exemplo: o filho que desobedece a mãe porque, assim, terá atenção, ainda que em forma de gritos.

7. Você foi abandonado, literal ou psicologicamente?

8. Você foi adotado? Como você se sentia em relação a isso?

9. Você se sentiu consistentemente amado e aceito pela sua mãe e pelo seu pai?

10. Sua mãe ou seu pai estavam presentes, mas não lhe davam atenção?

11. Seu pai e sua mãe eram pessoas nas quais você podia confiar?

12. Você foi abandonado através do divórcio ou da morte?

13. Seus pais fizeram uma aliança com você e os outros filhos para que ficassem um do lado do outro? (Em algumas famílias existe uma divisão das crianças, alguns são da mãe e outras do pai, o que causa eternos conflitos.)

14. Seus pais falavam mal um do outro para você? Como isso o afetava?

15. Como é a sua vida hoje? Fazer alianças e tomar partido representa um problema para você?

16. Qual era a maior preocupação na sua família?

( ) O dinheiro?

( ) O trabalho?

( ) O sucesso?

( ) A vida sexual (ou a rejeição ao sexo)?

( ) A educação?

( ) O status?

( ) As aparências?

( ) A saúde?

( ) A nutrição?

( ) A limpeza?

17. O que seus pais ensinavam sobre a sua comunicação não verbal? Por exemplo: "Sorria sempre", "mantenha a cara", "esconda os seus verdadeiros sentimentos".

18. Você recebia olhares atravessados? Como você se sentia?

19. A sua família era aberta? Eles realmente se comunicavam e escutavam uns aos outros?

20. A linguagem corporal deles transmitia o quê? Eles eram tensos, controlados?

21. Depois que você deixou de ser um bebê, você se lembra dos seus pais terem lhe abraçado e dito que o amavam muito?

22. Se eles disseram que o amavam, você realmente sentiu que era amado?

23. Qual era o tipo de atmosfera que os seus pais criavam na sua casa?

24. Existia um clima de negatividade na sua casa?

25. Como seus pais agiam quando estavam zangados?

26. O que você fazia com a sua raiva? Como lidava com ela?

27. Permita-se relembrar uma cena específica, onde a raiva era o traço que estava sendo exibido pelos seus pais. Lembre-se de uma cena em que você estava com raiva da sua mãe ou do seu pai. Qual era o motivo? Como você se sentiu?

28. A raiva do seu pai/mãe era explícita?

29. Seus pais demonstravam raiva da mesma maneira? Ou de maneiras opostas?

30. A sua família gritava e berrava? Ou eles encobriam, suprimiam e abafavam a raiva com um sorriso?

31. Eles eram autênticos ou falsos?

32. O que eles faziam com a raiva deles e como você reagia?

33. Como a sua família se comportava quando estava infeliz ou deprimida?

34. Eles falavam sobre isso?

35. Eles expressavam e colocavam os sentimentos deles diretamente? Ou era tudo escondido, secreto e ignorado?

36. Quem era a figura de autoridade na sua família? Quem tinha o poder?

37. Como você reagia a esse poder?

38. Como eram manifestados o poder, a autoridade e o controle?

39. O que acontecia quando o controle dos pais era desafiado, se é que eram desafiados?

40. Os seus pais eram centrados e estáveis? Ou eles corriam de um lado para o outro, como baratas tontas?

41. Como eles reagiam quando surgiam problemas repentinos?

    ( ) Com ansiedade e medo?

    ( ) Com equilíbrio?

    ( ) Com pânico?

( ) Ficavam paralisados?

( ) Se distraíam com outras tarefas sem importância?

42. Como a sua família se comportava quando você ficava doente ou quando eles ficavam doentes?

43. Você aprendeu que estar doente (ou fingir) era a única maneira de conseguir atenção?

44. Você costuma se colocar como doente ou vitimado para conseguir atenção e apoio?

45. Havia uma vítima ou mártir no seu sistema familiar? Se sim, quem?

46. Como é que você lida com esses traços hoje em dia?

47 Sinceramente, você se coloca como vítima das pessoas ou das situações? Quando age assim, gosta do resultado?

48. Como era a sua casa ou as suas casas da infância?

( ) Elas eram limpas, confortáveis, seguras e aconchegantes?

( ) Ou a sua casa era uma bagunça e um pardieiro?

( ) Ou ela era anticéptica como uma enfermaria, onde não se permitia ter nada sujo?

49. Você se sentia cuidado por amor ou por dever?

50. Como a sua família se relacionava com dinheiro?

( ) O dinheiro era a causa de muitas preocupações.

( ) Eles falavam muito sobre dinheiro.

( ) Nunca falavam no assunto.

( ) Eles lidavam com o dinheiro de uma forma realista e equilibrada.

( ) O dinheiro era o assunto principal na vida dos seus pais.

( ) Eles eram extravagantes ou mesquinhos.

( ) Eles brigavam, reclamavam e resmungavam por dinheiro.

( ) Eles tinham problemas financeiros.

51. Observando o que você marcou no item anterior. Como seus pais lidavam com o dinheiro?

52. Como eram as interações e a comunicação na sua família?

53. Você tem alguma ideia de sobre o que seus pais conversavam?

54. Sobre quais assuntos eles conversavam, se é que conversavam?

55. Quem dominava a conversa?

56. Quem nunca falava? O seu pai e/ou a sua mãe eram calados, fechados, falavam baixinho ou não falavam nada?

57. Como eram as demonstrações de afeto na sua família?

58. Como as pessoas da sua família reagem diante do contato físico? Ou não existe contato físico?

59. Sua mãe e seu pai manifestavam carinhos físicos um com o outro, abraçando-se, dando carinho?

60. O que seus pais faziam quando você ou seus irmãos se comportavam mal?

61. Como seus pais lhe castigavam?

( ) Você tinha de ouvir um sermão?

( ) Você levava uma palmada, um tapa, um soco, um pontapé ou uma surra?

( ) Você recebia um castigo com "mão de ferro" e se sentia rejeitado?

( ) Você nunca foi castigado e assim aprendeu que o comportamento negativo vale a pena?

( ) Ou sua mãe e seu pai usavam uma combinação entre disciplina e amor, lhe ensinando a distinguir o que é bom e o que é ruim, de tal forma que você podia aceitar um castigo justo sem se sentir rejeitado, magoado ou abandonado?

62. Você e seus irmãos eram castigados da mesma forma? Como você se sentia em relação a isso?

63. Quando nascia mais um filho, seus pais lhe ensinavam que era o "nosso bebê", para que assim você pudesse aceitá-lo amorosamente, ou ele era o "bebê da mamãe e do papai"?

64. Você se sentiu deixado de lado, rejeitado ou inseguro com a chegada de um novo irmão ou irmã? (Até ontem era você que ficava no colo da mamãe e do papai. Agora, outra pessoa tomou o seu lugar.) Como foi isso para você?

65. A ordem de nascimento dos irmãos o afetou?

66. Como era ser o filho mais velho/mais novo/do meio?

67. Como era ser filho único?

68. Os seus pais davam força à rivalidade entre irmãos?

As pessoas mais próximas de você são seus irmãos e irmãs. Você é mais parecido com eles biológica e fisiologicamente do que jamais poderia ser com seus pais. No entanto, a maioria de nós foi roubada de uma relação amorosa, positiva e consistente com os irmãos, porque, em vez de amor, os pais incentivaram a rivalidade.

69. Como eram os dias especiais na sua família? Natais e aniversários eram dias seus ou dos seus pais?

70. Esses dias eram considerados uma dor de cabeça necessária ou experiências de amor?

71. Como você se sente hoje sobre esses dias especiais?

72. Seus pais se preocupavam com o seu desempenho escolar?

73. Eles eram presentes na sua escola e o ajudavam a estudar em casa?

74. Quando você levava o boletim para casa, como isso era recebido? Era uma experiência feliz?

75. Era um momento de apreensão para você ou para seus pais?

76. O boletim era a maneira pela qual você tentava "comprar" a aprovação dos seus pais? Você conseguia essa aprovação?

77. Você rebelava-se e tirava notas baixas para aborrecê-los, estragando o próprio desenvolvimento nos estudos?

78. Como seus pais reagiam se você tirasse notas baixas?

79. Mãe e pai faziam companhia a você com amor e interesse ou eles pensavam neles primeiro?

80. Seu pai ou sua mãe trabalhavam fora?

81. Como você se sentia ao chegar em casa, numa casa vazia?

82. Seu pai ou sua mãe eram muito tiranos?

83. Seu pai ou sua mãe superprotegiam você?

84. A sua mãe e o seu pai deixaram você para uma babá cuidar? Ou uma avó, tia etc.?

85. Você foi humilhado pelos seus pais na frente de amigos ou de estranhos?

86. Outras pessoas humilharam você na infância? Quem?

87. Seu pai e sua mãe confiavam em você e nas suas capacidades?

88. Quem tinha medo de quem na sua família? O pai tinha medo da mãe ou a mãe tinha medo do pai?

89. Você tinha medo de um deles ou dos dois?

90. Você tinha medo de seus irmãos ou suas irmãs?

91. Como você era aterrorizado?

92. Ou você aterrorizava seus pais ou seus irmãos e irmãs? Como?

93. Você gostava de estar com sua família?

   ( ) Era divertida?

   ( ) Cheia de amor?

   ( ) Alegre?

   ( ) Real?

   ( ) Deprimente?

   ( ) Anestesiada e morta?

   ( ) Solitária?

   ( ) Não era nada?

94. Como foi crescer na sua família?

95. Sua mãe era o modelo para todas as mulheres e seu pai o modelo para todos os homens?

96. A maneira pela qual você se relacionou com os seus pais, quando era criança, se assemelha com sua forma de se relacionar hoje com:

   ( ) As mulheres.

   ( ) Os homens.

   ( ) O cônjuge.

   ( ) Os filhos.

97. Você era a criança perfeita com a qual os pais ficavam abobados?

98. Se a resposta à pergunta anterior foi sim, você sente que precisa provar seu valor e viver à altura da expectativa deles?

99. Se a resposta foi não, você se vê constantemente tentando ser alguém excepcional para conseguir aceitação, aprovação e amor dos outros?

100. Como eram as atitudes sexuais na sua família?

   ( ) Sua família abordava o sexo como uma coisa sadia, limpa e bonita?

   ( ) Ou era tido como algo sujo e/ou que provocava ansiedade?

   ( ) O sexo era algo para se temer?

   ( ) A mensagem era "faça o que quiser, mas não se deixe apanhar"?

( ) O sexo era um dever ou uma obrigação?

( ) Era algo para se ter ressentimento do marido ou da esposa?

( ) Era alguma coisa que dava dor de cabeça, enxaqueca?

( ) Era algo que "moça direita não faz"?

( ) Sexo era visto como pecado, a não ser dentro do casamento?

( ) Havia incesto na sua família?

( ) Você foi molestado sexualmente?

101. Como sua mãe se sentia sobre sexo?

102. Como seu pai se sentia sobre sexo?

103. Você podia sequer imaginar que eles faziam sexo?

104. Existia fidelidade sexual ou eles tinham casos extraconjugais? Como a família lidava com isso?

105. Você viu seu pai ou sua mãe sofrerem por causa de casos extraconjugais? Como você lidava com isso?

106. Você vê semelhanças entre o seu sistema familiar e os relacionamentos que você tem (ou não tem) atualmente?

107. Você tem vergonha da sua identidade sexual?

108. Você vive uma vida dupla, escondendo a sua homossexualidade?

> Se você luta para suprimir a sua verdadeira identidade sexual só para agradar seus pais, o resultado final possivelmente será tensão, ansiedade, infelicidade e depressão.

109. O seu pai ou a sua mãe eram alcoólatras ou viciados em drogas? Como isso o afetou?

110. O seu pai ou a sua mãe tinham algum transtorno psicológico? Como isso o afetou?

111. Você via seu pai ou sua mãe sofrerem? O que os fazia sofrer? Como você se sentia em relação a isso?

112. Na sua vida atual, como você lida com as mensagens sobre amor que você recebeu na infância?

113. Hoje, como você lida com a afeição?

114. Como lida com a intimidade?

115. Como lida com as emoções?

116. Como você lida atualmente com os sentimentos da inadequação e invalidação que foram instalados pelos seus pais? (Responda caso tenha esses sentimentos.)

Se você nunca aprendeu a confiar nos seus pais ou eles não confiavam em você, isso provavelmente prejudica a sua confiança em si mesmo e nos outros hoje. Quando éramos crianças, dependíamos de pai e mãe para todas as necessidades amorosas e emocionais. Porém, se elas não foram supridas, crescemos presos entre necessitar ou nos ressentir dos nossos pais – um conflito que destrói os relacionamentos.

Muitas pessoas não tiveram pais amorosos e dignos de confiança e passam a vida procurando por isso. O ser humano tende a internalizar as programações aprendidas com os pais e a reproduzi-las. Se a infância foi cheia de rejeição, solidão ou insegurança, e isso não for trabalhado, esses sentimentos tóxicos perduram até a fase adulta. Mesmo que uma parte de você deseje afeto, quem vence são essas programações, internalizadas devido à falta de amor ou ao amor negativo.[19]

Nossos pais, embora tenham causado danos, talvez não agiram intencionalmente. Se o cenário familiar criou camadas de mentiras, fingimentos, padrões e debilidades, saiba que isso pode ser eliminado e você pode redescobrir a própria beleza, perfeição e amorosidade. É possível ser livre!

## AUTOBIOGRAFIA

Escreva em um caderno a sua história de vida desde que nasceu até hoje, porém com o foco principal até os 12 anos. Investigue com pais, irmãos e avós como era o cenário da sua casa quando você veio ao mundo.

Era um lar equilibrado e harmônico? Seus pais se casaram porque sua mãe engravidou de você, ou ela engravidou de você porque quiseram e planejaram? Eram quantos irmãos? Quem era o mais querido e o menos querido dos irmãos? Quais eram os papéis que cada membro da família tinha no contexto?

---

19 Independentemente da intenção dos pais, a criança pode entender o amor de forma negativa quando ele vem acompanhado de agressividade, acusação, crítica, intimidação ou humilhação. Por exemplo, o pai convida o filho para almoçar, mas fica o almoço inteiro chamando a atenção da criança para a postura, a forma que come, os resultados na escola etc. A atitude do pai pode levar o filho a aprender que cobrança e agressividade são manifestações de amor.

Seus pais tinham e dedicavam tempo a você? Ou, apesar de todo o amor e boa intenção, ambos trabalhavam muito e você foi criado em grande parte pela babá ou pelos avós? Seus pais se separaram? Se sim, quando e por quê? Como foi sua participação na separação deles? Você sofreu, sentiu-se traído, trocado ou culpado? Quais foram os traumas ou momentos difíceis de que você se lembra? Quais foram as maiores mágoas de sua infância? É importante que, além dos fatos, você escreva como se sentiu em relação a cada acontecimento relatado.

Algumas poucas pessoas têm me trazido verdadeiras histórias *hollywoo-dianas*, em que toda a sua vida infantil foi um mar de rosas, na qual só existiram amor e paz. Vejo autobiografias em que só ocorreram sabores e nenhum dissabor. É possível que sua vida seja repleta de boas lembranças, momentos mágicos, acontecimentos maravilhosos, momentos de amor e atenção dos entes queridos, e assim por diante. Todos esses momentos saudáveis de troca de amor foram importantes para gerar e fortalecer suas crenças positivas sobre si mesmo. Entretanto, essas crenças já existem e geram os benefícios que esperamos.

Nosso objetivo agora é trabalhar as crenças limitantes, aquelas que nos atrapalham e nos fazem sofrer. E, para isso, é necessário que, de forma corajosa, olhemos para nossa história e as experiências que tivemos, dando foco e lembrando todas as experiências, porém escrevendo aquelas difíceis e sofridas. Para que sua autobiografia seja mais completa e fácil de ser contada, é importante responder por escrito a cada uma das perguntas do questionário anterior.

A você, que escreveu sua autobiografia, parabéns pela coragem e pela determinação. Agora você tem muito mais consciência e compreensão sobre si. Com o conhecimento, você adquiriu também muito mais maturidade e autorresponsabilidade. Se você não escreveu, aconselho que volte, responda a todo o questionário por escrito, visto que imaginar e pensar nas respostas não é produtivo nem eficaz e, em seguida, escreva sua autobiografia. Ela será de fundamental importância para sua transformação e as conquistas ilimitadas.

É possível que você perceba, ao responder às perguntas e na elaboração de sua autobiografia, que suas crenças limitantes e todas as dores que você acumulou em sua história de vida se deram pelas falhas do seu pai e de sua mãe. Você pode até pensar que eles são culpados, mas a verdade é que eles são tão vítimas quanto você. As falhas e os erros que eles cometeram na sua criação se deram efetivamente porque os pais deles (seus avós) também cometeram erros com eles. E, em geral, seus avós cometeram mais erros com seus pais do que seus pais cometeram com você.

Assim, você poderia pensar que os culpados são seus avós. Não: os pais dos seus avós (seus bisavós) também cometeram erros tremendos contra seus avós, e assim por diante. O fato é que somos vítimas de outras vítimas, e cada um é responsável pelas próprias mudanças e pela sua evolução emocional neste momento.

Quantas linhas você escreveu na sua autobiografia? Espero que 100 linhas não tenham sido suficientes. Afinal, eu pedi que você escrevesse sobre doze anos de sua vida. Muitas pessoas têm dificuldade de lembrar do passado: a elas eu aconselho que, além de responder a todo o questionário, vejam fotos da sua infância, de sua casa, de pais, irmãos e parentes. Lembrem-se de seus brinquedos da infância, e assim por diante. É provável que, depois de tantas recordações do passado, seja mais fácil escrever a história de vida.

Entretanto, se, mesmo com ajuda externa, você ainda não conseguir se lembrar de nada ou quase nada do seu passado infantil, saiba que isso pode ser uma das formas da amnésia pós-trauma. A amnésia parcial ou total a respeito da infância é também um mecanismo de defesa, uma maneira legítima de a mente evitar reviver conscientemente o passado com seus dissabores.

O que acontece na prática é que essas memórias sofridas da infância, mesmo quando são encapsuladas, embaladas e lacradas, continuam vivas e atuantes na vida da pessoa, mas em um nível inconsciente. E é inconscientemente que elas direcionam suas possibilidades, suas decisões e suas escolhas, tornando a vida limitada em muitos aspectos.

Por mais escondidas, sufocadas e muitas vezes mascaradas que estejam as memórias sofridas da sua infância, elas estão lhe fazendo sofrer física, mental e espiritualmente. Por isso, precisam ser tratadas; e, para serem tratadas, precisam ser trazidas à tona, da inconsciência para a consciência, reconhecidas, recolhidas e aceitas. Aconselho que, se você ainda não escreveu sua autobiografia, respire fundo, pegue a caneta e comece agora, e certamente seu passado aparecerá de forma incrivelmente nítida. Esteja certo de que só o fato de contemplar sua vida e sua história já corresponde a 50% da cura e da substituição de crenças limitantes.

Fique atento: se você tivesse vivido na época de seus pais, nas circunstâncias em que eles viveram, tido os mesmos pais que eles tiveram, talvez você tivesse errado ainda mais que eles com você. Então, a ação e a intenção de uma pessoa autorresponsável é **entender seus pais e perdoá-los** para ter a leveza, a lucidez e a liberdade de ir em busca dos seus sonhos.

*"Honra teu pai e mãe e terá teus dias na terra alargados."*

(Bíblia Sagrada)

### COMPREENDENDO AINDA MAIS SUA AUTOBIOGRAFIA

Para o próximo exercício, assista ao filme *Duas vidas* (2000). Com ele, você entenderá ainda mais seu passado e os reflexos dele no seu presente, e dessa maneira ficará mais fácil planejar o seu futuro.

Se você não está disposto ou ainda não consegue perdoar seus pais ou pais substitutos, assista ao filme *Minha vida* (1993). Ele trará lucidez e a percepção do prejuízo que é não honrar pai e mãe.

Entenda os dois vídeos não como uma sugestão, e sim como um exercício muito importante a ser feito.

### EXERCÍCIO

---

### QUAL O REFLEXO DA MINHA HISTÓRIA NA MINHA VIDA ADULTA?

Depois de ter assistido ao filme *Duas vidas*, escreva em 35 linhas o reflexo de sua criação e história infantil na sua vida hoje em relação aos onze pilares do MAAS®.

Uma postura de infelicidade não é só penosa, mas também é mesquinha, desagradável e egoísta. O que pode ser mais vil e ignóbil do que a prostração, o choramingo, a expressão carregada? Não importa por quais males externos eles possam ter sido engendrados. O que é mais ofensivo aos outros? O que pode ajudar menos a si e aos outros do que um caminho de dificuldades e lamentações? Isso apenas fixa e perpetua o problema e amplia o total infortúnio da situação.

## RECONSTRUINDO A AUTOIMAGEM E AS POSSIBILIDADES

Nossa autoimagem corresponde à crença que temos sobre nós mesmos. E, para cada pilar do MAAS®, possuímos uma autoimagem específica que em muitos casos precisa de aprimoramento e reconstrução.

Lembro-me de um filme de animação, A *era do gelo*, em que uma mamute foi criada desde a sua infância por uma família de gambás. Ao longo do tempo, essa mamute foi se vendo como gambá, adquirindo comportamentos, hábitos, valores e crenças de gambá. Em determinado momento do filme, outro mamute, que estava quase extinto, ao ver a mamute-fêmea, disse, cheio de empolgação: "Não acredito, encontrei outra mamute!". E ela prontamente respondeu: "Mamute que nada, eu sou uma gambá!". E, olhando para dois gambás que estavam com ela, disse: "Estes são meus irmãos gambás."

Outro momento interessante no filme é quando a mamute diz que é difícil subir nas árvores e que evitava sair à noite para que as aves não a pegassem. A autoimagem é assim: não importa o que a pessoa seja física e intelectualmente, pois quem determina os caminhos e as escolhas são as crenças que a pessoa tem sobre ela mesma, ou seja, a própria autoimagem. Quantas mulheres lindas se veem gordas e, por mais que familiares, médicos e amigos as alertem, elas continuam a emagrecer cada vez mais, tornando-se anoréxicas e doentes?

Quantas pessoas cheias de formação acadêmica se veem incapazes de exercer seu trabalho, mesmo que intelectualmente saibam que são capazes? Se uma mulher se vê sem valor no aspecto amoroso, ela escolherá ou aceitará homens sem valor ou sem méritos, que a farão se sentir desprezada ou maltratada, para assim confirmar a sua autoimagem. Resta-nos o compromisso final de reconstruir a nossa autoimagem e com ela a crença pessoal sobre quem somos, o que merecemos e o que somos capazes de fazer.

### EXERCÍCIO

1º **passo:** identifique 3 ou 4 pessoas que você julgue extremamente admiráveis e, para cada uma dessas pessoas, escreva quatro características positivas.

**Observação:** essas pessoas podem ser de seu relacionamento ou não, podem estar vivas ou não, podem ser personagens da história ou não, podem ser parentes ou não. Não importa quem serão as pessoas que você relacionará, o que importa é que você identifique nelas características louváveis e admiráveis.

**Pessoa 1:** _____

Característica 1: _____

Característica 2: _____

Característica 3: _____

Característica 4: _____

**Pessoa 2:**_____

Característica 1: _____

Característica 2: _____

Característica 3: _____

Característica 4: _____

Pessoa 3:_____

Característica 1: _____

Característica 2: _____

Característica 3: _____

Característica 4: _____

Pessoa 4:_____

Característica 1: _____

Característica 2: _____

Característica 3: _____

Característica 4: _____

**2º Passo:** enumere quatro características pessoais que você julga possuir nas linhas a seguir.

1. Eu sou _____.

2. Eu sou _____.

3. Eu sou _____.

4. Eu sou _____.

**3º Passo:** volte para o capítulo 6, sobre metas e objetivos, e escreva de forma sucinta um dos seus objetivos mais desafiadores.

_____

_____

_____

_____

**4º Passo:** nas linhas a seguir, enumere as características que você percebeu em você e nas pessoas extremamente admiráveis. Escreva tomando posse de todas essas qualidades.

_____

_____

_____

_____

_____

_____

_____

_____

_____

_____

_____

_____

_____

_____

_____

_____

Neste momento, vou lhe dar uma pérola, um grande presente em forma de afirmação: **as características que você identificou nessas pessoas são também suas.** Isso mesmo: cada uma dessas características também pertence a você. Você as identificou porque elas já são realidades internas em você. E talvez, surpreso, você se questione: "Onde estão essas características que não percebo em mim?". A resposta é simples: nossas deficiências emocionais e baixa autoestima nos impedem de ver nossos melhores predicados e características, fazendo com que passemos uma existência de ineficiência, mesmo estando repletos de dons e talentos.

Um bom exemplo desse processo de identificação externa do que já existe dentro de nós é quando uma mulher está grávida e o mundo inteiro engravida com ela; para onde quer que ela olhe, ela vê outras mulheres grávidas.

Outro exemplo é que, quando alguém pensa em comprar um carro de tal modelo, a cidade se enche inexplicavelmente desse carro. Quando a pessoa decide pela cor, as coisas ficam mais estranhas e, por incrível que pareça, para onde essa pessoa olha, ela vê o carro do modelo e da cor que ela quer comprar. Acredite: você identificou nessas pessoas o que já existia dentro de você. Assuma essas características positivas, aceite-as e receba-as.

**5º Passo:** reescreva cada uma das suas características antigas e recém-descobertas em uma folha de papel, cole-a nos seus ambientes e repita-as em voz alta e com entusiasmo por sete dias seguidos pela manhã, logo ao acordar, e à noite, antes de dormir, sempre iniciando cada uma delas com: "Eu sou...".

Tenho certeza de que, depois de ler este capítulo e fazer todos os exercícios, sua vida jamais será a mesma. Tenho visto pessoas com a vida transformada nos meus seminários, no processo de coaching, como também apenas por ler meus livros. Estou certo de que você é uma dessas pessoas vitoriosas e realizadoras.

Lembre-se, porém, de que este livro se confunde com os exercícios que existem nele. Ler o livro e não fazer os exercícios é como arar a terra e não depositar as sementes.

# 9

# COMPREENDA E LIBERE O PERDÃO

*"Mágoa e ressentimento geram pensamentos rancorosos, que geram senti-mentos rancorosos, que produzem crenças limitantes e autodestruidoras."*

(Paulo Vieira)

## CRÍTICA, RESSENTIMENTO, CULPA E MEDO

Essas quatro emoções são aprendidas na infância, porém são reforçadas e mantidas na fase madura pelas informações que nos permitimos receber e pelos comportamentos e pelos sentimentos que escolhemos manifestar. Entretanto, como já sabemos, somos 100% responsáveis pelas nossas experiências de vida: dessa forma, não temos a quem responsabilizar, se não a nós mesmos, pelo que somos, fazemos e temos.

Tudo o que tem acontecido em sua vida tem sido criado por você, através de pensamentos, sentimentos, palavras ou atitudes. Tudo o que tem vivido é um reflexo direto das suas crenças.

Não estou querendo esconder nossas frustrações atrás das crenças; todavia, são elas que atraem as pessoas que nos fazem sentir e viver como temos vivido. Quando uma mulher diz: "Homem nenhum presta, são todos iguais", vemos aí uma crença limitante sobre o que ela crê sobre os homens, o seu padrão mental fica claro, e certamente isso é realidade na vida dela.

Nossas crenças nos fazem atrair as pessoas capazes de reproduzir esses padrões; então, para iniciar um processo de mudança de crença, é importante começarmos a libertar as pessoas que nos magoaram de nossa vida e nos libertar também dessas pessoas.

Novas e fortalecedoras crenças são iniciadas pelo perdão aos outros e a si mesmo.

## A QUEM DEVO PERDOAR?

Certamente devemos perdoar todas as pessoas que, por um motivo ou outro, nos fizeram sofrer. É importante que tenhamos bons **sentimentos** em nosso coração. Todavia, como já vimos, na fase adulta apenas repetimos os padrões de nossa infância, repetimos os padrões aprendidos com pai e mãe ou com pai e mãe substitutos. Dessa forma, quando perdoamos pai e mãe, nós os liberamos, e consequentemente nos libertamos também desses padrões limitantes. Uma vez libertos, não atrairemos mais pessoas ou circunstâncias que reproduziam os velhos padrões em nossa vida, e assim cortamos um ciclo de maldição e sofrimento.

Vamos a um exemplo.

Eu estava em uma roda com quatro casais, e o assunto que estava sendo abordado eram os dilemas e as dificuldades tradicionais do casamento. Um dos maridos estava falando, ou melhor, desabafando sobre quanto sua esposa era ciumenta e controladora e que até os menores acontecimentos geravam conflitos.

Ele relatou: "Ela chega ao cúmulo de quebrar as caixas dos CDs que porventura tenham mulheres bonitas". Continuou ele: "Sem contar que só ela pode escolher os filmes a que assistiremos, pois, se tiver uma artista mais ou menos bonita, a confusão está instaurada". Ela, por sua vez, justificava seu ciúme como uma reação a tudo que ela já havia vivido com ele; as traições passadas, farras e um acúmulo de momentos e lembranças difíceis.

Eu pedi licença a ela e perguntei: "Seu pai traiu muito sua mãe? Ele agiu de maneira errada com ela, não é verdade?". Estranhando, ela perguntou: "Como você sabe disso, quem lhe falou?". Ao que respondi: "Ninguém além de você". "Como assim?", ela perguntou. "Você está falando de suas mágoas em relação a seu pai, você está falando das suas crenças em relação ao casamento. Você, ao falar da infidelidade do seu marido, está falando na verdade do seu pai". Ela estava apenas repetindo um padrão de crenças familiares que era mantido pela mágoa que tinha do pai.

Ela perguntou: "Quer dizer que eu escolhi um marido que, mesmo sem eu saber, reproduziria comigo as mesmas situações de infidelidade que minha mãe viveu? E que isso se mantém na minha vida porque de fato eu nunca perdoei meu pai?". Eu respondi: "Parabéns, estou impressionado como você entendeu o que é transferência de padrão familiar (TPF) tão rápido".

Havia dezesseis anos que ela vinha tentando mudar seu marido, conflitando e brigando com ele, sem na verdade mudar nada ou quase nada no seu relacionamento. Ela não tinha a menor ideia do que era autorresponsabilidade e do seu conceito, que diz que não podemos mudar a ninguém, mas que, quando mudamos a nós mesmos, tudo muda ao nosso redor. Depois de nossa conversa, ela se comprometeu a perdoar seu pai; tomou essa decisão e foi ter com ele.

Foram necessários vários encontros e muita decisão e força de vontade. Ela descobriu o que queria dizer a passagem bíblica em que Jesus afirmava: *"Temos que perdoar não sete vezes, e sim setenta vezes sete"*. Ela viu que, para perdoar seu pai, ela precisava todo dia tomar a mesma difícil decisão: "Eu decido perdoar meu pai por tudo o que ele fez a mim e à minha mãe".

Na semana seguinte, nós nos encontramos de novo e ela, orgulhosa, pediu que seu marido falasse das suas mudanças. Ele, com grande prazer, falou de como sua esposa estava segura e confiante nele, deixando-o livre para fazer o que quisesse e ir aonde quisesse. Ele brincou: "No início eu estava achando que era uma pegadinha, que ela queria me pegar em flagrante, mas agora percebo que ela está de fato diferente, muito mais segura e tranquila".

Somos feitos em amor e para amar, é o que diz a Bíblia. Dessa maneira, podemos compreender que, para sermos uma fonte de felicidade e bem-estar para nós mesmos e para os outros, precisamos amar plenamente. **Entretanto, a mágoa nos impede de agir e viver de modo amoroso.**

Tenho uma analogia que exemplifica muito bem essa relação: o sangue é o que mantém vivo nosso corpo físico. Quando um vaso é obstruído, o sangue para de circular e nós adoecemos; a parte não irrigada gangrena e é arrancada fora. Analogicamente, o sangue que flui em nossas artérias corresponde ao amor que flui em nossa alma e nosso espírito. A mágoa corresponde às gorduras que se acumulam e obstruem nossas artérias. Se essas "artérias espirituais" ficam entupidas com mágoa e ressentimento, o amor para de fluir, então toda a nossa existência começa a definhar pelo não fluir do amor. Quanto mais mágoas, menos fluir de amor e, consequentemente, mais males físicos, emocionais e espirituais temos.

A saúde plena só é possível quando se ama de forma plena. E, para amar dessa forma, é necessário perdoar igualmente.

## O QUE É O PERDÃO?

**Perdão é assumir a responsabilidade pelo modo como você se sente.**
Como aprendemos no capítulo de autorresponsabilidade, nós fazemos por merecer tudo o que acontece em nossa vida, e nada acontece conosco sem nosso consentimento consciente ou inconsciente. Por isso, cabe-nos mudar nossa comunicação, nossos pensamentos, nossos sentimentos ou nossas crenças. Seja como for, a responsabilidade por ter atraído as circunstâncias negativas continua em você, e só você poderá mudar essa situação.

**Perdão é recuperar sua força e seu destino.**
Luciana, uma antiga cliente de coaching, constatou que o ato de verbalizar repetidamente a mágoa que sentia pela mãe e toda a sua incapacidade de amar apenas aumentava o poder que a mãe tinha sobre ela. Se a moça quisesse, de fato, recuperar sua vida, teria de tomá-la da mãe, e isso significava perdoar e liberar perdão. Para que isso acontecesse, ela teria de parar de criticar a mãe e parar de alimentar mágoas e ressentimentos através da comunicação.

**Perdão é a paz que aprendo a sentir quando libero quem me fez mal.**
Quando perdoamos, liberamos a pessoa que nos ofendeu, ou melhor, libertamos nossa vida da tirania da mágoa. O lugar que antes era preenchido por sentimentos de rancor pode ser preenchido por um sentimento de paz que só é possível quando libero e decido não mais cobrar nada do "agressor".

**Perdão é para você, e não para o autor da afronta.**
Podemos achar que a outra pessoa não merece nosso perdão, e talvez não o "mereça" mesmo; porém, nós merecemos ser felizes. E, para que tenhamos

uma vida plena, teremos antes de perdoar a quem nos fez mal para nos libertarmos dessa pessoa.

### Perdão refere-se à sua cura, e não à da pessoa que lhe fez sofrer.

Quando perdoamos, iniciamos em nós um processo de cura física, mental e espiritual. Caso a outra parte não reconheça que lhe fez mal e não lhe peça desculpas, isso não interfere na sua cura. Você pode perdoar tanto o agressor confesso quanto o que não se arrependeu. Afinal, o perdão é para você, e não necessariamente para o autor da afronta.

### Perdão é uma habilidade que precisa de treino.

Não aprendemos a andar do dia para a noite, também não aprendemos a perdoar imediatamente. Assim como toda mudança radical, perdoar precisa de decisão e muito treino. Para que uma pessoa fique forte na academia, ela precisará de muitos e muitos dias de preparação. Muitas vezes o perdão é uma jornada em que nosso exercício diário é não criticar mais, não reclamar, não nos fazermos de vítimas, não julgar. E, no lugar dessa antiga comunicação, amar o outro, mesmo que seja com uma oração silenciosa.

### Perdão ajuda a ter mais controle sobre seus pensamentos.

Quando estamos tomados por ódio ou mágoas, perdemos o controle sobre nossos pensamentos, e, consequentemente, perdemos o controle sobre nossa vida. Passamos a pensar de forma repetida e sistemática na pessoa que nos magoou. A mágoa e o ressentimento nos fazem perder a perspectiva de nossos sonhos e nossos objetivos e nos torna escravos mentais de quem nos magoou. Para que possamos guiar nossa vida com total autorresponsabilidade, é necessário perdoar.

### Perdão melhora sua saúde física e mental.

Mágoas, sobretudo em relação aos pais, geram doenças da mente, como neuroses, histerias, hipocondria, psicoses, vícios e também geram males físicos, como anorexia, artrite, diabetes. Perdoá-los significa curar sua saúde física e mental. Quero alertar que o câncer é uma doença que pode ter em boa parte origem no ressentimento.

Muitas pessoas acreditam que, pelo fato de não conflitarem ou de fingirem que não foram magoadas, sua vida será melhor. Isso não é verdade. Tenho visto, ano após ano, pessoas morrendo por três tipos de ressentimento: o ressentimento encoberto e negado, o ressentimento declarado e explícito e o ressentimento inconsciente, aquele de que a pessoa nem mesmo sabia que era acometida. Seja como for, o momento de perdoar é agora.

**Perdão é tornar-se um herói feliz em vez de uma vítima anônima.**
Invariavelmente, toda pessoa que guarda mágoa se coloca em uma posição de vitimização e autocomiseração. Ela opta por ser e viver dessa maneira para chamar atenção e receber "colo" e conforto. Contudo, quando ela libera o perdão, esse ciclo é quebrado e ela sai da posição de vítima heroica e sofredora para uma posição de conquistadora e atuante.

**Perdão é uma escolha, uma decisão.**
Perdão não é um sentimento que brota no coração com o tempo: perdão é uma decisão, seguida por uma atitude palpável, por uma conduta de amor. Perdão é uma comunicação ou um comportamento, e, como sabemos, todo comportamento produz um novo pensamento e um novo sentimento. Sentimentos de paz e vitória produzem crenças fortalecedoras.

**Você pode perdoar.**
Se não fôssemos capazes de perdoar, não seríamos capazes de amar, portanto não seríamos capazes de viver, muito menos de viver uma vida extraordinária. Lembre-se de Jesus, que foi surrado e torturado com todos os requintes de crueldade. Como se não bastasse todo o escárnio, ele foi pregado na cruz, e mesmo assim ele disse: *"Pai, perdoa-os, eles não sabem o que fazem"* (Lucas 23:34).

> *"Pessoas autorresponsáveis não gastam energia desnecessária sentindo raiva e sofrimento sobre as coisas e as situações que não têm poder para mudar. O perdão reconhece que não podemos mudar o passado. O perdão nos permite reconstruir nosso futuro independentemente do passado."*
>
> (Paulo Vieira)

## NOTA PARTICULAR DO AUTOR

Algumas vezes me senti incapaz de perdoar, incapaz de querer perdoar, e em todas elas recorri a Deus em oração, clamando por auxílio, pedindo que Ele me capacitasse em amor, que fizesse brotar em meu coração a vontade e a decisão de perdoar. Em todas as vezes, os resultados foram imediatos. Algo interessante quando se toma a decisão de perdoar é que as mudanças não ocorrem necessariamente em quem ofendeu, e sim em quem decidiu pelo perdão. Decida. Hoje é o seu dia.

## LIBERTANDO-SE DO PASSADO, ASSUMINDO
## O CONTROLE DO PRESENTE E PROJETANDO O FUTURO

Para que haja a libertação dentro de você, é necessário amar o próximo, e quem são as pessoas mais próximas que seus pais e pais substitutos? Segundo a Bíblia, quem honra verdadeiramente pai e mãe tem seus dias de paz acrescentados sobre a Terra. Então, para que você conquiste um novo patamar de vida, reservei o exercício a seguir.

### EXERCÍCIO

Escreva uma carta de perdão, com um tom de compaixão e repleta de gratidão a cada um dos seus progenitores. Você buscará explicar e justificar a criação que teve, reconhecendo que eles fizeram o melhor que puderam, que também sofreram na infância, e provavelmente sofreram ainda mais do que você. **Afinal, as pessoas só podem dar o que receberam, e somos vítimas de outras vítimas.**

Sonde a infância de seus pais e descobrirá o porquê de sua criação. Você verá por quais tortuosos caminhos eles também passaram. Diga a eles quanto você é grato por ter sido gerado, por ter vindo ao mundo e pela chance que tem de ser feliz. Sua carta de perdão deve conter pelo menos 35 linhas.

Começamos a criar nosso sistema de crenças ainda quando pequeninos e depois avançamos pela vida reproduzindo os padrões aprendidos, de forma consciente ou não.

Olhe para o passado e veja quantas vezes você passou pela mesma situação negativa. Estou certo de que você recriou essas experiências porque elas refletiam padrões aprendidos na infância. Não importa quais são os nossos problemas, há quanto tempo os temos ou o tamanho deles, pois são padrões mentais que foram aprendidos, e tudo o que é aprendido pode ser reaprendido.

Nesse caso, o reaprender inicia-se com o perdão. Mesmo que você não veja motivos para perdoar seus pais, faça a carta de perdão como se eles fossem responsáveis pelos problemas que você enfrentou na infância e na fase de adulta. Dê a si mesmo a chance de perdoar corajosamente tudo o que puder de seus pais.

## POR QUE NÃO PERDOAR OUTRAS PESSOAS?

Certamente, todo perdão é bem-vindo e muito eficaz em nossa vida. Devemos perdoar todas as pessoas que nos magoaram. E devemos também perdoar a nós mesmos – afinal, poucas pessoas erraram conosco tanto quanto nós mesmos. No entanto, o foco neste livro é o perdão primal, o perdão de pai e mãe, visto que, como já falamos, os sentimentos e as circunstâncias negativas vividas na infância têm grande chance de ser repetidos de modo inconsciente nas fases seguintes de nossa vida.

A única forma de nos livrarmos do fantasma da repetição de padrão é a comunicação amorosa. Entretanto, para comunicar a perfeita linguagem de Deus, devemos antes nos livrar de todas as mágoas e de todos os ressentimentos. Dentro desse espírito de amor e decisão, faça o último exercício do livro, certamente o mais importante de todos.

## CARTA DE PERDÃO

Agora que você escreveu sua magnífica carta de perdão, você pode testar se ela funcionou e se você está livre de mágoas de pais ou pais substitutos. Para isso, temos três testes:

1. Fechar os olhos e imaginar seus pais tendo sucesso e muita felicidade;
2. Ligar para pai e mãe e dizer que os ama e os honra;
3. Por fim, falar-lhes pessoalmente de sua decisão de amar.[20]

Se você conseguir executar as três etapas descritas, significa que, de fato, perdoou e está apto a não repetir mais os padrões negativos dos pais. Agora, basta se amar intensa e respeitosamente. Ame o próximo como a você mesmo.

---

20 Casos seus pais já tenham falecido, ligue para um irmão, uma avó ou outra pessoa muito próxima a você e diga que a ama. Mas, lembre-se de que precisa ser desafiador. Este exercício pode mudar profundamente sua forma de se relacionar com as pessoas e consigo mesmo.

Mil vezes parabéns: você venceu todos os obstáculos e todas as barreiras. Você chegou ao final, mostrando ser uma pessoa determinada e capaz. Estou certo de que muitas coisas já mudaram em sua vida, seja em âmbito profissional, conjugal, financeiro, familiar, ou quem sabe em todos eles. Seja como for, você está pronto para colocar em prática o último desafio deste livro: a Corrente do Bem.

## A CORRENTE DO BEM

Este desafio fará a sedimentação e o aprofundamento de todas as suas mudanças e suas conquistas. E o mais importante de tudo: com este desafio você será capaz de mudar o mundo. Vamos a ele.

1. Identifique duas pessoas que você pode ajudar e amar, conforme o que já aprendemos sobre o amor. Não importa sexo, etnia ou condição social.

2. Durante trinta dias, você se comportará como o anjo da guarda dessa pessoa, validando, declarando fé, ajudando e fazendo tudo o que estiver ao seu alcance e que ela perceba como amor.

3. Você fará coisas que nunca fez, dirá coisas que nunca disse. E, se ela perguntar por que está fazendo isso, você dirá que é um desafio/exercício e só poderá explicar no trigésimo dia.

4. As duas pessoas precisam estar inseridas na sua vida: uma no seu contexto familiar, e a outra no contexto profissional.

5. É importante lembrar que, ao escolher as duas pessoas que comporão a sua corrente, você não poderá esperar reciprocidade. Se tiver qualquer interesse na pessoa escolhida, o objetivo deste exercício não será obtido plenamente e poderá ter efeito inverso.

6. É importante que as pessoas escolhidas, depois do trigésimo dia, leiam este livro, para que tenham as ferramentas para pôr em prática e dar sequência à Corrente do Bem.

7. Se, após os trinta dias, a pessoa escolhida não fizer o treinamento nem ler o livro, você deve continuar com ela, amando e ajudando, porém deverá treiná-la para que ela seja capaz de compreender a matriz das mudanças e dar continuidade à Corrente do Bem.

8. Quando se passarem os trinta dias, ou logo após a leitura do livro ou fazer o curso, os seus escolhidos deverão iniciar com outras

duas pessoas o terceiro nível de sua corrente. Durante esses trinta dias você deverá motivar, ajudar e acompanhar as tarefas de anjo das duas, certificando-se de que a corrente delas não foi quebrada.

Pessoa 1: _____

Pessoa 2: _____

Obs.: Para que você compreenda melhor e usufrua de todo o poder deste exercício, assista ao filme A *corrente do bem*.

# UMA NOTA PESSOAL

Ao concluir este livro, quero mostrar o que convictamente acredito ser a fonte da vida e de tudo o que existe. Creio que existem leis naturais que regem o mundo e o Universo: lei da gravidade, da inércia, da ação e reação, da atração, da repulsão, dos vetores, entre muitas outras.

Acredito também que existem leis que regem a mente humana, padrões e processos neurais que se repetem em infinitas combinações, gerando comportamentos e possibilidades muitas vezes imprevisíveis e insondáveis. E são essas leis da mente, com seus padrões e processos, que determinam a qualidade de vida que somos capazes de construir e os recursos que somos capazes de acessar dentro de nós mesmos.

Entretanto, acima das leis naturais e das leis da mente humana, está o Criador de todas as leis. Deus Todo-Poderoso, criador do céu e da terra. Aquele a quem pertence o verdadeiro poder.

Eu estaria sendo no mínimo omisso se afirmasse que qualquer transformação humana pudesse ocorrer sem o consentimento d'Ele. Acredito convictamente que Deus está no controle de tudo e que este livro chegou às suas mãos com um propósito, não meu ou seu, e sim d'Ele. Você recebeu ferramentas poderosas, que podem e vão alterar padrões e processos neurais, proporcionando-lhe grandes conquistas.

Contudo, fique atento, pois tenho viajado pelo mundo e conhecido grandes "doutores" da mente humana, exímios conhecedores e professores de processos e padrões mentais, e constato a mesma coisa a cada encontro: aqueles que se ensoberbecem em seus conhecimentos, achando-se poderosos e autossuficientes, têm uma vida sofrida e inconstante. Podem até ter dinheiro, mas desconhecem o que é a verdadeira felicidade. E isso acontece pela incapacidade de aplicar na própria vida os dois primeiros mandamentos de Deus.

Se você também não sabe quais são os dois primeiros mandamentos da Bíblia, talvez esteja na hora de saber.

Sucesso, paz, conquistas, e que sua contribuição ao mundo seja devolvida a você mil vezes mais.

# AGRADECIMENTOS

A todos os meus alunos do Método CIS® e clientes de coaching com quem eu pude compartilhar a vida e aprender imensamente, fazendo da teoria uma aplicação prática de transformação de vida que apresento neste livro.

Agradeço humildemente aos gigantes que me elevaram sobre seus ombros, pois graças a eles pude ver mais longe e voar mais alto. Os mestres que modelaram minha filosofia, minhas estratégias e minhas habilidades de transformação humana. Agradeço à maestria revolucionária de Anthony Robbins em conduzir milhares de pessoas em seus seminários e assim promover mudanças rápidas e profundas. A Zig Ziglar, que me mostrou o sentido maior em meu trabalho. E a muitos outros que seria impossível citar neste livro. Vocês me mostraram que era possível.

Agradeço muitíssimo ao Gustavo Cerbasi, um jovem genial e visionário que mudou a cara do Brasil na questão de finanças pessoais com seus livros, suas matérias e suas palestras. Sem ele, este projeto jamais teria sido possível. Muito obrigado, Gustavo!

Ter conhecido o doutor Anthony Portigliatti foi para mim um divisor de águas na minha vida pessoal e profissional. Na nossa primeira reunião, fiquei impressionado com quatro coisas: a primeira foi a visão de mundo com que o doutor Tonny me presenteou. No segundo momento, fiquei impressionado com as estratégias que ele criou para minha vida profissional. O terceiro fato foi conhecer sua universidade, com toda a abrangência e tecnologia, em um prédio ultratecnológico que havia sido da Nasa. E o quarto impacto foi ver em suas atitudes e em suas palavras uma tremenda fé em Deus. Tenho hoje orgulho de me chamar de seu aprendiz. Obrigado, Tonny, pelo aprendizado e pela oportunidade de estar perto de você e de sua equipe.

E, sobretudo, a Deus, Senhor e salvador da minha vida, que me encheu de inspiração, permitiu-me ter as crenças e os valores para chegar até aqui e que me dá energia e entusiasmo para alçar voos ainda mais elevados.

# REFERÊNCIAS BIBLIOGRÁFICAS

ACHOR, Shawn. *O jeito Harvard de ser feliz.* São Paulo: Saraiva, 2012.

BRANDEN, Nathaniel. *Autoestima e os seus seis pilares.* São Paulo: Saraiva, 1998. 398 p.

CHRISTAKIS, Nicholas; FOWLER, James. *O poder das conexões.* Rio de Janeiro: Campus, 2009. 336 p.

CUDDY, Amy. *O poder da presença.* Rio de Janeiro: Sextante, 2016.

DAMÁSIO, António R. *O erro de Descartes:* emoção, razão e o cérebro humano. São Paulo: Companhia das Letras, 1996.

EKMAN, Paul. *A linguagem das emoções.* São Paulo: Leya Brasil, 2011. 288 p.

EMMONS, Robert A.; MCCULLOUGH, Michael E. *The Psychology of Gratitude.* Oxford: Oxford University Press,USA, 2004.

_____. *Agradeça e seja feliz.* Rio de Janeiro: BestSeller, 2009.

GOLEMAN, Daniel. *O poder da inteligência emocional.* Rio de Janeiro: Campus/ Elsevier, 2002. 319 p.

GRANT, Adam. *Dar e receber:* uma abordagem revolucionária sobre o sucesso, generosidade e influência. Rio de Janeiro: Sextante, 2014. 288 p.

HARRIS, Rachel Nolte; LAW, Dorothy. *As crianças aprendem o que vivenciam.* Rio de Janeiro: Sextante, 2009. 144 p.

LEADER, Darian; CORFIELD, David. *Por que as pessoas ficam doentes?* Rio de Janeiro: Best Seller, 2009. 336 p.

SELIGMAN, Martin E. P. *Aprenda a ser otimista.* 2 ed. Rio de Janeiro: Nova Era. 2005. 392 p.

SERVAN-SCHREIBER, David. *O stress, a ansiedade e a depressão sem medicamento nem psicanálise.* São Paulo: Sá Editora, 2004. 304 p.

TAYLOR, Jill Bolte. *A cientista que curou seu próprio cérebro.* Rio de Janeiro: Ediouro, 2008. 224 p.

VARELLA, Drauzio. "Estresse e depressão." Disponível em: <http://drauziovarella.com.br/drauzio/estresse-e-depressao/>. Acesso em: 5 mai. 2015.

ZAK, Paul. *A molécula da moralidade.* Rio de Janeiro: Elsevier/Alta Books, 2012.

## O PODER DA AÇÃO

*Acorde para os objetivos que quer conquistar*

Já aconteceu a você de se olhar no espelho e não gostar daqueles quilos a mais? De observar seu momento profissional somente com frustração? De se sentir desconectado dos seus familiares, dos seus amigos? Se você acha que essas são situações normais, pense de novo!

Paulo Vieira o convida a quebrar o ciclo vicioso e iniciar um caminho de realização. Para isso, apresenta o método responsável por impactar 250 mil pessoas ao longo de sua carreira – e que pode ser a chave para o que você tanto procura:

- Aprenda a tomar as decisões certas
- Saiba como obter respostas de sucesso
- Reprograme sua mente
- Desenvolva novas capacidades
- Conquiste a vida que sempre quis em seis meses
- Aumente suas competências financeiras e profissionais

*Não existe outra opção. Está em suas mãos reescrever seu futuro.*

## CRIAÇÃO DE RIQUEZA

*Uma metodologia simples e poderosa que vai enriquecê-lo e fazer você atingir seus objetivos.*

"Certa vez conheci uma pessoa tão pobre, tão pobre, que a única coisa que ela tinha era dinheiro." Você provavelmente deve ter ouvido esse bordão por aí, certo? E também já deve ter conhecido alguém com o seguinte perfil: profissional bem-sucedido, com um cargo de destaque em uma grande empresa, dirigindo carros importados e morando em belas casas, mas que estão de mal a pior na jornada financeira. Histórias como essa nos fazem pensar: o que define a verdadeira riqueza?

Para Paulo Vieira, autor deste livro, a verdadeira riqueza é aquela que combina as três dimensões humanas: o ser (a identidade), o fazer (a capacidade) e o ter (o merecimento). Mas como isso funciona na prática? Depois de anos estudando o comportamento financeiro de seus clientes, o autor descobriu as quatro variáveis que influenciam e determinam a capacidade de enriquecimento do indivíduo, chegando a uma equação matemática denominada Fator de Enriquecimento®. Conheça essa nova metodologia e encontre as bases para criar a sua própria equação da riqueza!

- Faça uma radiografia da sua saúde financeira
- Saiba quais são os comportamentos e as crenças limitantes que o impedem de enriquecer
- Aprenda as cinco condutas da riqueza
- Estabeleça metas financeiras que você realmente pode atingir
- Descubra em qual modelo mental financeiro você se encaixa e como virar esse jogo

*Quer enriquecer? O ponto da virada é agora!*

## FOCO NA PRÁTICA
### FOCAR É APRENDER A MUDAR

Este *workbook* tem o objetivo de mantê-lo no caminho das realizações durante 60 dias. Esse é o tempo garantido para a completa mudança de hábitos e atitudes. E também é a garantia de que seus projetos e sonhos engavetados sejam realizados. Por meio de frases inspiradoras, da metodologia do Coaching Integral Sistêmico®, de exercícios diários e de ferramentas exclusivas da Febracis, você se manterá focado nas suas metas, reflexões, decisões e hábitos produtivos durante dois meses, sempre buscando se tornar uma pessoa melhor e mais realizada em todas as áreas da vida.

Para quem nunca fez um processo de coaching, esta será uma amostra de que é possível chegar a qualquer lugar, a partir das reflexões certas e de ações massivas. Para quem está fazendo coaching ou já passou pelo processo, este caderno é um convite a não parar de agir até que seus objetivos sejam alcançados e seus hábitos sejam tão produtivos e fluidos que o sucesso é devido ao seu estilo de vida.

Você vai utilizar as seguintes ferramentas:

- Mapa de Autoavaliação Sistêmico® (MAAS®), que avalia o estado atual da sua vida em todos os pilares: espiritual, parentes, conjugal, filhos, saúde, social, servir ao próximo, intelectual, financeiro, profissional e emocional.
- Mural da Vida Extraordinária, que o manterá focado e motivado na busca de seus objetivos.
- Objetivos para cada pilar, em que tendo estabelecido sua visão positiva de futuro, você transformará essa visão em objetivos concretos e metas neurologicamente corretas.
- Além disso, você encontrará frases inspiradoras, perguntas diárias e desafios diários.

*Seja bem-vindo à comunidade das pessoas que realizam!*

## O PODER DA AUTORRESPONSABILIDADE

*A autorresponsabilidade é a chave para iniciar um grande processo de transformação em tudo o que precisa ser mudado em sua vida.*

Muitas pessoas têm consciência de que precisam assumir as rédeas da própria vida, porém não sabem como fazer isso na prática. Este livro traz ao leitor o conceito de autorresponsabilidade. Trata-se de um manual que apresenta a metodologia das sete leis para a conquista da autorresponsabilidade, de modo que o leitor assuma o comando de sua vida. Aplicando esse conceito, você será capaz de levar alta performance à vida pessoal e profissional, saindo de um estado não satisfatório para uma vida de abundância e de sucesso. Aqui você vai aprender a:

1. Calar-se em vez de criticar.
2. Dar sugestão em vez de reclamar.
3. Buscar a solução em vez de buscar culpados.
4. Fazer-se de vencedor em vez de vitimizar-se.
5. Aprender com os erros em vez de justificá-los.
6. Julgar as atitudes, e não as pessoas.
7. Ser paciente e compreender o todo em vez de se irritar.

*Não adie mais a vida para a qual você está destinado. Assuma a responsabilidade e a construa!*

## DECIFRE E INFLUENCIE PESSOAS

*Como conhecer a si e aos outros, gerar conexões poderosas e obter resultados extraordinários.*

Como seriam seus resultados pessoais e profissionais se você pudesse compreender melhor as pessoas que o cercam, entender o que as motiva a agir e ainda soubesse como se comunicar com elas de maneira mais profunda e eficaz?

Na liderança empresarial ou na educação dos filhos, no casamento ou na seleção de funcionários, o fato é que todos nós temos algum motivo pelo qual queremos decifrar e entender o outro. No entanto, a maior parte das pessoas está perdida, criando expectativas irreais sobre o comportamento das outras, simplesmente por não conseguir entendê-las.

Este livro é a oportunidade para conhecer ferramentas que desvendam o perfil de cada indivíduo, ajudando você a descobrir, desenvolver e aproveitar o potencial máximo de todos aqueles que o cercam. Você aprenderá como decifrar as pessoas analisando as características delas, quais são seus valores e o que é realmente importante em suas vidas. Aqui, você entenderá:

- Por que parece tão difícil lidar com as pessoas;
- Como elas pensam, agem e interagem;
- Quais as crenças e os valores dos indivíduos;
- Como as pessoas se comportam no contexto organizacional;
- O que fazer com todo esse conhecimento e muito mais!

Um livro para homens e mulheres que querem educar os filhos com menos conflitos, gestores que almejam melhorar os resultados de suas equipes, cônjuges que desejam viver em harmonia como casal, empresários que querem ter grandes resultados colocando as pessoas certas no exercício das funções certas.

*Abrace já a oportunidade para viver em paz e desenvolver parcerias com todos aqueles que o cercam, nas diversas áreas da vida.*

## O PODER DA AÇÃO PARA CRIANÇAS

*Turma da Mônica e Paulo Viera se reúnem no Bairro do Limoeiro para ensinar pais, mães e crianças sobre autorresponsabilidade!*

Mais de 40 milhões de pessoas já conhecem Paulo Vieira e tiveram sua vida transformada pelos ensinamentos dele. Agora ele pediu a ajuda da turminha mais famosa do Brasil para mostrar a todas as crianças que a vida pode e deve ser incrível, completa e cheia de conquistas!

A chave para isso é formada por três conceitos importantes: a autorresponsabilidade, a gratidão e o foco. Mônica, Cascão, Magali, Cebolinha e outros moradores do Bairro já aprenderam como usar essas três palavras no dia a dia e convidam você a fazer o mesmo, acompanhado de muita diversão e amizade.

Aqui, você poderá acompanhar a Turma da Mônica enquanto eles:

- Conhecem as sete leis da autorresponsabilidade, um dos pilares para uma vida feliz e cheia de sonhos realizados;
- Tentam descobrir o que é gratidão e como esse sentimento torna o mundo melhor;
- Aprendem a importância do foco em toda as nossas ações;
- Combatem o "monstro das historinhas" e aprendem a não o deixar atrapalhar o dia a dia da Turma;
- Planejam o futuro e colocam os planos em prática!

*O poder está nas mãos de quem busca construir uma história de sucesso e repleta de sonhos realizados. Nunca é cedo demais para ser o mais feliz possível!*